新时代大中小幼责任教育案例

第一辑

魏进平　主编

天津社会科学院出版社

图书在版编目（ＣＩＰ）数据

新时代大中小幼责任教育案例. 第一辑 / 魏进平主
编. -- 天津：天津社会科学院出版社，2021.9
ISBN 978-7-5563-0774-6

Ⅰ. ①新… Ⅱ. ①魏… Ⅲ. ①学校教育－德育－研究
Ⅳ. ①G41

中国版本图书馆 CIP 数据核字(2021)第 202091 号

新时代大中小幼责任教育案例. 第一辑
XINSHIDAI DAZHONGXIAOYOU ZEREN JIAOYU ANLI.DIYIJI

出版发行：天津社会科学院出版社
地　　址：天津市南开区迎水道 7 号
邮　　编：300191
电话/传真：（022）23360165（总编室）
　　　　　　（022）23075303（发行科）
网　　址：www.tass-tj.org.cn
印　　刷：英格拉姆印刷(固安)有限公司

开　　本：787×1092　毫米　　　1/16
印　　张：19
字　　数：290 千字
版　　次：2021 年 9 月第 1 版　　2021 年 9 月第 1 次印刷
定　　价：68.00 元

国家社科基金项目"习近平总书记责任思想与当代大学生社会责任担当研究"（15BKS010）阶段成果之一

编委会

主　编：魏进平

副主编：魏　娜　李　曼　申　雯

编　委：张少华　于明侠　呼秀艳　李培东　丁宝利

　　　　白迎和　戴　晓　白　晨　武梦晨　王　正

大中小学责任教育一体化的同一性和差异性
（代序一）

程东峰①

习近平总书记在学校思想政治理论课教师座谈会上的讲话中指出："要把统筹推进大中小学思政课一体化建设作为一项重要工程,推动思政课建设内涵式发展。"责任是行为主体对在特定社会关系中定在任务的自由确认和自觉服从。责任教育就是道德教育,是学校思想政治理论课的重要组成部分。因而,责任教育也要推进大中小学一体化建设,走内涵式发展道路。

一、责任教育内容的同一性和教育层次的
差异性的一体化

大中小学责任教育一体化建设是指为了实现我国各级各类学校"立德树人"根本任务,必须将责任教育贯穿于大、中、小学思想政治教育的全过程。这个大、中、小学一体化全程责任教育过程,必须是循序渐进的、合乎教育规律的、合乎知识演进逻辑的、合乎人的自然成长和社会成长协调推进规律的,真正做到责任教育随着学生的成长而不断深化,随着学生心智的不断成熟,责任意识也逐渐内化于心、

---

① 作者简介:程东峰为皖西学院法学院教授。该文原刊发于《北京教育（德育）》2021 年第 3 期。

外化于行，最终成为学生"不思而得、不虑而有"的自觉行动。学生学习的各个阶段之间不能存在脱节和断层，也就是在学生完成从小学到大学学业的过程中，责任教育从不断线。

内涵式发展指的是这种大、中、小学一体化建设，不是从外在的时间、地点和设备投入上下功夫，而是要从课程发展的内在逻辑、课程内容安排上的由浅入深，专业恰合上的理论联系实际，教授方法上的因材施教和教学过程的言传身教上下功夫；内涵式发展是在做深、做细、做实和取得教学实际效果上下功夫。内涵式发展的好处是避免了"形式主义"和"花架子工程"的两张皮现象，真正将思想品德教育入心、入脑，促进道德自觉，使外在的责任教育真正内化为青少年的责任意识和行为习惯。

恩格斯指出："同一性自身包含着差异性。"也有人把"同一性"称作"一致性"或"符合性"。大中小学责任教育一体化，首先是教育内容与教育方法的一体化，必须实现责任教育的核心内容的同一性和教育层次的差异性的一体化。其次是教学内容、教学方法与学生成长阶段、成长规律的一体化，必须实现教学内容的循序渐进与学生的生理心理成长规律相符合，也就是教学内容、学生成长阶段的差异性与教学目的同一性相统一。从教学阶段的层次性入手，以达到教学内容安排的一致性和一体化。教学阶段的层次性是指从小学、中学到大学由低到高三个大的阶段入手，而这三个层次的提升与学生的生理和心理成长的过程是一致的。因为学生的知识层次和年龄层次的不同，教学内容和教学方法必然要有深浅层次的不同、接受速度和理解程度的不同。但这个层次，是学习进步的阶梯，其知识吸纳的目标指向是一致的，循序渐进的步骤是一致的，所达到的最终目的是一致的。也就是说，教育教学的阶段性和教学内容的层次性，都是为最终目标的一致性服务的；教学内容的差异、教学时数的差异，不影响教学目的的同一性；教学内容的循序渐进，教学方法的由浅入深，教学手段的由具象到抽象，最终的目的都是让我们的青少年真正确立责任意识，从而塑造完善的健全的责任人格，成为能够担当民族复兴大任的时代新人。

责任教育一以贯之的认知内核是"由角色带来的责任内容"。笼统地讲责任是没有多大意义的(因为中国传统文化一直强调责任)，现代责任伦理之所以不同于传统伦理，就在于责任伦理是和现代高科技时代人们职业分工精细化联系在一起的。精细分工的本质是个体角色的多元化。在进行现代责任教育时,必须将个体应该承担的责任与个人已经认同的角色相一致,否则,不是角色错位,就是责任混乱。大而化之的责任教育与高科技时代的操作程序的精细化,是存在矛盾的,这就是现代责任伦理与传统信念伦理最本质的区别。当然,责任伦理不排除信念,信念伦理也不是不讲责任,只是因时代特点不同,其"讲责任"的程度、内容和方法大不一样。

大中小一体化责任教育之所以重要,是因为人的成长规律是不能违背的,教育循序渐进的规律是不能违背的,知识演进的逻辑推进规律是不能违背的。这三个不能违背,要求我们的教育必须具有大中小学责任教育一体化的同一性,也就是指"人的成长规律"、"教育的渐进规律"、"知识逻辑演进的规律"有机统一。三者必须统一,甚至同一。但人的"成长、发展和演进"的步骤存在差异。这个差异具体表现为小学阶段的责任教育不同于中学阶段的责任教育,中学阶段的责任教育不同于大学阶段的责任教育;就是同在中学阶段,因学生所处年级不同、环境不同、个性存在差异,其教育也是有差异的。这种实施教育的步骤和方法的差异性与教育内容、规律的同一性与教育目标的同一性,是互相促进、相互作用和相互制约的。这种同一性和差异性的互补,构成了完善的大中小学责任教育一体化。

二、学生成长阶段的差异性与教学目的同一性的一体化

责任教育一体化循序渐进的阶梯是:从"形象辨别"——经过"体验认知"——到"内化自觉"——最后落实在"实践理性"确立,也就是"认知、提升、内化、践行、追责、完善"的全过程。因此,大中小学责任教育一体化必须是同一性和差异性的有机统一、一致性和层次性的有机统一。认不清这种同一性和差异性、一致性和层次性,就不可能实施好责任教育;走过场的责任教育,也是收不到应有的教育效果的。

(一)小学阶段

按我国惯例,小学阶段的小学生一般是指7岁到12岁儿童。这个年龄段的教育主要是诉诸形象,从具象的东西入手,从人们的具体行为中,特别是从身边的成人和长辈那里获得常识性的认知,再通过小学课本获得关于这些具象事物的名称指谓和他们之间的关系原则。在获得基本的可以重复性演绎的事物规律后,渐渐认知事物、获得知识。

这一阶段的责任教育,主要是通过讲故事、看实物,从结果追责任,判是非。责任教育同一般思想品德教育最大的不同是,要从认责、领责、尽责的过程和实现责任的结果,来判断行为主体完成任务、履行责任的好、坏、优、劣。这个阶段的责任教育,一定要强调个人自由的选择和应当承担的责任,必须兑现承诺,为"结果""负责":自觉接受"追责",为自己自由选择的行为结果负责,自觉接受奖"优"罚"劣"的奖惩,让孩子们切身体验到责任的神圣和严谨。特别是学生们自己怀着强烈愿望"选择"的行动,在家长(或老师)讲清楚利害关系之后,学生仍然坚持自己的选择,那么家长和老师的责任就是监督孩子履行责任,并让他(她)体会到"自由选择"所应负的"责任"。否则,就不利于孩子形成对自己选择的尊重,就不知道对规则的敬畏。不负责任,随意使用自己的"自由",就要受到的"惩罚"。

从形象识别出发,从体会认知入手,加强记忆和理解,逐步走上"从模仿——到习惯——再到逐渐自觉认知"的立德之路。这是小学生责任教育应该遵循的基本规律。

(二)中学阶段

中学生一般在12岁到17岁之间。这个阶段既经历了小学阶段的学习,又扩大了自己的学习、生活和交往范围,有的还通过自己的体力劳动和智力劳动直接参与社会生产活动,已经有了一定的认知责任、判断是非和承担责任的能力。这个阶段的青少年,不仅仅是从成人那里感知责任,而且还从自己的感知中体验到责任与人的关系;不仅仅从体验感知上了解责任,还能从理性上认知责任。责任体验加深了他们的责任意识，从而不断地提高自己的责任认知能力、责任判断能力、责任实践能力和责任失误补救能力。

特别是高中阶段的中学生，绝大多数都能够从感性模仿和理性认知两个方面认知责任、理解责任，并能独立判断责任行为的优劣。这个阶段的责任教育，不仅仅是让学生感知责任，还要从理论上阐明责任的产生、责任的意义、责任能力的获得、责任失误的惩罚等等理论知识，让学生切实认识到责任与自由、责任与社会、责任与人格、责任与贡献、责任与荣誉、责任与幸福、责任与人生价值之间的关系。

为了强化中学阶段的责任教育，还可以让学生从典型的历史事件和典型的现实案例中，分析"责任认知、责任内化、责任践行、责任判断和责任追究"的得失。目的是从社会上典型的案例中，加深学生对责任的理解和增强履行责任的自觉性。

从感知入手，通过体验，达到内化于心的目的，逐渐形成"体验感知——内化认知——自觉认同——理性判断——形成责任意识"的立德树人之路。这是中学生责任教育的基本进路。

（三）大学阶段

学生进入大学学习时，一般已进入成人阶段（18岁及以上）。大学生的责任教育，是建立在中学阶段责任教育的基础之上的，是建立在既有感性经验，又有理性认知的基础之上的。

在大学学习阶段，主要是诉诸理论知识的吸纳和灌输，使其从理性认知和理性确立上实现一个飞跃。大学生一般已经具有独立民事责任资格，虽然还是在校学生，一旦触犯了法律或是出现违规违约行为时，也是应该独立承担民事或刑事责任的。这是大学生与中小学生最大的不同。所以，不仅仅大学生的责任能力要比中学生强，而且其承担责任失误的资格也同中学生不一样。18岁以上的在校大学生必须独立承担责任。因而，对大学生的责任教育，既要让其深化对责任知识和责任理论的理解，还要让其感知国家法律、社会规章（各种行业的职业要求）、伦理道德和风俗习惯（公序良俗）对失责者的"惩处"，以及对优质完成和超额完成责任的"奖励"。通过奖"优"和罚"劣"，让大学生深化对责任的敬畏感和神圣感。高等学校积极组织大学生参与社会实践的目的，就是让在校大学生亲身参加社会实践验证在课堂上和书本里学到的责任知识和责任理论,感知社会对人们履行责任结果的科学判断和严肃惩处(当然也包括表扬)。这样做的目的,仍然是为了增强大学生的责任认知能力、责任判断能力、责任实践能力、责任实现能力、责任评价能力、责任失误承受能力和责任纠偏能力。

大学责任教育阶段,要引入责任伦理知识,要让大学生充分认识到,责任是人际关系的纽节,只有出色地完成自己在不同人际关系中应负的角色责任,才能使这种人际关系紧密与和谐。失责,是制造麻烦的导火线;逃责,是造成社会不和谐的根本原因;重大责任失误,就会导致社会动乱。因而,无论是失责还是逃责,都要受到他人、社会和国家的惩罚。故而,确立责任意识,提升责任认知能力、责任选择能力、责任判断能力、责任实践能力和责任实现能力、责任评价能力、责任失误承担能力和责任失误补救能力,是为"立德";帮助大学生确立人民的立场、马克思主义的观点和辩证唯物主义的方法,坚决跟中国共产党走中国特色社会主义道路,自觉以习近平新时代中国特色社会主义思想为行动指南,并把实现中华民族伟大复兴的中国梦,视为自己神圣的责任,且坚定不移、勇往直前,是为"树人"。

从理性认知入手,通过实践体验,理性分析,达到道德自觉,逐渐走上"知识认知——体验理解——实践内化——理论升华——道德自觉"的成人成才之路。这是大学生责任教育的必由之路。

三、做好大中小学责任教育一体化的思考与建议

政治伦理是国家意识形态的重要组成部分。责任伦理既属于政治伦理,又属于社会伦理,还是个人必须遵循的行为准则。在民主政治、民主社会和世界一体化、构建人类命运共同体的今天,责任伦理担负着调节从个人到社会,从基层组织到国家政府,从民族国家到人类世界方方面面的关系。实施大中小学一体化责任教育,是培养新时代担当民族复兴大任的时代新人必不可少的步骤和迫切需要,也是培养合格公民的必不可少的步骤和重要内容,更是层层落实工作责任制的必不可少的行政步骤和重要基础。

责任教育,既是形而下的问题,也是形而上的问题;既是个人道德修养问题,也是国家大政方针问题;既能解决个人的思想感情问题,也能帮助人们提升业务能力和处理好人际关系;既能促进社会的和谐发展,又能推进国家的长治久安;其重要程度远远大于我们在这里所讲的。因为,责任伦理既是行动指南,又是评价标准,渗透进人类生活的方方面面,无时不有,无处不在;像空气和水一样,须臾不可或缺。

大中小学一体化责任教育一定要联系实际,切实解决大中小学生的实际问题。在实施大中小学责任教育一体化时一定要联系学生的生活实际、学习实际和待人接物的实际,无论是小学生的形象教育,还是大学生的理论教育,都要结合学生的实际,注意解决学生的实际思想品德问题和生活学习问题,空对空的责任教育不能收获实实在在的效果。从身边的事、身边的人所发生的责任问题(大事、小事、公事、私事,形而上的思想问题、形而下的经验问题)讲起,才能引起学生的重视,才能解决实际问题,才会引起方方面面的关注。

高等学校马克思主义学院和各级各类学校的思想政治课老师,都要重视大、中、小学生的实际思想品德的培养和教育,重视研究中国特色社会主义的责任伦理体系。各级各类学校思想政治课的最终目的都是为完成各级各类学校"立德树人"的根本任务服务的,责任重大、使命光荣。因而,担任思想政治课的老师,不仅要研究如何将马克思主义教育和思想品德教育有机地结合起来,而且也要研究责任伦理教育。责任伦理是高科技时代的伦理、是面向未来的伦理,是国家大德、社会公德、个人私德的载体。进行责任伦理教育是落实习近平总书记"明大德、守公德、严私德"的有效途径,"因为德是首要、是方向,一个人只有明大德、守公德、严私德,其才方能用得其所。""国无德不兴,人无德不立。"习近平总书记所说的德,是适应中国特色社会主义的新道德,这就要求我们联系实际地研究责任伦理,以便更好地实施责任教育。

新时代青少年责任教育的教育责任

（代序二）

方琼①

新时代赋予了责任教育新的空间、新的使命和新的内涵,青少年必须在"两个大局"的背景下,以中国和世界的视角看待自己的成长和发展。教育者应当从青少年成长的社会背景,有针对性地开展责任教育,从责任教育的逻辑起点出发,以立德树人为根本,肩负起德育责任、政治责任以及情怀教育、格局教育、奉献教育、思辨教育等责任,不断推进新时代青少年责任教育。

一、新时代的责任教育之新

新时代是我们理解当前历史方位的关键词,党的十九届五中全会审议通过的《中共中央关于制定国民经济和社会发展第十四个五年规划和二〇三五年远景目标的建议》为我们勾画了一个可期可盼的美好未来,标志着我国进入了新的发展阶段,为新时代青少年责任教育开辟了新空间、赋予了新使命、增添了新内涵。

---

① 作者简介:方琼为昆明理工大学津桥学院思政部教授。该文原刊发于《北京教育（德育）》2021 年第 3 期。

（一）新空间

青少年是强国一代,强国一代的成长空间一定有着国家和民族复兴富强的底色,他们的奋斗史、成长史就是民族、国家的未来。"中华民族伟大复兴战略全局"和"世界百年未有之大变局"为青少年的责任教育提供了落脚点,开辟了新空间,大中小责任教育一体化命题,就是为把强国一代打造成可以担当民族复兴大任的时代新人做出应有贡献,使青少年在"两个大局"的背景下,从中国视角和世界视角看待自己的成长和发展。

1."中华民族伟大复兴战略全局"中的成长空间

自身定位的价值空间。时代变迁的机遇并不是每个人的必经,身处重大历史机遇期,个人与国家未来的联系会更加紧密,如能帮助青少年将自身定位与国家命运结合在一起,就能凸显个人成长的更大价值空间。

人生规划的现实空间。从 2020 年到 2050 年"两个十五年"正是青少年成人成才,成为社会中坚力量的时间轴。一个人的奋斗是需要方向的,当这个方向同国家的发展趋向一致时,个人梦就能随着中国梦焕发光彩和魅力。

爱国报国的情感空间。爱是一种情感,但对国家的爱则是一种深埋于心的深厚情感,它不同于"形于色"的日常表露,而是在时间的积累酝酿下,通过恰当的时机或事件爆发出来的强烈情感。青少年的共情能力不足、认知简单,往往对一些理论知识缺乏深刻理解,情感发展不稳定,容易以感性化、情绪化的方式来处理矛盾冲突。责任教育要用把个人发展融入民族复兴伟业的强大感召力量,引导青少年将"小我"融入"大我"。

青少年怎样,国家的未来就怎样,而国家富强是青少年最大的机遇,是每一个人成长的强大后盾。自古以来,多少仁人志士在成就国家的同时也成就了自己,他们当中有的甚至献出了生命。今天的青少年生逢和平盛世,没有经过战火硝烟的洗礼和艰难困苦的磨炼,但仍需要坚定中国特色社会主义的理想信念,发扬伟大的创造精神、革命精神、斗争精神,才能承继千百年来中华民族复兴的伟大梦想。继往开来是历史进程的本质要求,社会主要矛盾的新旧交替之际,正是产生伟大思想、伟大变革的时代,为强国一代赢得了创新创造的发展空间,能顺应时代要求,

"以国家之务为己任"的人, 一定能成为符合事物发展趋势、代表未来发展方向的新生力量。

2."世界百年未有之大变局"中的思维空间

青少年出生于互联网构建的地球村时代, 信息来源的广泛性和便利性, 让他们在追求个性化的同时, 却又极容易出现模仿现象和思维的同质化现象、价值观差异的判断缺失现象。

中国思维。中国自古就有"天下兴亡, 匹夫有责"的担当和胸怀。在中国文化的基因里, "天下"不是一个局部的政治区域概念, 而是一个真正意义上的普天之下的自然区域, 它与自然观、宇宙观相对应, 没有地理、时间和空间的限制, 哪怕病骨支离、孤臣万里、躬耕于田间, 也要用"位卑未敢忘忧国"来自律, 因此, 才有了多少仁人志士泽被后世、惠及千古的佳话;"苟利国家生死以, 岂因福祸趋避之"的士大夫情怀、家国情怀; 主张义利兼顾, 必要时舍利取义的正确义利观, 等等。

特色思维。当代中国的特色就是中国共产党领导下的社会主义制度, 中国共产党成立 100 周年来、新中国成立 70 多年来, 中国在革命、建设、改革发展过程中的实践和成就, 足以让我们看到特色带来的优势, 明确"两大阵营"对立的客观事实, 树立社会主义的价值观, 知道社会主义价值观体现的是人民性、先进性、科学性, 对资本主义制度的本质进行再认识, 明白西方普世价值观的虚伪性, 西方种族问题、利益问题背后反映的是私有制的本质, 从而增强"四个意识", 坚定"四个自信", 做到"两个维护"。

共同体思维。当今世界在和平和发展的大趋势下, 非传统安全问题层出不穷, 动荡、冲突、失衡十分突出, "时事难从无过立", 世界发展从来都是各种矛盾相互交织、相互作用的综合结果。尤其是在 2020 年全球暴发的新冠肺炎疫情面前, 面对人类共同的敌人, 各自为政、单打独斗已很难度过难关, 必须树立共同体思维, 从人类命运的角度出发, 才能解决世界的问题。正如习近平总书记指出的:"当今世界正处在大发展大变革大调整时期……世界经济复苏艰难曲折、国际和地区热点问题频发, 各国面临许多共同威胁和挑战, 没有哪个国家能够独自应对或独善其身""新冠肺炎疫情的发生再次表明, 人类是一个休戚与共的命运共同体。在经济全球化时代, 这样的重大突发事件不会是最后一次, 各种传统安全和非传统安全问题还会不断带来新的考验。国际社会必须树立人类命运共同体意识, 守望相助, 携手应对风险挑战,共建美好地球家园。"经历一次全球磨难,能够让人们透过现实的迷雾,更加清楚地看到人类的现实处境和未来的前进方向。

(二) 新使命

责任教育的新使命是要厘清青少年成长的社会背景特性,注重他们身上的多元视角、独立性、个体化倾向对责任教育的影响,有针对性地开展责任教育。

1. 多元视角下的一元认同

互联网的开放性给青少年带来了观察世界、了解世界的多元视角,同时,也不可避免地形成了多元的大众文化,如是非美丑的判断标准,生活方式的多样性、包容性等。尤其是在社会转型期,文化的取向好比来到了十字路口,面临多种碰撞和选择,由于青少年的实践基础和经验能力的限制,极易走向娱乐化、非意识形态化。大众文化反映的是大众心理,以"满足大众心情愉悦、感官刺激和享受"为主,具有明显的功利性、娱乐性、市场化色彩,容易导致信仰危机、价值混乱或去政治化、非意识形态化的"价值中立"。在多元视角下,以大众传播方式,推行具有较强思想性和较高层次精神追求的主流文化,达到对社会主义特色文化的认同,进而对制度、道路、理论趋于认同。在多元文化中,以一元的真理标准为主导,满足青少年的多样性需要,引导青少年在理想信念、人生价值方面提升和充实精神世界,凸显了青少年责任教育的重要性和紧迫性。

2. 独立思考中的价值引领

"越是在社会思潮多元繁杂的年代,越是要努力维护社会价值观念和精神体系的最大公约数",青少年的独立性要求越来越强,在尊重他们独立性的同时,加强政治引领、价值引领,是事关社会主义建设的方向性、根本性问题。加强政治引领、价值引领,才能真正让社会主义核心价值观、"创新、协调、绿色、开放、共享"的新发展理念内化于心,成为自己的思想认识、情感基点、行为准则、价值信仰。例如,用中国梦凝聚民心,用国情教育培养中国精神,用"四个自信"强化爱国情怀,用新发展理念指导日常生活,让青少年知道美好生活不是单向索取,而是你我他的共同参与和付出,所有人都是美好生活的创造者,但青少年是未来美好生活的最大、最现实的参与者和享有者。让价值引领植根于当代中国的改革发展、热点问题、社会矛盾,植根于青少年的现实生活,用对话、寻求共识建立引领关系,发挥青少年的年龄优势和思想活跃优势,把他们的青春力量凝聚到谱写中国梦的主旋律中去,是青少年责任教育的题中应有之义。

3. 个体化倾向中强化社会意识

个人是社会的基本单元,社会的文明进步必然体现为个体的独立性、自由性、自主性,但无论人的个体化如何发展,也无法超越现实的社会,真正自由、独立、自主的个体,本质上是向社会人转变过程中的升华。青少年的成长过程,就是一个逐渐融入社会、被社会接纳、在社会中找到自己的价值所在的过程,强调社会责任、社会担当、社会服务是责任教育中社会意识的表现,是对个人与社会依存关系,以及个人对社会主观能动性的强化。学校不是孤立于社会之外的"象牙塔",要通过丰富多彩的形式让青少年接触社会,了解社会需要什么样的人,不同年龄阶段的青少年能为社会做什么。在 2020 年以来的疫情防控中,青少年体验到了社会组织、社会秩序的重要性,尤其是大学生的志愿服务使学生从校园走向了社会中心,表现出了一定的责任和担当,展现了青少年责任教育的巨大社会价值。

(三) 新内涵

新时代责任教育的新内涵是充分运用互联网技术,链接青少年的兴趣点,跟踪他们的兴奋点,最终转化为对责任的关注点。

1. 链接兴趣点

互联网一定程度上可以说是今天青少年生活的全部,它不仅吞噬了工作、学习之余的大量时间,也诠释了青少年现实生活中的所思、所惑、所需和喜怒哀乐,也给自己构建了一个宣泄、释放、展现的平台。运用互联网技术梳理掌握青少年的兴趣点,在他们感兴趣的问题上发扬"钉子精神",挖掘问题链,引起"涟漪效应",打通间接相关的关系,扩大传递的正面影响,帮助青少年从深度和广度上进行思考,拓宽知识面,完成从责任认知到责任情感的升华,最终形成稳定的责任意志品质。这本身就是培养青少年对自我负责的教育态度和行为表现,也是培养青少年爱国情怀、社会责任感、创新精神和解决实际问题能力的有益途径。

2. 跟踪兴奋点

互联网时代的海量信息为大数据分析提供了必要,利用大数据的大量、多样、真实性特点,能够快速高效地获取具有高价值的信息,找到青少年的兴奋点,为青少年责任教育提供决策依据,并提高洞察力和途径优化力。青少年的兴奋点就是责任教育的重点,或抑或扬都需要准确有效,同时兴奋点传达出的是需要和动机的问题,它是人潜意识里的敏感区域,而责任教育就是要唤醒人深层次的主观愿望或意向,将满足需要的动机转化为对预期目标追求的自觉责任意识。

3. 转化关注点

兴趣点和兴奋点都是我们捕捉青少年思想信息的来源,责任教育是有目的、有针对性的,借助有效的手段对具体的对象通过"教"进行启蒙、学习引导和训练,达到育人、化人的目的,帮助青少年构建正确的人生观、价值观和健全的人格,实现为国家发展培养人才,服务于国家的政治、经济发展的社会功能。将青少年的兴趣点、兴奋点转化成责任教育的关注点,体现的是教育寓教于乐、潜移默化的艺术。例如,社交媒体中的平等、友爱观念,美食快播中的优秀传统文化,疫情居家段子的乐观精神等,都可以用适当的方式转化为对社会的责任和担当。

二、青少年责任教育的逻辑起点

人是一切社会关系的总和,这个论断是责任教育的逻辑起点。马克思说:"作为确定的人,现实的人,你就有规定,就有使命,就有任务。至于你是否意识到这一点,那都是无所谓的。这个是由你的需要及其与现存世界的联系而产生的。"也就是说,人与"现存世界的联系"是客观存在的,作为"确定的人、现实的人",离不开一定的社会关系,人的生存依赖于社会,社会又能在人的作用下发生变化,至于发生什么样的变化,取决于人对社会的作用性质是促进还是阻碍。因此,立足人的本质,承担一定的社会规定、使命、任务,发挥对社会的积极能动作用,正是责任教育的逻辑要义。

人的本质揭示了人的主体意识,这是人与动物的本质区别所在。正是人具有独有的自我反思能力和自我意识能力,能把自己从自然界里剥离出来成为一个现实的、具体的生命个体。但人又不仅仅只是一个普通的生物意义上的个体,他还与各种社会关系有着千丝万缕的联系,从而奠定了自己存在的价值和意义。因此,从根本上说,思考和界定人的本质的目的就在于要"以动物本性为警戒,彻底划清人与动物的界限,成为一个脱离兽性的真正的人",适应时代需要,塑造中华民族伟大复兴进程中负责任、敢担当的时代新人。

人的本质对树立正确的人生态度具有极大的指导意义。人的本质决定了人需要产生源于内心的强大动力,不断磨砺意志,保持发展的态势,促进人自身的发展和社会历史的前进。责任教育就要从人的本性出发,让青少年产生推动社会发展的源源不断的动力,引导合理的正当需要,让自己和社会保持生机和活力。人的本质是"以一种全面的方式,也就是说,作为一个完整的人,占有自己全面的本质。"人的全面发展包括人的个性的全面发展、能力的全面发展以及社会关系的全面发展,正如马克思所说"一个人的发展取决于和他直接或间接进行交往的其他一切人的发展","任何人的职责、使命、任务就是全面的发展自己的一切能力。"责任教育应从人的本质出发,让青少年明白人与社会的依存关系,以民族复兴为己任是人生选择的必然和自我价值最大化的体现。育人的根本在于立德,而拥有大德者应是一个不负韶华、只争朝夕、有社会担当、对社会有用的人。唯有在个人的内心法则里树立起何谓大、何谓小的标准,我们才能看到头顶的光辉。

三、教育者的教育责任

新时代的青少年责任教育,需要我们首先肩负起教育的神圣责任,在新的历史条件下,担负起德育责任、政治责任,以及情怀教育、格局教育、奉献教育、思辨教育的责任,提高青少年的社会责任认知、情感和践行,用有温度、深度和态度的言传身教,向青少年传达教师的"美、范、信、真",传承爱国传统,帮助他们立志,做他们奋斗路上的知音。

（一）有温度的德育责任

德育从个体价值出发，通过对青少年进行思想、道德的引导和影响，增加青少年对自我和社会的积极认识和体验，以提升自我人格，提高自我修养，改造主观世界，塑造心灵和完美精神世界为目的。"才者，德之资也；德者，才之帅也。"在德与才之间，德是关键，就如德国思想家卡尔·雅斯贝尔斯所说"教育是人的灵魂的教育，而非理智知识和认识的堆积。"一切教育的最终目的是形成人格，蔡元培也说过"德育是完全人格之本，若无德，则虽体魄智力发达，适足助其为恶，无益也。"人格相对于物格来说，体现的正是人的本质属性。

教师作为立德树人的关键，首先应该立好自己的"德"，树好自己这个"人"，用自己有温度的人格魅力感召学生，用自己规范的言行给学生做出表率，影响带动学生，给学生以德行之美的美好感受和成人之本的获得感受，这就是教师向学生传达的"美"和"范"。"树人"包含了"立德"，"树人"首在"立德"，而"立德"能助力"树人"，在立德树人的过程中，教师一方面应突出"立德"的优先性，教会学生完成思想政治品德的成长，树立正确的理想信念、价值理念、道德观念，学会做人，另一方面要重视"树人"的全面性，注重学生知识、能力等综合素养的提升，促进学生个体的全面发展。

（二）有深度的政治责任

政治教育从社会价值出发，体现的是国家意志，通过政治思想、政治理论的宣传教育，培养青少年从初步树立政治方向到坚定正确的政治信念，并形成政治观点、政治信仰，以统一思想、提高认识、凝聚人心为目的。古今中外，每个国家都是按照自己的政治要求来培养人的，世界一流学校都是在服务自己国家发展中成长起来的。社会的发展、文化的传承、国家的存续都需要正确的方向和引导，在社会出现重大变革的时候，尤其需要规范化的社会管理，为经济建设提供坚强保证，为文化建设提供主导力量。历史上，曾经有人认为政治教育的最高目的是使人和社会达到最高的道德境界,代表人物有孔子、柏拉图和亚里士多德。可见,德育是关于人的灵魂的教育,而没有正确的政治方向和政治观点,德育也会成为没有灵魂的教育。

责任教育要突出对国家的根本制度和党的理论、方针、政策的宣传和教育,引导青少年形成政治认同、政治拥护,特别是对于思政课教师来说,善于结合现实生活去诠释马克思主义理论的科学性、先进性、人民性、实践性,用有深度的理论魅力去打动学生,达到教师和学生的"信"和"真"。信,是教师对政治理论的认同和信仰,能打动自己、影响自己的理论,才能说服学生。"欲人勿疑,必先自信。"信仰包含主体人格成分,只有讲信仰的人自己有信仰,才能使信仰人格化,从抽象道理变成具体可感的形象化存在,使信仰更有亲和力和吸引力。真,是符合客观规律的真理性认识,它是事物本质的反映和事物存在的唯一相对真相。教师由"真"而"正",才能做到信仰坚定、旗帜鲜明,进而理直气壮、真气充盈,在责任教育中以一身正气感染学生,产生正向价值效应。未来30年,我们培养的人要能够完成"两个一百年"的伟业。我们党立志于中华民族千秋伟业,必须培养一代又一代拥护中国共产党领导和我国社会主义制度、立志为中国特色社会主义事业奋斗终身的有用人才。

(三) 有态度的情怀教育、格局教育、奉献教育、思辨教育责任

1. 情怀教育责任

情怀是中国人寻求生命依恋的情感归宿,是注重血脉关系的延伸和体现。"民吾同胞,物吾与也"(北宋•张载),这是一个生命体互相关联,由小及大的整体观和延续观。因此,生命与生命之间的关联、依恋和延续,成了中国人时常挂怀的情感,修身齐家治国平天下的家国情怀,成了中国人独特的精神谱系。家国情怀中浸润的是具有深厚传统文化底色的责任情怀,是中国人忧国忧民的自觉意识和以天下为己任的强烈主体精神、使命感,于是有了古人"辛勤奉养十余人,上有慈亲下妻子""如欲平治天下,当今之世,舍我其谁也?"的咏叹。责任教育就应该把这种根深蒂固的、传统的文化传承下来,用中华民族的血脉情感去感召青少年,用家国情怀、传道情怀、仁爱情怀,给学生心灵埋下真善美的种子,培养青少年恒久、高

尚的情怀。

2. 格局教育、奉献教育责任

格局是一个人的气度和胸怀,决定一个人眼界的高度和广度,进而决定一个人的取舍。中国人崇尚精神,讲求胸怀天下的大格局,重视人生境界和理想人格的实现,在看待物质生活与精神生活的相互关系时,主张重义轻利的义利观、重理轻欲的理欲观,对社会理想的追求提倡仁义礼智信、兼爱等等。由此,有"先天下之忧而忧,后天下之乐而乐"的舍我利他精神,有"人生自古谁无死,留取丹心照汗青"的生死选择,有"但使龙城飞将在,不教胡马渡阴山"的英雄主义气概,有"醉卧沙场君莫笑,古来征战几人回"的潇洒乐观,有"寄意寒星荃不察,我以我血荐轩辕""杜鹃再拜忧天泪,精卫无穷填海心"的大无畏牺牲奉献精神,有"为中华之崛起而读书"的大志向,等等。责任教育要把这些千百年来中国人的远大胸怀和牺牲奉献的韧劲传给青少年,让他们懂得今天的中国智慧、中国方案是我们党关注人类命运的结果,是舍小利成全大义的道德选择和理性选择,让青少年成为视野广阔,志向高远的人。

3. 思辨教育责任

思辨是一种具备逻辑推导能力的思维方式和思维能力,中国古代把善于思辨、学问精深者称为"哲人"。可见,思辨者离不开学问精深,而哲学也就成了"使人聪慧之学"。诸子百家中,名家出于辩者,起源于对名词概念的探讨,是中国严谨逻辑思想的开创者,曾有过"历物诸题"、"辩者诸事"等著名的命题,尽管"及謷者为之,则苟钩鈲鐕析乱而已。"但名家重视逻辑思辨,对数学、天文历法、建筑有过促进作用,是智慧的基础。

到了现代,马克思主义哲学的辩证法思想,为我们提供了科学、系统的方法论,要求我们要善于用变化、发展、联系的眼光看待问题,解决问题。责任教育应该让教育者自己成为学问精深者,用广博的知识构建起融会贯通的知识体系,教会青少年科学严谨的逻辑思维方法,在国内国际的大环境中,用百年发展的纵向和区域间的横向比较分析,树立"四个自信";用联系的眼光看待事物发展规律,得出因果关联;用矛盾分析法正确处理矛盾的同一性和斗争性。"经师易求,人师难得",教师要成为一支可信、可敬、可靠,乐为、敢为、有为的队伍,用科学的思维,教会青少年具有胸怀天下的格局和视野,在比较中回答疑惑,在批判鉴别中明辨是非,这就是教育者该有的态度。

综上所述,新时代青少年责任教育要坚持用习近平新时代中国特色社会主义思想铸魂育人,加强"四个自信"教育,将学习贯彻习近平新时代中国特色社会主义思想体现在大中小学各学段的课程目标、课程设置和课程教材内容中,分阶段、分重点地在政治认同、家国情怀、道德修养、法治意识、文化修养等方面切实承担起教育者的责任。小学阶段以学生的生活为基础,从"看到""听到"中实现情感认同;初中阶段以学生的体验为基础,从"是什么"中树立"四个自信";高中阶段以学生的认知为基础,从"为什么"中坚定"四个自信";大学阶段以学生的理论知识体系建构为基础,从"应该怎样"中运用马克思主义立场观点方法。

目　录

高校篇

中学篇

小学篇

附 录

高校篇

大学阶段重在增强使命担当,引导学生矢志不渝听党话跟党走,争做社会主义合格建设者和可靠接班人。

"冀青妈":"互联网+思想引领"
——高校思想政治教育工作载体的新探索

天津师范大学　魏进平　河北工业大学　高欣颖①

一、项目简介

2016 年 12 月,习近平总书记在全国高校思想政治工作会议上指出,"要运用新媒体新技术使工作活起来,推动思想政治工作传统优势同信息技术高度融合,增强时代感和吸引力"。2019 年 3 月,习近平总书记在学校思想政治理论课教师座谈会上强调,"青少年是祖国的未来、民族的希望。我们党立志于中华民族千秋伟业,必须培养一代又一代拥护中国共产党领导和我国社会主义制度、立志为中国特色社会主义事业奋斗终身的有用人才。在这个根本问题上,必须旗帜鲜明、毫不含糊。"2019 年 10 月印发的《新时代公民道德建设实施纲要》指出,要深入实施网络内容建设工程,弘扬主旋律,激发正能量,让科学理论、正确舆论、优秀文化充盈网络空间。

高校是我国互联网内容的消费主场域,也是重要的供给方,高校师生应自觉参与互联网内容建设,把正能量传播作为分内之事,特别是要加强对师生网上热点话题和突发事件的正确引导、有效引导,发挥新时代中国大学生作为"网络原住民"群体的独特优势,让正确道德取向成为网络空间的主流,为营造清朗网络空间做贡

---

① 作者简介:项目带头人魏进平为天津师范大学马克思主义学院研究员、博士生导师及河北工业大学马克思主义学院硕士生导师。

献。2015 年 6 月以来,"冀青妈"①作为网上网下联合发力的载体,积极探索"互联网+思想引领"的思想政治教育工作模式,更好地服务于大学生多样化、层次化的发展需求。

"冀青妈"是"希望中国青年都成为马克思主义者"的代名词,在网络上拟化为一位爱唠叨但有思想的妈妈,其实是一群与时俱进、符合时代特点、服务大学生日常学习生活的研究生和本科生。"冀青妈"以教师为主导、以学生为主体进行运营管理,通过"人人负责""个个担当""责任行动在身边"等微博、微信、微话题,运用"网言网语"构筑了"思想粉享圈"。"冀青妈"的出发点和落脚点是服务好、引领好广大师生,用责任思想引领青年学生、用责任情感感染青年学生、用责任行动激发青年学生,在"互联网+思想引领"高校思想政治教育工作载体等方面做出了新探索、新实践。

二、具体措施

建构"发现思想、升华思想、分享思想"新格局,主导和引领当代大学生的精神世界。高校思想政治工作要在当代大学生精神世界的建构过程中发挥主导和引领作用。一方面,要充分了解当代大学生的精神困惑和文化需求,增加优质文化供给,丰富文化内容;另一方面,又要充分尊重大学生在精神世界建构中的主体地位,彰显思想政治教育在维系人的精神命脉和提升人的生命质量上应有的人文情怀,引导人们自觉求真、向善,并作为一种文化积淀长久地存留于人的精神世界,为其成为精神自觉的独立个体提供深厚久远的意义支撑和价值引领。为此,"冀青妈"的指导教师、博导、天津师范大学马克思主义学院魏进平研究员对"冀青妈"寄语:"就'冀青妈'来讲,你们要经常自问一下自己:发现了什么? 搬运了什么? 加工了什么? 升华了什么? 分享了什么?""只要大家多关注、多推广、多参与,'人人负责、个个担当'就会成为全社会的精神追求和自觉行动。"进入新时代,面向未来的"冀青妈"已经构建了"发现思想、升华思想、分享思想"的工作格局:

---

① 冀青妈,希望中国青年都成为马克思主义者的网络昵称。

(一)发现思想,做思想的搬运工

网络空间不缺少信息,缺少的是有思想的信息。"冀青妈"把有思想的信息挑选出来推送给大家,做思想的搬运工。宣传的素材以对大学生思想有启迪意义、对学习生活有帮助的信息为主;同时,在党和国家举办重要活动、出台重要文件、发生重要事件时及时呼应,引领当代大学生的思想发展。

(二)升华思想,做思想的加工厂

"冀青妈"注重从经典著作和生活中提炼宣传素材,不仅积极转发已有的信息,还做思想的"加工厂",针砭时弊,阅读经典,总结观点,各抒己见。通过阅读经典著作,提炼归纳关于责任的思想。素材来源权威、提炼观点准确、总结归纳系统,升华思想,为大学生思想提供思考的空间。

(三)分享思想,做思想的引领者

"冀青妈"聚焦"培养大学生的社会责任感",线上线下相结合,组织实施了"中国梦·学子行·责任行动在身边"大学生主题实践教育活动,打造了"冀青妈"网络正能量传播品牌,凝聚覆盖国内十余所高校的百余名在校学生;选树了一批大学生"身边榜样",涌现出了"全国高校共青团活力团支部"等优秀集体,牵头成立了"全国大学生网络评论员队伍高校联盟"。以"冀青妈"为中心,"正能量""好声音"在网络空间和现实空间不断传递、扩散……

三、项目创新点

本项目构建了由新浪微博"人人负责"、微话题"责任行动在身边"、微信公众号"个个担当"等新媒体平台共同组成的发现思想、升华思想、分享思想的网络传播生态共同体——"思想粉享圈"。在大学生中广泛开展的"邻里守望""我为父母做件事""感恩父母,建设美丽家乡""践行雷锋精神,助力学校发展"等活动受到校内外好评,为广大在校本科生、研究生搭建了良好的锻炼和发展平台,为大学生社会责任感培养提供了鲜活案例,有助于推进我国大学生社会责任教育实践。

该项目借助互联网发挥思想引领作用,借助微信、微博、微话题等新媒体平台,利用"互联网+思想引领",通过线上线下有效互动,弘扬主旋律、传播正能量、引领社会新风尚,推进高校创新思想政治教育工作的积极探索。简而言之,就是利用互联网的互动性、高效性、时域性来引领青年大学生担当社会责任,在网络大环境下正确引导大学生负责任的言行。

"冀青妈"紧紧围绕高校立德树人这一根本任务,牢牢聚焦"培养大学生社会责任感"这一思想道德素质教育的着力点,面向广大在校师生和社会人士,学习研究宣传马克思主义、毛泽东思想、中国特色社会主义理论体系,学习研究宣传习近平总书记系列重要讲话精神和习近平新时代中国特色社会主义思想,学习研究宣传教育系统及高校最新的决策部署,服务教师以及大学生日常学习生活,重点呈现古今中外责任思想、国内外不同历史时期责任担当的先进个人和集体事迹、国内外责任理论、研究方法,特别是大学生社会责任教育研究相关成果以及国家及京津冀时政热点,为广大在校大学生提供思想滋养、情感滋润和行动示范。

纵观当下网络环境,网络信息主要以自发性、娱乐性、无组织性为主要特点;"冀青妈"则致力于营造自觉性、主流性、有组织的网络信息环境,引领大学生思想,服务大学生学习生活,积极探索高校思想政治教育创新模式。"冀青妈"这一项目聚焦增强大学生社会责任感、推动高校培育和践行社会主义核心价值观落细落小落实,全面贯彻落实全国高校思想政治工作会议精神,为提高广大师生政治理论水平、思想道德素质、科学文化素质,促进人的全面发展提供强大精神动力和智力支持。

近年来,"冀青妈"受到校内外广大师生的广泛认可和肯定评价,受到了诸多媒体的推介和采访,为"互联网+"时代背景下引领大学生思想和责任担当积累了可复制、可推广的经验,为创新高校思想政治教育工作做出了应有的贡献。

2016年4月,《中国教育报》以"以正能量引领思想 用贴心话服务生活 河北有个大学生喜爱的'冀青妈'"为题进行了报道;项目获得河北省"创青春"大学生创新创业大赛省级二等奖,《"互联网+思想引领"——大学生网络评论员队伍建设研究》获国家级大学生创新创业项目立项,等等。2016年5月,"冀青妈"相关案例被河北省委宣传部、河北省委讲师团编写的《河北省基层理论宣讲案例选编》收录。2016年9月,在第九届河北省社会科学博士论坛闭幕式上,河北省社科联常务副主席曹保刚提到并赞扬了"冀青妈"团队,并对"冀青妈"团队的微信推送、新闻消息进行转发、点赞。2016年10月,"冀青妈"团队参加了"第二届思想政治教育中青年杰出人才专题研讨会",教育部思想政治教育中青年杰出人才、中国人民大学马克思主义学院副院长王易等专家学者对团队予以鼓励;会上,我国思政界"泰斗"张耀灿教授接受了"冀青妈"团队的采访,并亲笔写下祝语:"更好地运用大数据技术新功能,助推思想政治教育创新发展。祝'冀青妈'团队做出更大的成绩!"此外,张耀灿教授多次对"冀青妈"团队的微信推送、新闻消息进行转发、点赞。2016 年 11 月底,"冀青妈"团队参加了"第四届全国大学生社会责任教育论坛""马克思主义中国化前沿问题学术研讨会""河北省马克思主义中国化研究基地揭牌仪式"等重要的学术活动,并对会务工作和会议讯息进行评论、报道,会后,北京师范大学马克思主义学院院长王树荫教授和来自全国各大高校的领导老师们,也都为"冀青妈"团队写下了寄语。2016 年 12 月 11 日,"冀青妈"团队又与湖南商学院等遍布全国各地的 13 所高校的大学生联合,牵头创建面向全国高校开放的"全国大学生网络评论员队伍高校联盟",并发出"为营造良好网络生态环境做贡献"的倡议。"全国大学生网络评论员队伍高校联盟"成立后,受到河北德育网、凤凰天津、天津网、天津城市快报、河北教育发布等多家媒体宣传推介。2017 年,"冀青妈"团队参加了第五届全国大学生社会责任教育论坛和"新时代马克思主义学院建设与发展"高端论坛,会上获得了与会专家的一致好评,原北京大学马克思主义学院院长陈占安教授为"冀青妈"鼓劲点赞。2017 年,"冀青妈"项目获"挑战杯"国家级三等奖及河北省科技竞赛特等奖。2018 年和 2019 年,"冀青妈"团队参加了第六届、第七届全国大学生社会责任教育论坛,在第七届论坛上,受到新华网、《光明日报》、中国社会科学网、中国教育新闻网等媒体的关注、报道和推介。

2016 年,"冀青妈"利用寒假时间,开展了新浪微博"人人负责"、微信公众号"个个担当"宣传载体与大学生广泛参与家庭家乡建设实践相结合的"感恩父母、建设美丽家乡"的社会实践活动,传递正能量。"冀青妈"在新浪微博上开通了"#我为父母做件事#""#评评价值观#""#责任行动在身边#""#冀青妈唠叨#""#我看我的家乡美#"等话题;微信公众号"个个担当"则承担起传承中华民族优秀传统文化的责任。在此期间,新浪微博"人人负责"最高点击量达 2.1 万次,总点击量达 12 万次;微信公众号"个个担当"最高阅读量为 1056 次,总阅读量约 2 万余次。2016 年秋季学期,"冀青妈"团队推出"冀青妈"标识设计征集评选活动,经过一个学期的酝酿筛选及投票,"小河马"形象最终以高票当选。河马嘴巴大的特点寓意着传播声音、有影响力,河马身上的"E"字即为互联网标志,凸显时代特征。寓意为互联网下的时代先锋,在互联网的大环境下有力发声,宣传思想,正确引领时代潮流。

2017年3月5日,"冀青妈"发起了"学雷锋纪念日"活动,"全国大学生网络评论员队伍高校联盟"成员积极响应;借学雷锋活动的契机,3月20日,"全国大学生网络评论员队伍高校联盟"又发起了"责任行动在身边·随手拍"活动,收获颇丰。2017年的母亲节、父亲节以及教师节,"冀青妈"通过微信公众号"个个担当"和微博"人人负责"发表推文,送上了来自"冀青妈"对父母和老师最诚挚的感恩之情,微信、微博阅读量累计达19.8万。

2017年10月18日,十九大正式召开后,"冀青妈"高度关注并积极响应,会前发起了"喜迎十九大"活动,会后第一时间撰写观看直播心得,并发起了"学习贯彻十九大精神永远在路上"系列活动,"冀青妈"转发了十九大报告全文及诞生记、三个重要决议、修订版党章;发起了"冀青妈原创I赤子之心汇入民族复兴伟业——网评文章集"活动,并倡议全国大学生网络评论员队伍高校联盟一起学习十九大精神,发起了"联盟又搞大事情I学习十九大,我们是认真的"活动,积极响应党的十九大胜利召开。"冀青妈"在线上通过微信公众号"个个担当"以及微博公众号"人人负责"发表了学习宣传习近平新时代中国特色社会主义思想和党的十九大精神的文章共74篇(在微信公众号上发表的37篇文章,通过微博再次转发,共74篇)。

2018年,"冀青妈"积极学习宣传中国共产主义青年团第十八次全国代表大会、全国教育大会等,并第一时间转载相关文件,同学们畅谈学习心得,收获颇多。秋季,大学校园迎来了"00后"大学生,党和国家高度重视,社会各界热情关注,为了客观准确地呈现"00后"大学生的思想表现、情感特点、行动习惯,全面系统传递"00后"的学习、生活、"工作"状态,"冀青妈"开设了一个新栏目——"我眼中的'00后'",该系列分为"校长篇""老师篇""家长篇""学长学姐篇""千禧宝宝篇"五个栏目,收到了社会各界的热情投稿。

2019年3月18日,习近平总书记主持召开了学校思想政治理论课教师座谈会并发表重要讲话,为了学习与分享思想政治理论课的最新研究成果,"冀青妈"在"个个担当"平台上开启了新的栏目——"怎么炼成第一金课"并持续更新,深受老师和同学喜爱；春季学期，"冀青妈"汇集整理了大一年级（"00后"大学生）的视频作业——"责任行动在身边"，以全新的形式，呈现"00后"大学生是怎么认识责任、如何践行责任行动。2019年是五四运动100周年，"冀青妈"在五四当天录制励志视频，向青春致敬，为奋斗点赞，为青年加油喝彩。2019年6月14日，"冀青妈"代表微信公众号"个个担当"参加了"2019年河北工业大学新媒体论坛暨颁奖典礼"，并荣获"优秀媒体"称号；当年9月，在热烈庆祝中华人民共和国成立70周年的氛围中，"冀青妈"以征文、征图、征影的方式，为祖国献礼，收到了各界的热情投稿与一致好评。

"民生稳，人心就稳，社会就稳。"新冠肺炎疫情发生以来，习近平总书记多次强调要加强舆论引导。2020年2月至5月，"冀青妈"发布新冠肺炎疫情防控知识、学术观点、学生抗"疫"咨询等内容数百条，阅读量近3万次。面向全国大学生组织开展的"防控疫情，担当作为，做网络正能量传播急先锋"征集活动，受到了来自全国各地大学生的踊跃投稿。其成果主要呈现为"一心移'疫'，共抗疫情"系列作品，征集作品包含视频、照片、诗歌、书法、寄语等多种形式，旨在通过大学生群体，弘扬网络正能量，传播正确的疫情相关知识，引导科学防控，为社会提供精神激励和鼓舞，力助中国早日战胜疫情。对此，《光明日报》予以报道推介。

截至2020年9月，"冀青妈"拥有2万名左右的"粉丝"，推送图文消息数千条，总浏览量达数百万次，牵头成立的全国大学生网络评论员队伍高校联盟在全国各地高校发挥积极作用。"冀青妈"作为"互联网+思想引领"——高校思想政治教育工作载体的一种新探索，将继续贴近实际、贴近生活、贴近学生，开拓进取、大胆创新，努力丰富思想政治工作内容，创新思想政治工作形式，不断增强思想政治工作的针对性和实效性，提高思想政治工作的吸引力和感染力，引领当代大学生担当时代责任，在担当中历练，在尽责中成长，努力成为德智体美劳全面发展的社会主义建设者和接班人。

"大学生吃苦奉献精神培养与责任担当"
实践教学案例

安徽省皖西学院　李邦红、王忠玲、柏洁、高超①

一、主题教育实践活动的内容

培养当代大学生"特别能吃苦,特别能奉献"的责任担当精神。

二、主题教育实践活动的对象

活动对象为皖西学院建筑与土木工程学院 2017 级和 2016 级土木工程、给排水、建筑学共三个专业部分学生。

三、主题教育实践活动的时间

2017 年 11 月至 2019 年 11 月。

四、主题教育实践活动开展依据

适应当前教育形势变化、服务中国特色社会主义建设,重视并强化大学生社会责任教育,是党和政府以及教育部门做出的重要决策部署,这既关系到大学生健康

---

① 作者简介:项目带头人李邦红为安徽省皖西学院教研室主任。

成长的现实问题,又会影响培养中国特色社会主义事业的合格建设者和可靠接班人这一根本问题,更关乎社会主义发展大业后继有人的重大问题。当前,陆续发布的有关强化大学生社会责任教育的会议决议和教育法规文件,不仅体现了社会教育理念的更新以及人们对教育价值认识的深化,而且指引广大高校在这一新的教育理念和教育价值观的引导下,有目的、有针对性地开展大学生社会责任教育,确保教育的科学性和实效性,避免形式化和走过场。

责任教育是全新的教育课题,是一项系统的教育实践工程。就责任教育的内容来说,责任教育主要围绕主体责任实现的需要,对责任主体实施责任认知、责任能力、责任精神、责任鞭策等方面的综合责任素质教育,其中,责任精神的塑造是关键,居于责任教育的核心地位。责任认知教育的实质是责任情感的培养,只有通过责任情感的培养,才能形成强烈的责任精神。责任精神集责任认知、责任情感、责任意志于一体,责任认知教育是责任精神形成的起点,责任认知教育的初衷就是铸就主体责任精神。责任能力是责任实现的重要条件,责任能力只有在主体责任精神的主导作用下,才能发挥到极致,责任能力也只有在主体责任担当精神的感召促动下,才能不断升级完善。外因只有通过内因才起作用,只有担当精神充盈的责任主体,责任鞭策才能起到应有的促进作用,让主体责任实现由完成到追求优秀乃至卓越。

责任精神注解的既是行为主体的责任意志品质,又是行为主体的责任行为担当,不论是行为主体的责任意志品质还是行为主体的责任行为担当,都需责任主体既发扬不畏艰难困苦、敢于共克时艰的吃苦精神,又要拿出舍我其谁、我将无我的奉献精神。因此,责任精神在内在品质和价值行为上表征着责任主体吃苦奉献精神,吃苦精神和奉献精神共同塑造着主体责任精神,因而,开展"特别能吃苦,特别能奉献"为主题的教育实践活动,对大学生责任担当精神的塑造具有重要的现实意义和特别的教育价值。

五、主题教育实践活动的指导思想

青年兴则国家兴,青年强则国家强。青年一代有理想、有本领、有担当,国家就有前途,民族就有希望。今天,青春是用来奋斗的,青年时代,选择吃苦也就选择了收获,选择奉献也就选择了高尚。开展以"特别能吃苦,特别能奉献"为主题的责任教育实践活动,是对新时代党和国家关于青年成长发展殷切期望的积极践行。因此,必须深入贯彻《中共中央关于全面深化改革若干重大问题的决定》、十九大报告关于青年工作的科学论断、新修订的《中华人民共和国教育法》、中共中央和国务院印发的《关于加强和改进新形势下高校思想政治工作的意见》以及国家颁发的《国家中长期教育改革和发展规划纲要(2010—2020)》中关于加强大学生社会责任教育的基本精神和重要指示,国家领导人对青年大学生成长成才殷殷寄语所蕴含的深刻教育思想,特别要以习近平总书记重要讲话中关于教育工作和青年成长要重视吃苦奉献和担当有为精神培养的指示精神为遵循,努力探索新时期青年大学生成长成才规律,为新时代特色社会主义建设事业发展培养勇于担当民族复兴大任的时代新人。

六、主题教育实践活动开展预设目标

每一代人都有每一代人的"长征路",每一代人都要走好自己的"长征路"。实现中华民族伟大复兴中国梦的强国之路,是当代全体中华儿女必须要走好的"长征路",中华民族伟大复兴中国梦必将在一代代青年接续奋斗的征程中变为现实。过去为追求民族解放所走过的长征路是崎岖不平的,充满了艰辛和挑战,今天为实现中华民族伟大复兴所要走的长征路仍不太平坦,还有许多的"雪山"和"草地"等着我们去翻越,更有诸多的"娄山关"和"腊子口"需要我们去征服,我们只有充分发挥勇往直前、敢于担当的吃苦奉献精神,才会无所畏惧,踏平崎岖,冲破关隘,走到胜利的终点。当代大学生,他们对祖国和人民所怀有的责任及其表现出来的吃苦精神,直接决定着中华民族伟大复兴中国梦实现的推进速度;他们追求责任、实现目标的境界及其表露出来的奉献精神,直接影响着中国特色社会主义建设事业的发展进度。所以,开展以"特别能吃苦,特别能奉献"为主题的责任教育实践活动,一方面引导大学生自觉意识到成就任何事业都不是一帆风顺的,小事有小事的纠结,大事有大事的纷扰,没有吃苦奉献精神,难有担当作为;另一方面,帮助大学生成功塑造乐于吃苦、勇于奉献、敢于担当的优秀品质,不负党和人民对他们的殷切期盼,不辱时代赋予他们的责任使命。具体来说:

培养吃苦精神有利于砥砺大学生的责任意志。责任实现面临的挑战需要坚定的意志品质,责任意志薄弱,责任实现就会半途而废,甚至功亏一篑。责任意志是责任意识中最理性、最稳定、最可贵的心理品质。责任意志使主体对出于自由自觉认同、选择的责任坚定不移,力排责任境遇的负面干扰;责任意志为责任主体铺路护航,清除一切障碍,避免因责任逆境而心灰意冷;责任意志使主体始终保持对责任信仰的强大心理定力,不以物喜,不以己悲,为成就责任甘愿默默无闻、任劳任怨。责任意志不仅是主体认同责任、选择责任、履行责任的强大动力,而且还是人们责任行为能够达到至善境界的重要条件。

培养奉献精神有利于涵养大学生的角色德行。责任认同只是责任实践的开始,责任实现才是责任实践的关键。责任实现的效果除受制于责任情感、责任理性、责任能力、责任意志外,更取决于角色德行。角色连带责任,责任与角色一致,有什么样角色就有与之相匹配的责任,责任是角色下的责任。角色德行影响责任实现觉悟,角色德行越高尚,角色实现就越表现出无私奉献的高尚精神。角色德行既为责任实现提供精神动力,又能促使个体不断追求责任实现而超越自我。

七、主题教育实践活动开展特色

(一) 以项目化管理运行方式组织开展主题教育实践活动

只有科学的组织运行机制,才能确保活动开展的高效有序。当前众多高校开展的各类主题教育实践活动,一方面存在摆花架、走过场、随意化的倾向,另一方面还存在重活动轻督导、重形式轻实效、重开展轻过程的弊端,这不仅严重弱化了主题教育的科学性、严肃性、教育性,而且还偏离了主题教育的价值主旨,违背了主题教育实践活动开展的初衷。为使本主题教育实践活动不落窠臼,组织方与校团委主动对接谋划,创新主题教育实践活动管理运行机制,以项目化方式开展运行。项目申报的缜密论证确保了主题教育实践活动开展的科学性、可行性、必要性;项目结项和中期检查督促组织方必须把主题教育实践活动开展做真做实做细;适当的项目经费保障支持有利于主题教育实践活动实效化开展。

(二)重视理论启引和榜样力量对主题教育实践活动开展的推动作用

理论只要能彻底说服人,就能够成为指导人们实践活动的精神力量和思想武器。为了促使本主题教育实践活动顺利开展,有必要从理论上引导大学生提高对主题活动开展意义的认识,只有深刻领会,才能达成对主题活动开展价值的共识,主题活动开展价值共识的达成是确保大学生端正实践行为态度的重要前提。因此,笔者受建筑与土木工程学院之托,从专业理论视角,结合学校人才培养目标,系统阐述了本主题教育实践活动开展对大学生自身成长和服务社会建设的双重必要性。此外,还邀请了部分往届校友,通过他们分享自身的成长经历和当前的工作感受,向学弟学妹现场展示吃苦奉献精神对个体发展的特殊价值,是人们立足社会、成家立业、驾驭职场的重要品质依托。

(三)以小组为单位,对本次主题教育实践活动开展实施网格化管理

管理是生产力,科学管理机制是确保主题教育实践活动开展取得理想成效的制度保障。为此,必须创新本次主题教育实践活动的管理模式,推行网格化管理,力戒活动开展中出现"放羊式"松散无序现象。因此,依据本次主题教育实践活动开展预设目标和参与对象规模,把参与学生编排成义务保洁、安全巡河、生态护岛、看护实验室四个特别行动小组,并为每个特别行动小组选派一名得力学生干部,全权负责小组活动开展的组织和管理工作。

(四)注重实践活动质量管理,强化效果考核

我校依据安徽省教育厅下发的《关于深化高校教学改革 加强大学生社会责任教育教育的意见》(皖教办〔2015〕47号)文件精神并结合自身实际,教务处把大学生参与社会责任教育实践活动,既视作其素质提升和能力拓展的重要内容及其表现,又作为他们顺利毕业的必备条件。因此,注重实践活动质量管理,强化效果考核,以学分的形式予以认定,就显得尤为必要,只有这样,才有统一的参考标准,也才能最终引起学校和师生的高度重视。为方便管理和考核,本次主题教育实践活动制作了特别的活动手册,要求参加学生对每次实践活动开展的时间、地点、内容认真记录,并附写一篇活动感受,交由小组长批阅,将优秀的活动心得推荐到小组内或各小组间相互交流,深化参与者对实践活动开展意义和价值的认识,这些都

可以作为实践活动质量管理和效果考核的有效依据。

(五)制定相应的活动考评机制

科学的责任评价和责任赏罚机制有利于责任实现,那么,制定相应科学的活动考评机制,也有利于推动主题教育实践活动深入开展,提高教育成效。因此,经沟通协调,校团委和学生处全力支持配合,为每位参与本次主题教育实践活动的学生建档立卡,对他们在活动中的优秀表现以及活动中涌现的优秀人物、做出的感人事件,不仅要广泛报道宣传,而且还要纳入个人能力素质拓展加分认定范围,甚至还可以作为优秀毕业生和国家奖学金评选的重要参照权重。这样,既能够提高大学生参与本次主题教育实践活动的积极性,又能在每个特别行动小组内部及相互之间形成良性竞争,个个争当先进,人人争做优秀,在培养大学生吃苦奉献精神的同时,激发他们担当争先的行动自觉,充分彰显本次主题教育实践活动开展的教育意义和社会价值。

突出思政教育在就业创业教育中对学生
责任意识培养的引领作用

天津商业大学　周大鹏、李悦、梁强、沈洁①

习近平总书记在全国高校思想政治工作会议上强调:"要坚持把立德树人作为中心环节,把思想政治工作贯穿教育教学全过程,实现全程育人、全方位育人。"加强对大学生社会责任担当意识的培育符合提升当代大学生素质和能力的迫切需要,也是深入贯彻落实高校思想政治教育工作客观要求的重要表现。一直以来,以天津商业大学为代表的高校高度重视大学生思想政治工作,紧紧围绕学校人才培养目标,深入落实"立德树人"根本任务,着力将思想政治工作贯穿人才培养的全过程,突出思政教育在就业创业教育中对学生责任意识培养的引领作用,引导学生正确认识时代责任和历史使命,自觉把个人的理想追求融入国家和民族的事业,用中国梦激扬青春梦,奋力书写新时代华章。

一、将思想政治教育融入就业创业教育是新时代
　　高等教育的使命担当

党的十九大报告指出,"创新是引领发展的第一动力""要坚定不移实施创新驱动发展战略"。创新驱动从本质上看就是人才驱动,培养一批具备较高综合实力的创新型人才是当代中国高等教育走以质量提升为核心的内涵式发展道路的必然要求,是为更好地建设创新型国家提供人才智库的有力保障,同时也是国家实施创新驱动发展战略的重要环节。

---

① 作者简介:项目负责人周大鹏为天津商业大学学工部干部。

在知识经济蓬勃发展的新时代背景下，积极倡导创新文化并形成良好的就业创业生态环境是时代发展的必然趋势。大学生是创新文化的创造者、实践者、推动者，也将成为创新发展的主力军与先导者。因而，肩负着人才培养使命的高校如何在倡导就业创业文化、培养就业创业人才、促进就业创业实践、推动就业创业教育的过程中更好地融入思想政治教育，把好思想政治教育这个"总开关"，做好大学生的价值引领工作，这是一个重要的时代命题。"要把思想政治工作贯穿教育教学全过程，这关系到高校培养什么样的人、如何培养人以及为谁培养人这个根本问题。""各地各高校要落实全国高校思想政治工作会议精神，把思想政治工作融入高校毕业生就业创业工作全过程，坚持立德树人，引导毕业生树立科学的就业观和成才观。"

将思想政治教育融入就业创业教育，不断有效提高学生的社会责任感、创新精神和实践能力，培养高素质复合型创新创业人才，是新时代中国高等教育深化改革、人才培养和创新发展的重要职责，也是新的时代使命和必然选择。

一方面，培养就业创业价值观念是就业创业型人才培养的有效途径。思想政治教育能从思想意识层面充分调动受教育者的积极性与主观能动性，及时唤醒他们的就业创业意识，有效激发他们创新创造的内生动力，引导他们自觉参与到就业创业活动中来，由内部驱动最终实现就业创业的目标指向，获得自我价值实现的情感体验。它遵循了人才成长规律、高等教育发展规律和思想政治教育规律。

另一方面，正确价值观念的塑造是就业创业人才培养的必然要求。价值观决定人的行为导向，在遇到价值困惑时，能不能去伪存真地做出正确的价值判断与价值选择，决定了行为结果的方向性与持久性，正确、主流、健康的价值观能指明正确的行为方向。

大学时期是人们世界观、人生观和价值观形成并趋于成熟的时期。"大学生创新创业需要价值观念认识上持续的信念支持，而思政课的思想导向性，能够赋予大学生正确的人生观、世界观的理论和方法指导。"将思想政治教育融入就业创业教育，对就业创业过程中方向选择的正确性、目标制定的合理性、完成目标途径的合法性等进行引导和约束，有助于学生在就业创业实践中面对公私、义利、是非等价值取向时，能明是非、辨善恶、分公私、知荣辱。

二、充分发挥思想政治教育在就业创业教育中的 价值引领作用

天津商业大学始终坚持学生在哪里,学生思想政治工作的阵地就要建设到哪里。面对青年学生对自身成才的热切渴望和成功的强烈愿望,学校充分发挥思想政治工作的引领作用,把"立德树人"贯穿于培养复合型应用型创新创业人才的始终,教育学生树立正确的择业观,合理确定就业预期,科学规划职业生涯,引导学生将个人前途与国家命运紧密联系在一起,鼓励更多毕业生到基层一线发光发热,在服务国家发展战略中大显身手,到人民军队"大熔炉"中锤炼成长,在创新创业中成就梦想,取得了良好的教育效果。

一是唱响基层就业主旋律,积极引导毕业生到基层一线就业创业,广泛做好国家关于大学生就业创业政策宣传,教育引导广大学生树立正确的就业观,摒弃贪图安逸稳定、盲目从众等错误思想,积极参加基层就业或自主创业,在实践中接受锻炼。

二是注重发挥就业创业典型的示范带动作用,制作到西藏昌都担任基层公务员的学生群体专题宣传片、邀请"大学生村官""大学生军官"作为优秀毕业生代表在毕业典礼上发言,在学生中引起广大反响。

三是加强职业生涯规划和就创业指导,着力打造分别面向高、低年级的"就业服务月"和"生涯规划月"两大品牌活动,帮助学生准确定位,树立远大目标。

四是加强创新创业教育和实践锻炼,努力提升众创空间内涵建设,连续 3 年开展大学生服务社会创新创业实践活动,100 多个学生创业团队、3000 余名学生在智能制造、大数据分析、乡村振兴、文化传承等诸多领域大显身手,锻造了勇于创新、不畏艰难、诚实守信、敬业奉献的精神风貌,在服务社会的过程中接受了生动的思想教育和社会实践,个人意志品质得到极大提升。

三、着力培养更多堪当民族复兴大任的时代新人

天津商业大学始终坚持"立德树人",突出"育人铸魂",培养了一大批把个人

的理想追求融入国家社会发展事业、勇担当敢作为的有志青年。十七名毕业生远赴西藏昌都、一名学生赴新疆和田担任基层公务员，数量为天津市高校之首；近三年，学校参军入伍学生达一百零四名；参加"西部"计划的学生达二十余名；还有上千名学生投身到了创新创业实践中，学校为经济社会发展输送了大批优秀人才。

获得第四届中国"互联网+"大学生创新创业大赛"青年红色筑梦之旅"赛道金奖的黄俊科就是这样的典型代表。自2013年毕业后，他怀着对家乡的深厚感情和深切责任，不顾家人反对，毅然返回家乡——甘肃省民勤县，一个沙漠面积占县域面积94.5%、年均降水量还不足蒸发量二十分之一的贫瘠之地，一个承载着三十多万人民脱贫梦想的贫困地区，成立了甘肃集创生态农林科技有限公司，带领乡亲们发掘当地特有的"黑枸杞"资源，研发深加工系列产品。经过五年多的奋斗，公司建成了万亩野生黑枸杞保护基地，并成功培育出丰产和耐旱耐盐碱的两个人工种植品种，完成黑枸杞全产业链贯通，是国内唯一一家掌握黑枸杞中花青素稳定、分离、提纯技术的高科技企业。

青春奋斗路上并非一帆风顺，面对家人的不理解，辅导员是黄俊科坚强的精神后盾，解决他的思想包袱；技术研发有困难，母校专业导师帮他攻克难关，在导师的帮助下，黄俊科取得七项国家发明专利，三项产业化突破技术；发展遇到瓶颈，母校学生创业中心三次赴甘肃定点帮扶，帮助用好扶持政策，对接社会资源。五年多的真情陪伴，近十年的教育培养，老师们无怨无悔的付出是对"立德树人"最生动的诠释。

有六年党龄的黄俊科，不忘责任和使命，坚持用自己所学知识去改变家乡的落后面貌，一步一步实现了自己青春梦，探索出以就业直接扶贫、基地共建扶贫、生态联动扶贫为主要内容的三级扶贫模式，提供了一百五十个工作岗位，带动八百户贫困人口增收致富，压沙三千余亩，植树造林38.4万余株，从生态环境源头解决制约家乡发展的"老"问题，在实现中国梦的伟大奋斗中凸显人生价值。其感人事迹得到了新华网、人民网、天津卫视、甘肃卫视的广泛报道。

国务院副总理孙春兰高度评价该项目，并号召社会各方面大力支持这个返乡创业、造福乡亲的"小伙子"。这是学生主动融入社会、融入时代、融入祖国改革发展伟大事业的具体表现，更是思想政治教育在就业创业教育中铸魂作用的突出成果。

思想政治教育在塑造正确的就业创业观念、拓宽就业创业方式等方面有着不可替代的作用,将思想政治教育融入就业创业教育是新时代高等教育的使命,也是大学生成长成才的必然要求。高校应当牢固树立科学的大思政观、大就业创业教育观,着力将二者进行关联研究并开展联动教育,针对现有的薄弱环节,找准问题症结,创新工作方法和理念,在顶层设计、人才评价体系构建、师资培养培训、校园文化氛围营造等方面通盘考虑,下苦功夫、下硬功夫、下真功夫,补齐短板,才能切实有效地推进高校就业创业教育改革取得实质性成效,才能真正培养出一批有改革精神和踏实作风的、能肩负起时代使命的有社会责任感、创新精神和实践能力的复合型创新创业人才,才能更好地为建设创新型国家做好人才储备与智力支持。

习近平总书记强调,思想政治工作从根本上说是做人的工作,必须围绕学生、关照学生、服务学生。学校在就业创业教育和实践过程中,突出思想政治教育的铸魂作用,是激励学生自觉把个人的理想追求融入国家和民族的事业中,把远大抱负落实到实际行动中的有效途径;是引导学生正确认识时代责任和历史使命,用中国梦激扬青春梦的时代选择。今后,高校应该在提高思想政治教育的载体和效果上坚持出实招,为学生点亮理想的灯、照亮前行的路,培养和造就更多社会主义核心价值观的坚定信仰者、积极传播者和模范践行者。

青春有我,艺起担当

天津美术学院　刁文超、张文权、竺丽芳、孙振坤、李东泽①

　　社会责任感应该是每个大学生必须具备的基本品质,如今部分大学生社会责任感出现了淡化的趋势,加强大学生社会责任教育显得愈发重要。天津美术学院设计基础部秉承"崇德尚艺,力学力行"校训,结合艺术类学生工作实际,以立德树人为根本任务,广泛开展社会责任教育。

　　天津美术学院以爱国主义教育为核心,开展社会责任教育,将传承红色基因,继承光荣传统,明确社会责任作为开学第一课。学校以中华人民共和国成立70周年为契机,结合校训校史,对学生进行爱国主义教育和社会责任教育。学校充分利用第二课堂主阵地开展思想政治教育和社会责任教育,大力弘扬和传承中华优秀传统文化,感悟传承的重任;将专业学习延伸到社会实践,深入社会生活,感悟责任与担当;发挥专业优势,积极创新实践,承担美育责任;鼓励学生勇于实践创新,引导学生在亲身体验中了解世情国情;引导学生用设计关注社会、关心民生;积极参与志愿服务,发挥美育功能;秉持"心怀感恩,自助助人"的理念,走进养老院,献爱心传递温暖,感受社会的温度;暑期社会实践,参与垃圾分类的调研与宣传,增强对垃圾分类的责任感,为美丽中国梦的实现贡献青年人的责任与担当。

　　《大学令》是中国近代高等教育的第一个法令,规定"国立大学以教授高深学术,养成硕学闳才,应国家需要为宗旨",提出大学教育要以国家需要为宗旨,纵观世界名校的大学精神,不外乎"追求真理,追求卓越,社会责任、学术自由和思想独立"。可以看出,社会责任教育是大学教育的一个重要部分。天津美术学院设计

――――――――――

　　①　作者简介:项目带头人刁文超为天津美术学院辅导员。

基础部是设计类学科的基础教学单位,涵盖八个设计类专业。作为基础教学单位,除了要做好基础教学工作以外,还要注重加强对学生的思想政治教育及社会责任教育,秉承"崇德尚艺,力学力行"校训,结合艺术类学生工作实际,以立德树人为根本任务,广泛开展社会责任教育。

一、以爱国主义教育为核心,开展社会责任教育

学校将传承红色基因,继承光荣传统,明确社会责任作为开学第一课。天津美术学院前身为北洋女师范学堂,1906 年由近代著名教育家傅增湘先生创办,是我国非常早的公立高等学府之一,历史上培育了邓颖超、郭隆真等老一辈革命家。学校以庆祝中华人民共和国成立 70 周年为契机,结合校训校史对学生进行爱国主义教育和社会责任教育。军训期间,学校开展"画说军训"主题创作活动,引导学生传承先辈们的红色基因,继承光荣传统,激发爱国热情,使青年大学生"有理想、有本领、有担当"。学校组织学生学习校友中国人民解放军陆海空三军仪仗队退役女兵李春艳的先进事迹,引导学生立志当高远,将个人的青春梦想融入伟大中国梦。新学期伊始,结合中华人民共和国成立 70 周年,学校组织学生们对数字"70"进行创意再设计,了解新中国建国历史,引导学生树立正确的世界观、人生观、价值观,培育爱国情怀,坚定理想信念。五四青年节期间,学校组织学生走进周邓纪念馆,拿起画笔,开展"缅怀先烈,传承英烈精神"主题创作;组织学生走进天津党悟社纪念馆,开展"青春心向党,建功新时代"主题活动,坚定理想信念,铭记神圣使命,增强民族自豪感和使命感,不忘初心跟党走,将个人的理想奋斗融入党和国家的事业。

二、以第二课堂为阵地,开展社会责任教育

天津美术学院设计基础部始终遵循教育规律、教书育人规律和学生成长规律,坚持因事而化、因时而进、因势而新,充分利用第二课堂主阵地开展思想政治教育和社会责任教育。

学校基础设计部大力弘扬和传承中华优秀传统文化,以"解读介子园"为主

图1 学生们对数字"70"的创意再设计

题,利用中国画工具与材料完成水墨体验,向中国传统经典学习,通过临摹研习体会中国传统国画的笔墨与精神,感受中华优秀传统文化的魅力,感受传承的力量。

学校基础设计部将专业学习延伸到社会实践,组织开展"画说"系列主题创作;组织开展"画说天津——寻找身边的生活"主题速写展,以津城为主题,画天津的故事,用画笔描绘天津的新气象,创造出具有天津特色与精神的艺术画面;开展"家乡的云——画说家乡"主题创作展,鼓励学生去思考和体验家乡的新变化和新气象;五月份以下乡写生为契机,开展"艺彩乡村——画说宏村"为主题的创作活动,感受乡村自然人文风情,捕捉宏村特有的历史风貌。通过"画说"系列主题创作活动的开展,学生们有意识、有目的地走进社会、认识社会、了解社会,用辩证的思维去了解我国传统文化的精髓和内涵,用全面发展的眼光去看待社会进步,并思考自己的社会责任和担当,培育学生的社会责任意识。

三、以服务社会为目标,开展社会责任教育

学校基础设计部发挥专业优势,积极创新实践,承担美育责任。将学生的人文

理论素养、实践能力和创新精神培育作为工作重点，鼓励学生勇于实践创新，引导学生在亲身体验中了解世情国情、引导学生用设计关注社会、关心民生，以问题为导向开展艺术创作和创意设计，将自己的"小我"融入祖国的"大我"，在创新实践中绽放青春，实现全面发展。设计基础部大学生创新项目"'旧路新站'——津味儿文化与城市生活的妙趣融合"获国家级立项，项目对天津市公交车站现状进行调研，并与天津文化相结合，根据不同地域的特点设计具有地域特色的公交车站，该项目已经顺利结项。"垃圾箱设计——有'使命'的垃圾箱"成功获批天津市市级立项并顺利结项。同学们在项目立项、调研、创作、结项过程中对设计服务社会的理念有了更加清晰的理解，从而明确了作为设计类学生的社会责任和使命。

图2、图3 学生发挥自己的专业优势为老人画像

学校基础设计部积极参与志愿服务，美美与共，发挥美育功能。秉持着"心怀感恩，自助助人"的理念，青年志愿者利用闲暇时间走进敬老院，发挥自己的专业优势，为老人画像，给老人们献爱心、送温暖，践行尊老、敬老、爱老的传统美德，将志愿精神传递下去；利用暑期社会实践，前往河北区月牙河社区进行实地调研，记录社区垃圾桶分布情况，向社区工作人员了解社区垃圾分类工作开展情况，对社区垃圾分类的实施情况和实施中存在的问题等进行调研、记录、分析，形成数据、总结结论，制作宣传材料；面向社区的小朋友开展以"垃圾分类，从我做起"为主题的垃圾分类宣讲活动，让小朋友们从"知道分类"转变为"知道如何分类"，从"我了解"转变为"我参与"，在垃圾分类推动过程中发挥青年大学生的力量。同学们通过社

会实践,了解了垃圾分类的相关知识,明确了垃圾分类的意义,增强了对垃圾分类的责任感,从而自觉参与到日常的垃圾分类行动中,为美丽中国梦的实现贡献青年人的责任与担当。

图4、图5　开展以"垃圾分类,从我做起"为主题的垃圾分类宣讲活动

新时代高职院校学生党员加强社会责任教育的路径探究

天津职业大学　李悦、李春雨、李玥、李冰洁①

大学生党员教育工作是高校党建工作的重要组成部分,积极做好高校大学生党员教育工作,对于培养社会主义现代化建设者和接班人具有重要意义。针对大学生党员培养教育工作中存在的一些问题,结合高职院校特点,建立起充分发挥大学生党员先锋模范作用的有效途径,是新形势下创新高职院校学生党建工作的重要课题。以天津职业大学为代表的一批高职院校在开展学生党员培养教育工作中,在重视政治理论和素养教育的同时,通过社会实践、志愿服务等诸多途径加强对学生的社会责任教育,提高学生的社会参与度,为社会发展做出应有的贡献。

一、新时期高等职业教育人才培养的新要求

(一)现代高职教育发展新常态

2014 年以来,我国政府为加快发展现代职业教育工作,做出一系列重大战略部署,以创造更大人才红利,满足社会的巨大需求。2014 年 6 月,国务院印发《关于加快发展现代职业教育的决定》(以下简称《决定》),从总体要求和主要措施两大方面对加快发展现代职业教育做出了重要决定,发挥着纲领性作用。基于此,教育部陆续印发了《现代职业教育体系建设规划(2014-2020 年)》《高等职业教育创新发展行动计划(2015-2018 年)》《关于深化职业教育教学改革全面提高人才培养质量的若干意见》等重要文件,对职业教育尤其是高职院校的人才培养目标、任

---

① 作者简介:项目负责人李悦为天津职业大学经济与管理学院组织员。

务和举措等提出新的要求。为进一步探索创新人才培养模式，教育部还在 2014 年出台了《关于开展现代学徒制试点工作的意见》。同时，国务院结合新时期科技革命和产业变革新趋势，于 2015 年印发了《中国制造 2025》《关于积极推进"互联网+"行动的指导意见》，把"人才为本"作为基本方针提出来，把专业技术技能人才的培养确定为一项重要的智力保障。

一系列重要文件的出台，说明党中央、国务院高度重视职业教育的发展，并对其提出了更高、更紧迫的要求。同时，我们可以看出，服务"中国制造 2025""互联网+"新生态，探索例如"现代学徒制"的工学结合、产教融合多样化、多途径人才培养模式等，这些新要素共同构成了现代高职教育发展的新常态。

（二）现代高职人才培养质量新目标

那么，在机遇与挑战并存的时代，当今中国究竟要培养什么样的职业教育人才才能更好地满足当代社会需求、创造更大社会贡献？在现代职业教育人才培养质量要求中，我们要培养"素质与技能并重"的"高素质劳动者和技术技能人才"。天津职业大学围绕立德树人根本任务，持续深化社会主义核心价值观教育，形成培养学生"学会学习、健康生活、人文底蕴、科学精神、责任担当"五大核心素养的学生素质教育体系。通过构建"四三"工作模式，培育"新职百工"，打造新时代既专且博的新工匠。近三年学生在"挑战杯""彩虹人生"大赛中获得国家级二等奖 1 项，天津市特等奖 1 项、二等奖 10 项、三等奖 2 项，2016、2017 年学生获全国高职学生"劲牌阳光奖学金"特别奖。学生在国际、全国和天津市各级各类职业技能大赛中屡获佳绩，"十二五"以来，共获国际比赛奖 4 项（其中一等奖 1 项）、国家级竞赛奖175 项（其中一等奖 70 项）、省部级竞赛奖 811 项（其中一等奖 175 项）。学校学生就业质量不断提高，平均就业率达 97%，始终保持在天津市高校前列。

2020 年，我国不仅要实现数量上专科层次职业教育在校生数达 1480 万人的目标，为新型工业化、国家现代化建设输送高端技能型人才，服务国家建设和发展。更要在素质上，加强"思想道德""人文素养""职业精神"的教育，让它们与"职业技能"有机融合，让当今的职业教育人才既有技能，又有高尚的思想道德品质、以劳动为荣的"劳模品格"，使之成为为实现中国制造"由大变强"、实现中华民族伟大复兴中国梦的高素质技术技能人才。

二、"学"与"做"相结合,在党员培养教育中强化社会责任教育

(一)突出理想信念教育,树立正确的价值观

高校"必须坚持以马克思主义为指导……要坚持不懈传播马克思主义科学理论,抓好马克思主义理论教育,为学生一生成长奠定科学的思想基础"。新时代高职院校的学生党员培养教育工作要始终把政治理论教育放在首位,凸显传统的显性教育模式。高职院校要注重培养学生,使其树立正确的价值观,在日常学习工作中通过"润物无声"式的隐性教育,真正实现马克思主义信仰入脑入心。正确的价值观能帮助大学生规范日常的行为,形成科学的政治信仰,即马克思主义信仰。这种积极信仰将持续影响学生党员的日常行为。例如,2020年初,新冠肺炎疫情肆虐之际,很多高职院校的学生党员及入党积极分子主动作为,彰显出一名学生党员的社会责任感,履行一名大学生应尽的社会义务。因此,高职院校要积极组织学生党员的班主任、辅导员、入党介绍人、培养联系人等相关联系人,定期通过面对面的思想汇报、谈心谈话,以及日常的团学活动,有针对性地、经常性地对学生党员开展理想信念教育,做好学生党员的认知指导、情感陶冶、价值引领工作。

(二)注重实践,坚持"有温度"的服务实践

首先,要规范志愿服务工作,让服务更"有温度"。学生党员志愿服务活动,不能只是做做活动这么简单,还要提高服务质量和热情,科学累计服务时间,将其作为党员教育的一项重要标准。学生党员志愿服务工作既可以在校内结合学工处、团委等部门组织的学生校园文化活动联合开展,也可以利用暑期社会实践,在周边地区通过联系社区、福利院、红色基地、地铁站等公共服务部门,组织丰富的校外社会实践活动,多形式、多角度地培养学生党员在社会环境中的服务意识和吃苦精神。以天津职业大学为例,2020年初,新冠疫情防控工作正处于关键阶段,面对疫情防控的严峻形势,天津职业大学学生党员勇于担当,纷纷主动请缨参与到当地的抗"疫"一线工作中。有的学生在日志中写道:"我是党员我先上,疫情不退我不退。当我戴上党员志愿者袖标的那一刻,我更加清楚了自己身上的责任与使命,更

加深刻的体会了'为人民服务'五个字的真正内涵。虽然不能像医务工作者那样奔赴前线，但是我一定要做一些力所能及的事情，真正投身到疫情防控工作中去。"一名党员就是一面旗帜，党员志愿者们身体力行，践行着初心和使命，展现出学生党员的担当意识和家国情怀。用青年之力筑牢抗"疫"防线，以志愿之行唱响青春之歌。

其次，要勤于总结、善于凝练，让服务更出彩。要潜心研究、锐意创新，将志愿服务成效转化为激励一批批青年人的好故事、好典型，而不是放任自流。要组织党员积极撰写"雷锋日记"，在自己的日常学习生活中践行雷锋精神，天津职业大学的学生党员在投身此次抗"疫"防线，留下了诸多"一线感想"，有的学生党员说："作为党员，就要在困难面前不退缩，还要带头团结群众，只要有正确的工作方法，我一定能处理好这些问题。于是我主动和一起工作的伙伴们交流工作方法，在具体工作中逐渐摸索沟通方式，工作开展起来也越来越顺利。其实我就想加入抗'疫'工作，为社区的人民服务，所以自从签下'请战书'的那一刻开始，即便工作中有碰钉子的时候，我也没有打过退堂鼓。"同时，学生党支部也充分利用手机视频等先进手段记录真实动人的党员故事、感人事迹，做成微视频、故事集等，努力创造积极向上、丰富多彩的学生党员教育形式。

(三)创新先锋模范育人活动，提升高职院校学生总体社会责任感

高职院校学生党员教育要不断提高发展质量和水平，从一批合格的党员队伍中选一些先锋骨干做队伍中的"领头雁"，靠学生党员自治，把先锋意识、争优精神更好地在党员队伍中传播开来，争取以"一个骨干感染一个宿舍，带动一个班级，影响一个学院"，充分发挥学生之间相互影响、自我教育的积极作用。

树先锋、创模范，鼓励学生党支部积极向校级部门推荐优秀的学生党员和先进党组织，把同学们身边的学生党员的故事通过微信公众号、微博公共平台等进行宣传，在学生群体中树立优秀党员或模范人物。2020年新冠肺炎疫情肆虐期间，天津职业大学官方微信平台，发布学生党员先锋模范事迹50余篇，单篇浏览量在500人次以上，起到了良好的效果，让骨干力量真正在广大学生中发挥模范带头作用，让越来越多的学生加入抗击疫情的工作，由学生党员发挥作用，带动广大学生，共建思政主渠道，共同上好这堂思政"公开课"。

总之，不断加强和改进大学生党员培教育工作，建立健全大学生党员先进性长效机制,这关系到高校大学生党员自身健康全面发展,关系到青年大学生群体的思想认识和政治素养水平,更关系到科教兴国、人才强国战略乃至社会主义现代化宏伟目标的实现。需要广大学生党员和党建工作者结合大学生的具体实际情况,以习近平新时代中国特色社会主义思想为指导,以高度的责任感和使命感做好高校大学生党员教育工作,脚踏实地,开拓创新,积极开创高校学生党建工作的新格局。

启发式教学中蕴含的三观教育

重庆师范大学　易小莉、徐萃、蔡石秀、吴靖雯、吴侬倚、李冰慧①

郑璇老师是重庆师范大学教育科学院特教系一名理论学识深厚、教学经验丰富的优秀教师,面对聋生,她开启了"唇耕手耘"的特教生涯,并于 2018 年中央电视台"寻找最美教师"大型公益活动中荣获"最美教师"称号。

一、教育案例呈现②

在一次授课中,郑璇老师在和同学们探讨聋人就业难的主客观原因之一时(即不能正确认识、主动适应社会和不能正确评价自我会导致在就业问题上缺乏主动性),她在无声的课堂上用生动形象的手语给同学们列举了便捷 ATM 的出现会直接降低人们到传统柜台上办理业务的需求,借此例来阐明社会需求的道理。接着,为了能够让同学们更深入地了解如何正确进行自我评价,她邀请刘同学到台上来评价自己最大优点和缺点。刘同学评价自己最大的优点是会说话,郑璇老师立马与她用手语与她进行交流:"稍等一下,你刚说到,会说话是你最大的优点,但我觉得会说话不等于真的会说话,明白吗?"接着她循循善诱地启发同学们:"我会说话、会讲话、会发音,但是不等于我说话真的很有技巧。假如我能发音,但是讲话很直,让别人听了之后很生气,这算不算会说话呢?"同学们都认为这不算,郑璇老师微笑着打手势:"你应该说的是,我有口才。"在这里,面对大多数聋生会遇到不

---

① 项目负责人易小莉为重庆师范大学马克思主义学院思想政治教育专业大二年级学生。
② 本教育案例来源为 2018 年央视网录制上传的课堂视频,经整理后转为文本。

能直接发音与人交流的情况, 郑老师并没有直接肯定刘同学把会说话当作最大的竞争优势, 而是更深层次地向同学们展现——只有全面提高沟通技巧才能帮助我们建立良好的人际关系, 而良好人际关系的建立才是就业的立足之本。接着, 刘同学表达自己性格真诚、不喜虚假伪装的优点, 同时还指出自己不懂得包容他人的缺点。郑璇老师在认真聆听后, 以一种朋友般的姿态接着补充: "平时你听别人说话的时候很有耐心, 懂得聆听和尊重别人。"刘同学回应说: "我不知道, 因为之前没有注意过。"因此, 郑璇老师面向台下的同学阐释道: "她说她自己没有注意, 但是别人看得很清楚, 这就像一面镜子, 自己看不清自己, 但别人帮你看就会看得很清楚, 被人告诉了你之后才能更好地了解自己。"同学们听后都若有所思地点了点头。最后, 郑老师和同学们一起鼓掌, 感谢刘同学的回答。

二、案例具体分析

(一)在互动型课堂上进行启发式教学

我们知道, 传统的教学模式遵循"教师中心""教材中心""课堂中心"旧三中心理论, 近年来, 逐渐转向"学生中心""生活中心""活动中心"的新三中心互动型课堂。但由于部分老师经验欠缺, 只是机械遵从问答式教学方式, 对于学生回答的问题只是点到为止、一笔掠过。

而郑璇老师在课堂中采用循循善诱的方法, 引导学生思考反思、分析问题、得出结论。为了能让学生更好地认识自我, 她请学生上台评价自己的优缺点, 抛出一个小点向学生提问, 启发学生独立思考, 尊重学生已有的知识经验。她在对学生给予肯定的同时, 与学生进行交流, 帮助其观点表达得更加清楚合理, 更能加强学生对自我的认知和提高自我意识。郑璇老师在教育工作中, 既不急于求成, 也不强制学生接受某些观点, 而是有耐心、有恒心、有步骤地引导学生, 实施素质教育, 因材施教。因此, 郑璇老师既科学地传授知识, 也懂得艺术育人。

(二)在知识传授过程中学会潜移默化地影响学生

特殊教育是为了满足特殊儿童的特殊学习需要而设计的教育。在现实生活中, 处于被外界特殊照顾环境下的特殊儿童往往承受着来自生理和心理的双重压力,他们更容易变得敏感、自卑,产生低人一等的想法。而郑璇老师在教育的时候抓住特殊教育的关键——在培养平等观念的基础上促进特殊儿童的自我成长与自我完善。本次课堂上,郑璇老师否认了会说话是一种优势的观点,因为有的人会说话,能听清,但是如果不注重交流技巧,就容易在与人交流中产生误会和冲突。因此,她向同学们传达了这样一种观念:虽然我们课堂上绝大多数孩子确实不能像普通人一样正常交流,但是这并不代表我们不能与人交流,更不代表能够发音的人就能正确恰当地处理人际关系。灵动的双手、真挚的眼神和多样的面部表情,加上良好的沟通技巧,一样能够正常且自信地与人交流。上帝关了这道门,但是开了那扇窗,我们都可以走出去,只是更需要努力。这是郑璇老师为大家传递的平等观念,激励孩子们勇于打破外在的限定,以一种自信的姿态迎接人生面临的挑战。

(三)用一双善于发现的慧眼寻找学生的优点,并抓住恰当的时机 鼓励学生,帮助其树立信心

表扬是教育最主要的也是最有效的手段之一。表扬的目的是把它作为一种积极的强化手段,对学生良好的思想行为给予肯定。恰当适时的表扬不但可以使学生看到自己的长处和优点,激励其进取和自信,而且还会对其他学生的思想行为起正面引导作用。总之,表扬是学生进步的阶梯,学生会踏着表扬的阶梯不断进步。

本次课堂上,在刘同学评价自我缺点后,郑璇老师立马接着补充她有耐心和懂得尊重别人的优点,并且在最后带动其他同学鼓掌,以此来鼓励刘同学。这不仅能够让刘同学更加全面的认识自我,更使她在内心产生一种他人认同感和自我认同感,进而树立自信。而郑璇老师也时时刻刻地寻找学生的闪光点,她常常在周记上写下对学生们鼓励的话语,并且给孩子们足够的舞台展示自己,让他们越来越有自信。事实上,会跳舞、画画、写作、多才多艺的郑璇身体力行地影响着学生们。"她经常组织手语角活动,编排手语舞蹈与手语歌,还经常给大家讲聋人的名人故事。"郑璇的研究生说,"郑老师就是要告诉大家,除了听,聋人什么都会做。"

(四)教导学生运用辩证法的思想思考自我与他人的关系

在教学中,老师无时无刻都面临着矛盾,他们必须学会用一分为二的方法看问题。

郑璇老师听完刘同学讲述并不知道自己有尊重他人和耐心待人的优点后,向

台下的同学们阐述道理:"人与人交往就像拥有一面镜子,当自己看不清自己时,别人帮你看就会看得很清楚,被人告诉了之后才能更好地了解自己。"在这里,郑老师抓住机会,灵活运用辩证法的思想。我国的教育主张个人与社会统整观,即重视学生个人发展,符合其身心发展规律,又要凸显社会价值,强调个人应成为对社会有用的人。在教育的实践过程中,作为教育主体的教师和学生在交往中产生师生关系和同学关系,而处理好该人际关系的关键在于把他人当作一面镜子来正确审视自己,从而树立自信、改变或坚持交往方式和交往对象。而聋生由于先天的不足和障碍,容易产生自卑的情绪,他们倾向于把自己封闭起来以减少人际交往。因此,郑璇老师立马抓住机会,向同学们传达了一种从辩证的角度来看待问题的理念,鼓励同学们要多与人交流,这样才能在交往中看到自己的问题。

(五)尊重教师职业,课堂上展现的扎实的手语基本功,需要台下的千锤百炼

学高为师,身正为范。一名优秀的人民教师必然是这样的。三尺讲台,三寸舌,三寸笔,三千桃李。十年树木,十载风,十载雨,十万栋梁。

这是一个特殊的教育案例,无声的课堂却传播了有形的知识与价值观念。单用文字,不能够清晰明了地介绍郑璇老师流畅、生动、优雅的表情和手语姿态。但我们知道,要想吸引和教导一群有听力障碍的学生是需要下苦功夫的,而郑老师做到了。为了把孩子们教好,郑老师常常备课到深夜,每一个手语的动作、每一个交流的眼神、每一个巧妙的教学设计环节,她都精益求精、反复斟酌;在面对学生的时候,一个简单的发音或者一句平常的交流语言,往往要用手教上几十遍甚至上百遍,机械重复的标准动作,是常人无法想象的单调和枯燥。这就是作为一名人民教师的职业担当,教育本身也是教学相长的过程。

三、创新点

(一)创新的教学模式

在教学过程中,郑璇老师摸索出了一套专门针对聋生的"三位一体"沟通能力培养课程体系——课程体系如同一个三角形,两个底角分别代表汉语课与手语课,

上面的顶角代表人际沟通课。只有底部的语言基础牢固,才能更进一步,全面提升聋生的沟通技巧。郑璇老师在教学实践过程中也在不断地贯彻实施其理念。在本次教学进行学生自我评价环节中,有的放矢,教育聋生在交流过程中要学会委婉、注意语言技巧。

(二)创新的教学方法

郑璇老师创新教学方法,让真正的倾听融入互动型的课堂中。现在中国教育主张改造传统课堂,提倡翻转课堂,即课堂变成老师与学生之间和学生与学生之间的互动场所,包括答疑解惑、知识的运用等,从而达到更好的教育效果。但在实践过程中,我们发现,有些老师一味注重发挥学生的主体作用,即让学生能够充分表达,但对学生的评价只是简单带过,对学生没有实质性的建议或帮助。因此,老师在与学生互动的时候学会倾听是极其重要的,它要求老师在倾听的过程中要学会捕捉到学生的关键想法或者背后隐含的价值观念,并且老师需要对学生回答出现错误的时候,用恰当委婉的方式进行纠正;对学生回答正确之处,要加以充分肯定与鼓励,进行补充与完善。这样才会让学生真正觉得老师是在虚心、平等地与其交流,才能使学生获益匪浅和增强人际交往的信心。郑璇老师及时与学生进行交流,并应用恰当的方式引导学生树立正确的价值观念,无声的课堂展示体现了民主、友爱、平等的师生关系。

中学篇

　　高中阶段重在提升政治素养，引导学生衷心拥护党的领导和我国社会主义制度，形成做社会主义建设者和接班人的政治认同。初中阶段重在打牢思想基础，引导学生把党、祖国、人民装在心中，强化做社会主义建设者和接班人的思想意识。

嵌入式教育——职普融通背景下责任教育在职业启蒙中的有效尝试

山东省平阴县职业中等专业学校　丁颖、王爱华、宋传涛、徐梦婷、郭曼①

一、案例简介

在近年来国家大力推进的职普融通实践活动探索中,山东省平阴县职业中专选取中学生职业启蒙教育这个突破口,利用本校多年来创建的特色德育优势,经过九个月的活动探索,将职业学校的社会责任教育嵌入中学职业启蒙教育,将责任伦理应用在初三学生的德育实践中,在理念、内容方面建立协同机制,在方法、途径方面找到契合点,在学习和运用方面互相嵌入。一方面为责任教育找到可行的落脚点,另一方面又为职业启蒙教育提供指导,注入丰富的教育内涵。

二、案例背景

山东省平阴县职业中等专业学校是首批国家中职示范学校,自2007年资源整合、异地新建学校以来,根植了“责任在心”的学校核心文化理念,实现了以责任为底蕴的学校文化转型,并把其作为一种管理思想、实施策略、运作方式和操作行为深入到理论研究的层面,申报并完成了国家和省市三级科研课题,形成了较为完善的责任文化理念体系。学校物态环境逐渐成熟,责任制度体系不断完善,责任教育课程和活动建设形成了校本特色,赢得了社会的认可。

---

① 作者简介:项目带头人丁颖为山东平阴县职业中等专业学校副校长。

为落实教育部颁发的《中小学综合实践活动课程指导纲要》(中教发 2017 年 4 号)提出的将职业认知和职业体验纳入其中,按照《国务院关于印发国家职业教育改革实施方案的通知》(教育厅 2019 年 1 号)指示精神鼓励中等职业学校联合中小学开展劳动和职业启蒙教育,结合《国务院关于深化考试招生制度改革的实施意见》(2014 年 35 号文)中提出的改革要求,倒逼学校指导学生更多地认识自我与社会、谋划学业与职业方向,按照山东省平阴县教育体育局工作安排,平阴县职业中专履行职业院校普及职业教育的职责,利用学校现有专业课程和特色文化的优势资源,更好地服务义务教育阶段的教育教学。2019 年 2 月 15 日至 11 月 15 日,学校在平阴县域内组织了职普融通第一次大型教育活动。活动以"中学生职业启蒙教育"为主题,面向全县所有初三年级学生,共有 3200 名学生参加。希望通过本次活动,有效解决本县初中学校职业启蒙教育和责任教育中教育内容和形式单调、教育载体和手段不够丰富、学生参与度和积极性不高、教育效果不明显,以及职普双方合作机制不够健全、职业院校社会服务方式相对单一等问题,为我县职普融通实践做出一定的探索。

三、问题分析

(一)中学生职业启蒙教育和责任教育应互相嵌套,纳入基础教育的必修课

职业启蒙教育在普通基础教育阶段的定位,是实施一种渗透式的初级职业生涯教育,实施对象是 13~14 岁的中学生。初三阶段的职业启蒙教育主要内容是了解职业与个体之间的关系,对职业理想进行初步试探。它不仅仅是一种关于职业入门知识的传授,而且还有职业文化思想的教化和职业理想的开启。职业启蒙教育的价值就在于为人的个性化自由发展打下基础,培养其社会责任感。

责任教育的落脚点在于培养和造就负责任的人。学校承担着系统培养年轻一代的政治思想、价值观念、道德品质的使命,且青少年学生处于学会负责的关键期,学校责任教育的主要使命应该定位于帮助学生,为其毕业和成年后承担各方面责任做好准备。

职业启蒙教育提供的是未来学生感兴趣的、适合的职业介绍,实践的是教育选

择,强调的是技能、兴趣。责任教育旨在把负责的精神如同一部发动机一样安置在学生心中,使其能将社会责任意识内化为一种自觉的行动,强调的是习惯养成、意志磨砺、极强的内在驱动力和进取心的培养。两种教育的目的都是为了提高学生未来生活的生存质量和价值。现实中这两种教育模式常常嵌套在学校的大德育实践中,呈现复杂的样态。二者看似关联性不大,但实际上具有天然的共生互融关系。责任是做人的核心要素,职业是人谋生的平台和载体,将来的职业更看重的是一个人的"人格资本",就是我们常说的整体素质。学生要在未来的职业中做到自如、淡定、有成就,还必须以极为重要的"负责"品性做支撑。它看似简单,但必须在成长关键期通过各种方式反复习练,才能镌刻在身体中,展现在未来的行动上。中学生的社会责任意识需要我们寻找有效的途径进行挖掘、激发和引导,而职业启蒙教育具有未来有效实践向度,可以培养学生自主自觉的责任意识,正是有针对性地开展责任教育应该重视的教育契机。将责任精神培育融入职业启蒙教育,两种教育形式互相嵌套完全可以视为学校德育的核心路径之一。二者互相补充,互为依托,才能真正彰显责任与职业的关联,使学生在生涯规划时最终能体现在为祖国发展社会进步贡献力量的职业理想上,达到教育立德树人的根本目的。

(二)中职学校责任教育工作应在探索中前进

职业启蒙教育和责任教育的实施,在平阴县初中学段起步比较晚,对于很大一部分初三教师而言,如何对学生开展这两种教育,无论从内容还是形式上来说都是一个挑战。平阴县职业中专是全县唯一的一所职业学校,它的地位和作用显而易见。尤其是我校具有校本特色的"责任教育"体系,形成了具有一定张力的德育机制,在一定范围内具有很强的辐射力。

人们常把我国现有的教育培养体制中的各类教育综合称之为"人才培养的高架桥",把职业教育称为开启人才培养通道的立交桥,那么职普融通教育的实践形式也就成了很好的立交匝道,它无形中承担起了为学生的终身发展指引方向的责任。站在立足于学生终身发展需求的角度,职业启蒙教育无疑是最好的契合点。我校响应国家号召,自 2019 年开始,承担起了对平阴县几千名初三学生的职业启蒙和服务于中小学部分综合实践课的工作。对于这部分学生的教育,我们深知,知识的可接受性比知识的系统性更重要,能否在进行职业启蒙教育活动的同时嵌入我们极具特色的责任教育,学校发展能否适应新时期多重价值评判的考验,这是我们在开展活动前就思考的重大问题。责任教育嵌入职业启蒙教育模式建构的立足点,就在于整合与职业教育和责任教育有关的教育要素,整合校内外教育资源,以环境、制度、活动、课程、校企文化等要素为载体,加深各个层面的探索研究,特别是关注各个层面、各相关领域的贯通和融合,构建起全方位的学校责任教育整体体系。从这个角度说,在职普融通中把两种教育形式整合建构,这既是素质教育的大目标,也是我校责任教育进一步推广和实施的大战略,为更深入、可持续地发挥我校责任教育的价值和作用做出了有力的探索。

四、设计思路

变"独立教育"为"贯通教育",变关注"热点"为关注"需求",变"组织活动"为"设计课程",变"被动受教"为"主动学习",变"完成作业"为"综合评价"。

五、主要做法

活动采用"嵌入式教育"模式,将我校进行了十二年的责任教育和中学生职业启蒙教育互相嵌入,通过机制、目标、内容、途径、资源、评价的"六融通",形成两种教育形式的相互交叉、相互渗透,强化中学生职业认知和职业体验中的价值追求。这种德育实践的优化设计对中学生的思想观念、价值取向和行为方式均产生了深远的影响,也使我校责任教育工作更进一步强化。

（一）以育人体系完善为保障,驱动教育模式科学化研判

机构融通,形成融合发展的制度体系。灵活务实的管理机制是开展工作的后盾保障。自开展本活动项目研究以来,我校得到上级教育主管部门的大力支持,成立了由县分管局长为会长,我校校长及各初中学校校长为成员的职普融通试点项目管理委员会(以下简称"管委会")。"把职业启蒙教育当资源去开发""先查病,后治疗,再进补""先补思想,再补内容""多指路子,少给结论",这些都是管委会考虑的教育原则。围绕学生"成才指标"建立"定向伺服机制",管委会统筹协调全县初中学生参与职普融通活动,定期制定、召开本学年度项目推进和开展总结会,及时解决在活动中出现的相关问题,提出整改意见。抽调初中学校及我校优秀专业

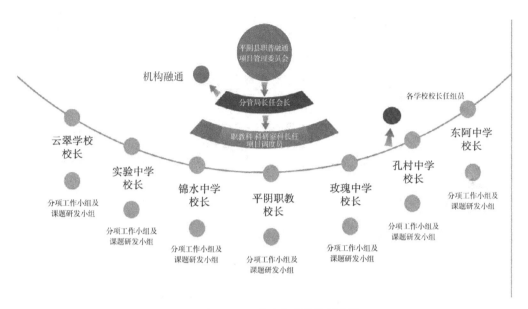

图1　机构融通,形成融合发展的制度体系

课教师,成立了职业学校、初中学校融汇交互式的分项工作小组,专项课题研发小组。分项工作小组根据管委会的整体安排指定细化分项任务,由各专项课题研发小组以课题研发的形式完成相关分项任务,以确保各项活动的顺利开展。

(二) 以文化价值凝练为引领,驱动教育模式高站位发展

目标融通,建立学生发展指导体系。一是在职业启蒙教育中注入高屋建瓴的责任理念,以学科课程渗透作为标准体系,一并进行培养社会责任感与职业启蒙。将职业知识、理想信念、责任担当与职业启蒙有机融合在中学的思政课、中职的职教形势专介课及学生所上的各门文化课中,突出强调责任与职业的关联,使责任教育和职业启蒙相辅相成、互为依托。二是以责任教育的价值凝练为目标引领,突出问题导向,针对中学生中存在的价值失落、责任失守、行为失范、心灵失序的系列难题,找出解决措施,致力于学生责任认知水平和承担能力的形成与发展。

(三) 以培训课程研发为核心,驱动教育模式高品质提升

内容融通,搭建基于职业能力目标的课程结构。责任教育是一种理论,也是一种实践。职业启蒙教育更是实践性教育活动,其中许多项目与责任教育的学习内容和体验项目是相通的。进行中小学职业启蒙教育和责任教育相结合的顶层设计,借助我们已有的责任教育课程体系,完善中学综合实践活动课程的内容结构,将我校现有课程与职业启蒙的学习内容和体验项目进行统筹设计,在传统课堂中接入责任元素、职业技术因子,加强责任认知和职业体验,进一步完善中学人才培养体系,使得"人的流动"走向了"课程的流动与融通"。

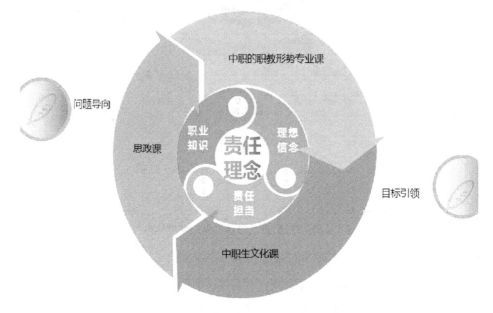

图2 内容融通,搭建基于职业能力目标的课程结构

1.传统职业课堂采取"教师走出去,学生引进来"的方式

"教师走出去"是指职业学校教师走进初中学校的课堂,在初中学校教师的指导和配合下承担起专项课题授课。结合我校现有的专业服装、护理、学前教育、机电技术应用、数控技术应用、汽修、3D打印技术、智能制造等专业课程,教授职业技术课程的入门知识,融合初中学生学科内容,打造普校内的职业课堂。一学期时间,我校共为初三学生讲授职业启蒙课程13节。

表1 2019年平阴县初三学生职普融通综合实践课——职业启蒙课程表

课程名称	负责专业部	授课教师	助理老师	安全管理老师	可容纳人数	初中学校负责教师	初中学校报班人数	备注
应急救护——心肺复苏	护理部	蔡丽敏	张晓燕	张立业	40			
"救"在身边	护理部	石媛媛	李燕	徐玉芝	40			

课程名称	负责专业部	授课教师	助理老师	安全管理老师	可容纳人数	初中学校负责教师	初中学校报班人数	备注
机器人体验课	学前机电服装	戴恩振	彭妍奇	李学源	30			
无人车间的监控与运行	学前机电服装	韩莉娜	马秀花	张吉岩	40			
裁艺新天地——芭比服饰创想秀	学前机电服装	王晶文	王海芳	杨波	30			
春暖花开,遇见最美的自己——服饰色彩搭配	学前机电服装	神琛琛	神凤玉	李凤河	40			
"猪"事大吉——PS年历制作	数控经贸部	郭曼	李盼盼	刘欣欣	45			
神奇美工手	数控经贸部	王谦	侯银环	井立营	40			
3D打印佩奇制作	数控经贸部	高新	刘鑫	张承亮	30			
宝葫芦的制作	数控经贸部	王者金	万淑梅	刘志勤	40			
汽车的维护	数控经贸部	刘明	张真	赵健	40			
黑白键上舞蹈	学前机电服装	庄宁	徐付平	张静	30			
歌声中的气韵	学前机电服装	秦阳阳	丁丽华	李霞	30			

2.线上开发网络课程,满足个性化需求

借学校专业精品课程资源开发,打造适合初中学生的专业慕课。

机械制图在工业生产中的应用 数控部 授课老师 王若金

人体生理学基础知识 护理部 授课老师 陈学丽

电子电子技术应用于日常生活 机电部 授课老师 张吉岩

基于医学角度的女性生理健康知识普及 护理部 授课老师 李燕

基于数理的数控车床编程 数控部 授课老师 刘鑫

汽车传统系统 数控部 授课老师 张启建

电子商务中的视觉营销 数控部 授课老师 郭曼

常见突发事件的应急救护知识 护理部 授课老师 蔡丽敏

图 2-3 相关网络课程

目前,学校已经打造了8门慕课。学生结合自己的兴趣选择相应的课程,根据自己的时间安排进行学习,并完成相应的问题设计,这一形式深受学生喜爱。课程设计中渗透该学科所涉及的相关领域的职业理念,以及责任教育的相关内容,在学习的过程中激发学生的责任意识,引导学生思考以职业担当完成责任使命。截至目前,共有675名学生选择慕课进行了学习。

3.共享专题讲座、特色课程,渗透职业理念、夯实责任教育

打造名师讲堂品牌活动。我校在实践期打造了三个精品专业讲座,以理论和榜样做滋养,由大见小,由小见大地教会学生了解自我,找准定位,认识社会的特点及对人才的需求,明确肩负的社会责任。根据学生兴趣或实际需要选择我校的系列模块化责任教育校本课程,利用专门时间,每周五个班级上特色课,主要是"责任教育"和"综合素质拓展课程"两门课。

(四)以项目体系建设为构架,形成驱动教育模式大格局

途径融通,建立综合育人实践体系。中职学校和一般中学,甚至高校相比较而言具有突出的优势,即:产教融合、校企合作。基于此,在职普融通的实践中,我们开展了"双十一认知岗位体验"活动,将企业的项目引入到职业学校,邀请初三学

生一起参与,在企业指导教师的共同指导下,在职业学校学生的帮助下,体验"双十一"电商岗位的实战性工作,让学生更多地了解职业与责任的关系,体认"生活靠劳动创造,人生也靠劳动创造"的道理。以责任教育为主题的班团队会、升旗仪式、成人仪式更是将对职业的认知和体验、职业意识和责任精神的培养、职业技能学习等内容有机融入。

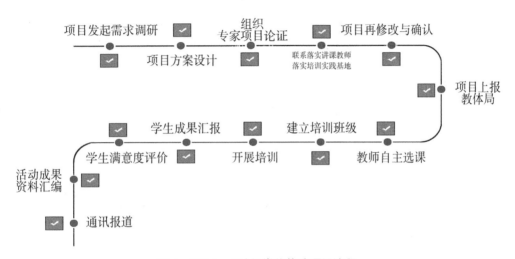

图4 "双十一"认知岗位体验项目流程

(五)以寻求合作联动为途径,驱动教育模式多资源融通

资源融通,打开职业启蒙和责任教育的外阵地。职业学校得天独厚的条件就是市场化的办学、校企的深度融合,以观摩企业、实战课堂教学、校内创业实践等形式拓宽职业启蒙教育的阵地。我校共建立校外实践基地 20 个,签订 18 份协议。建设这些实践场地时,同步将责任教育的要求予以统筹安排。加深学生对职业的理解和社会责任的定位。

(六)以个性化实践为突破,驱动教育模式发展新动能

评价融通,从共性实践走向个性实践,实现差异化异步提升。一是开发具有本地特色的地方性教材,以此服务中学德育课程体系的改革。目前,该工作在前期筹备完善之中。二是在目前我县学生学籍还不能互通的情况下,对初三特有的文化基础课和我校开设的选修课,按课程关联程度按比例进行学分互认,从而完善初中学生综合实践评价。

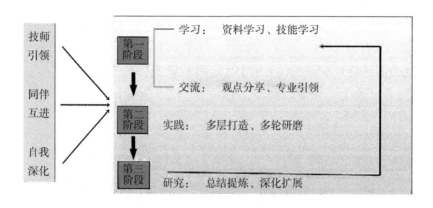

图5 校外实践学习的框架设计

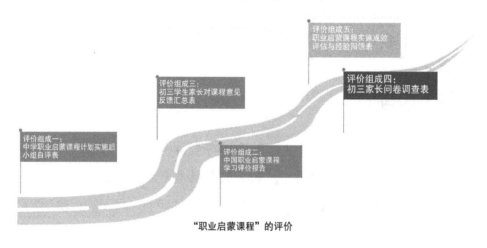

"职业启蒙课程"的评价

图6 "职业启蒙课程"的评价

(七) 实施成效实现"四赢"

一赢个人:使学生实现从无序到有序、从他律到自律、从自由到自觉的转变,在摈弃了强迫、摈弃了功利、摈弃了形式的境界里进行享受式教育。

二赢教师:嵌入式教育模式贯彻"合作+共生"的教育理念,通过"共讲+实作"的教育行为,引领教师修炼创新式的、情境化的、动态感的、众筹式的、人本化的教育方法,建立了一支高素质、专业化的教育团队。

三赢学校:活动得到了市教育主管部门、初中学校、部分企业的一致好评,丰富

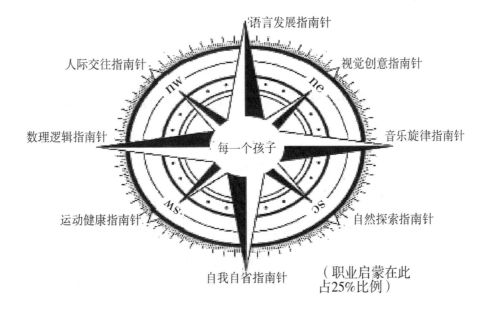

平阴县初三学生综合实践评价

图7　课程评价和实践评价

活跃了初中综合实践课课堂,也促进了我校各专业的提升和学校责任内涵的建设,更获得了社会、家长的支持和赞誉。

四赢地方:形成了中职学校服务中小学的"平阴范式",在中学生"职业启蒙教育+责任教育"上形成了创新经验。使中职学校的优势资源引领和服务作用更加凸显,形成了区域示范教育基地。

(八)创新点:教育模式创新

立足实际,科学设计;立足服务,多方支持;立足生成,众筹汇聚;立足分享,打造品牌;立足区域,体系造血。

(九)实践反思

1. 争取专项资金支持,开发多样性课程,创新教育活动模式

2. 进一步优化课程建设,分类别专题更加清晰化

3. 评价机制需进一步科学有效实施,不可拘泥于学分制

筑牢责任意识，培养大国工匠

河北省邢台现代职业学校　李振旭、曹伟谦、侯明伟①

邢台现代职业学校现有教职工 700 余人，全日制中职生常年保持在 6000 人左右，是河北省规模最大的中等职业学校之一。学校坚持立德树人根本任务，以育人为核心，以立德为根本，建立为学生德智体美劳全面发展服务的一体化培养教育机制，注重循序渐进、潜移默化，着力抓好细节，大力开展丰富多彩的第二课堂活动和实习实训、技能竞赛，协同培养学生责任意识，收到了"润物细无声"的效果，为地方经济社会发展和促进就业做出了应有贡献。

一、开展时间和过程

2015 年 3 月以来，邢台现代职业学校开始在学生中开展"筑牢责任意识　培养大国工匠"活动，该活动一年为一个周期，活动对象为全体学生。为了使活动取得应有的效果，学校制定了详细的活动计划和督查措施，围绕主题开展活动，保证每月有重点，每周有活动，天天抓落实。

一、二月为讲责任、明规范月。各班班主任利用班会时间讲清中职学生对家庭、学校、社会和国家的责任，组织学生认真学习贯彻《中职生守则》《中职生日常行为规范》，使学生明确责任，了解规范，树立责任意识，规范自己的日常行为。之后，学生处组织班主任和学生会干部对学生遵守日常行为规范的情况进行检查评比，班主任在每周班会上对学生遵守规范情况进行通报，以激励机制培养学生自我

---

① 作者简介：项目负责人李振旭为邢台现代职业学校思政教研室主任。

约束、自我管理能力,尽职尽责做一个优秀中职生。

三月是文明礼貌月。学校在全体学生中开展"学雷锋,尽职责"活动,通过举办环保讲座、环保展览、爱祖国保环境演讲、开展美化校园等活动,培养学生环保责任意识,形成环保习惯;团委、各专业部团总支、各班团支部组织学生开展走出校门为烈士军属服务、协助交警做交通志愿者等活动,引导学生从身边和社会具体事例做起,寓责任教育于各项活动之中,传承中华民族助人为乐、勇于担当的传统美德。

四月为革命精神教育月。学校组织学生参观爱国主义教育基地,瞻仰革命圣地和遗址,祭扫烈士墓,对学生进行革命传统教育,使学生理解近百年来革命先烈为国家独立、民族解放而勇于担当、不怕牺牲的革命英雄主义精神,培养崇敬革命先烈的家国情怀和担当精神,自觉树立为建设社会主义现代化强国、实现民族复兴尽职尽责的人生理想。

五月为读书月。在全校开展读名著、背名篇活动,通过组织写读后感、征文比赛、手抄报比赛、讲故事比赛、演讲比赛等形式,用健康、优秀的文化滋养学生心灵,提高学生文化修养,引导学生在读书中感悟人生、学会做事、学会做人,逐步树立起正确人生观、价值观,坚定为祖国、为民族做贡献的责任信念。

六月为学习和就业教育月。各班级召开学习经验交流会,学校组织召开学习状元报告会,使学生巩固学习是学生主要责任的思想意识,通过互相学习、取长补短,掌握学习方法,养成学习习惯。学校就业服务处和"职业生涯规划""职业道德与法律基础"任课教师共同对全体学生讲授就业形势,进行就业指导,帮助学生树立正确的就业观,理解岗位责任,学会择业,遵守职业道德。

七、八月为社会实践活动月。学校就业服务处和各专业部组织学生开展学生社会实践和进企业实习活动,培养学生吃苦耐劳、爱岗敬业、尽职尽责干好本职工作的意识,通过社会实践和企业实习身体力行,提高学生实践技能和职业素养。

九月为感恩月。开展孝文化教育、感恩教育活动,通过征文、演讲、主题班会、观看影视资料等形式对学生进行教育,使学生对父母、对师长、对国家心存感激之情,认识孝敬父母的子女之责、尊敬师长的学子之责、奉献国家的公民之责,自觉树立报答父母养育之恩、报答师长教育之恩、报答国家培养之恩的人生信念。

十月为爱国主义教育月。结合国庆节,通过举办演讲比赛、征文比赛、图片展、唱红歌比赛、请英模作报告等形式对学生进行以爱国主义为核心的团结统一、爱好和平、勤劳勇敢、自强不息的伟大民族精神教育;采取多种形式对西藏内地中职班学生进行维护祖国统一、加强民族团结教育,帮助学生树立祖国观和正确的民族观、宗教观、文化观。通过活动使全体学生认识到爱国是每一个公民的应尽责任,当代学生要热爱祖国,拥护中国特色社会主义制度,拥护中国共产党的领导。

十一月为国学经典月。开展读经典、学国学活动,提高学生国学素养,陶冶学生情操,使学生对中华民族优秀传统文化产生认同感、亲近感。在国学文化的熏陶下进一步强化家国情怀,强化学生对祖国、人民、社会、学校、家庭的责任和担当意识,立志修身,练好技能,全面提高个人素质,努力成为社会主义现代化建设需要的优秀技术技能人才和大国工匠。

十二月为文化艺术节和法制安全月。一方面,大力开展书法、绘画、手抄报、演讲、辩论、舞蹈、校园歌手大奖赛、新年联欢会等形式多样的校园文化活动,通过丰富多彩的校园文化活动,寓教于乐,使学生在活动中体验到积极参与、尽职尽责带来的成功和快乐;另一方面,利用班会、橱窗展览、法制教育报告会等活动进行普法教育,培养学生自觉遵守学校纪律和规章制度的责任意识,增强法律意识和法治观念,立志做一个知法、懂法、守法的合格公民。

二、具体措施

为了保证把"筑牢责任意识 培养大国工匠"的教育活动落到实处,邢台现代职业学校采取了一系列具体措施。

(一)讲清责任意识

学校充分发挥思政课在德育教育中的主渠道作用,思政课老师重点讲清热爱祖国、遵纪守法、尊敬师长、孝敬父母、努力学习、积极锻炼、修炼品行、提高技能、全面提高个人职业素养,努力成为大国工匠,立志为家乡经济社会发展和社会主义现代化建设做贡献,是中职学生对国家、社会、学校、家庭应尽的责任。

(二)建立体制,服务育人

学校各项管理工作都与德育教育紧密结合,从关心学生成长发展的需要出发,着眼教育,严格要求,常规管理工作常抓不懈,教职工人人做楷模,形成全员抓德育的氛围,促进学生责任意识和良好行为习惯的养成,实现管理育人。学校各项服务工作都体现德育功能,全体服务人员热爱本职工作,以身作则,优质服务,使学生受到感染和激励,实现服务育人。相关科室和班主任结合班级管理在思想工作上狠抓"五个坚持":一封信,每学期与学生家长联系,协同做好学生思想工作;两祝贺,在学生生日、入团纪念日时进行祝贺,使之感受到组织温暖;三关心,关心学生学习、生活和身心健康,调动学生学习积极性;四必谈,在学生无故缺勤、情绪波动、思想异常、受讽刺打击时,进行谈话,帮助学生解决思想和实际问题;五看望,在学生生病、受批评、受表扬、发生意外或受挫折时进行看望。为确保各项管理服务制度落实,学校采取措施,严禁对涉及学生利益和成长的事情推诿扯皮、漠不关心,对违反者给予通报批评或经济处罚。健全的体制,保证学生养成积极进取、关爱他人、具有社会责任感和爱岗敬业精神等优秀品质。

(三)抓好三件小事,培育责任意识

邢台现代职业学校在培养学生责任意识活动中,从大处着眼,从小处着手,从两操、卫生、出勤三件小事抓起,及时通报违纪学生,表彰先进班组,让学生知道早操不迟到、卫生有标准、上课有纪律是学生应尽的责任。在学生管理中,做到事事有要求、事事有检查、事事有讲评,长期坚持,常抓不懈,确保学生养成守纪律、尽责任的行为习惯。

(四)表彰学生模范,树立责任榜样

学校每学期召开全体学生大会,对在学习、实习实训、体育锻炼、品行修养等方面尽职尽责的优秀学生和学生干部予以表彰,以树立榜样,为全体学生明确学习追赶的目标。学校每学年请优秀毕业生到校作报告,让他们讲述就业后尽职尽责,努力工作,做出成就的工作经历,引导在校学生树立正确的职业理想,形成符合社会和个人实际的就业观,提高就业和创业能力,做好适应社会融入社会的心理准备。

(五)开展多彩活动,增强责任意识

学校建设体现社会主义特点、时代特征和职业学校特色的校园责任文化,促进良好的校风和学风的形成。一是加强校园、教室、楼道、楼梯文化建设,营造浓厚校园文化氛围,力争实现"让每一面墙壁都说话,让每一处环境都育人"。二是加强校报、校刊、校内广播电视、校园网络等的建设,发挥黑板报、橱窗、图书馆、陈列室及模拟职业场景等的宣传作用,注重宣传先进的企业文化以、行业劳动模范和学校优秀毕业生的事迹,发挥校训、校歌、学校发展历史、劳动模范的激励作用。三是结合民族传统节日、重大历史事件,开展特色鲜明,吸引力强的主题教育活动。四是组建学生艺术社团,开展丰富多彩校园文化活动,组织学生军训,举办广播操比赛、红歌比赛、诗歌朗诵、演讲比赛等活动,在各种活动中培养学生责任意识,提高综合素质。

(六)开展实训实习,筑牢责任意识

学校坚持培养"德技"双优的技术技能人才的培养目标,"普通教育有高考,职业教育有竞赛"的理念深入人心,各专业结合人才培养目标,安排学生实训和实习,学校每学期开展学生技能竞赛,积极组织学生参加市、省、国家级技能竞赛,在实训、实习和技能竞赛中培养学生严格要求、一丝不苟、精益求精、制造精品的质量责任意识,把责任意识转化为高质量产品。

三、学校责任教育的创新之处

邢台现代职业学校责任教育的创新之处表现在以下三个方面:

一是立足职业学校的特点,在坚持"立德树人"根本任务的前提下,把培养"德技"双优的技术技能人才作为教育培养目标,努力造就"大国工匠",明确学校教育为地方经济社会发展做贡献、为促进就业服务的角色定位。

二是紧密结合中等职业学校学生自制力较差、文化基础薄弱的实际情况,强调从小事做起,从行为规范养成教育做起,在日常行为管理中培育责任意识。

三是结合中职学生对单纯的理论说教有厌烦情绪,乐于参加各种活动,希望在活动中展现自己的行为性格特点,通过开展一系列丰富多彩的活动,让学生在活动中感悟道理,体味责任,形成理念,指导行动。

由于坚持从实际出发,开展责任教育,德育教育目标明确,措施得力,邢台现代职业学校"筑牢责任意识 培养大国工匠"责任培育活动取得了显著成效。2016年3月获得省教育厅、人社厅等授予的"河北省精品中等职业学校"荣誉称号,2018年1月被评为河北省中等职业学校德育工作先进集体,2018年12月被国家民族事务委员会命名为"第六批全国民族团结进步创建示范区(单位)",2019年5

月荣获全国第二届"网中网杯"中职财税技能大赛总决赛团体一等奖。学校工科专业部机电 1403 班王天鸿、高联部 3+4 财务管理 1708 班宁志军同学分别在共青团中央学校部、全国学联秘书处等部门共同举办的 2016、2018 年度"最美中职生"寻访活动中获"全国最美中职生"称号,他们的事迹被多家媒体报道;2019 年井梦颖同学被评为"河北省自强之星入围奖",在河北电视台现场直播并在河北电视台官网发布。近几年来,邢台现代职业学校毕业生就业率一直保持在 95% 以上,学生就业后的表现和职业素养受到了用人单位的一致称赞和好评。

初中道德与法治八年级上册第三单元 "勇担社会责任"优秀教学设计

内蒙古自治区乌海市海南区教育局教研室　呼秀艳、韩秀华、史慧、段家馨①

一、实施时间

2019 年 10 月 8 日至 12 月 8 日。

二、实施过程

（一）准备阶段（10 月 8 日至 10 月 14 日）

首先，召开会议，初步制定研究方案，将第三单元"勇担社会责任"的四框内容按自选原则进行分工：

第六课第一框"我对谁负责　谁对我负责"设计者:韩秀华。

第六课第二框"做负责任的人"设计者:呼秀艳。

第七课第一框"关爱他人"设计者:段家馨。

第七课第二框"服务社会"设计者:史慧。

接下来，组织成员深入学习研究初中思想品德课程标准、八年级上册教科书和教参、相关教学资源。

（二）实施阶段（10 月 15 日至 11 月 15 日）

1. 设计者完成教学设计初稿

---

① 作者简介:乌海市海南区教育局教研室教研员。

2. 设计者重新审视教学设计初稿,完成二次修改完善

3. 设计者说课、展示,其他成员听课、评课

4. 设计者对教学设计进行再次修改完善,教研员审核把关

（三）总结阶段(11 月 16 日至 12 月 6 日)

1. 完成教学设计汇总整理工作

2. 完成新时代大中小幼责任教育案例征集表

三、具体措施

首先,加强理论学习,提高参研教师的理论水平;

其次,制定研究计划,分工明确,责任到人,分阶段有步骤地进行研究;

最后,组织课例观摩研讨交流活动,在思维碰撞中、自我反思中得以改进与提高;

四、创新点

《九年义务教育小学思想品德课和初中思想政治课课程标准(修订)》明确指出要"帮助学生过积极健康的生活,做负责任的公民是课程的核心"。但我们发现,很少有教师对责任这部分内容进行专项研究、合作完成高质量的教学设计,加之部编版新教材问世时间较短,相关优秀教学设计成果更是少之又少了。本研究选取了初中道德与法治课程中以责任为主题的八年级上册第三单元进行教学设计专项研究,力求设计出有关责任主题的高质量、高品质的优秀教学设计,从而将本单元的教学目标落到实处,即将责任教育落到实处。

五、教学设计

（一）"我对谁负责　谁对我负责"教学设计

设计教师:韩秀华。

设计主题:第六课第一框题——"我对谁负责　谁对我负责"。

教师单位:内蒙古自治区乌海市海南区西卓子山学校。

【课标要求】

《九年义务教育小学思想品德课和初中思想政治课课程标准（修订）》中,"我与国家和社会"中提出,学生要"积极适应社会的发展"。具体对应的内容标准是："知道责任的社会基础,体会承担责任的意义。"

【教材分析】

本框内容主要是帮助学生了解什么是责任,责任的来源有哪些;懂得在社会生活的舞台上,每个人都扮演着不同的角色,承担相应的责任;知道每个人要对自己负责,也要对他人负责,同时其他人也在对自己负责。正是由于我们每个人各负其责,个人才能获得充分发展,社会才能获得全面进步。

【学情分析】

初中学生已经具备一定的责任意识,能够初步认识到在不同的场合需要承担不同的责任,知道承担责任需要付出一定的代价,初步体会到承担责任的快乐。但是,受认知水平和生活阅历所限,初中生责任意识不强,对如何明确对自己、对他人、对社会的责任还没有全面的认识,履行责任的能力还不强,有的学生面对责任有逃避推诿现象,不能积极主动地承担责任;有的学生只强调社会和他人对自己的责任,没有看到自己对他人、社会也需要承担相应的责任。这就需要教师帮助学生认识到,在社会关系中的每个人,都需要承担他应当承担的责任,进而体会到促进个体成长和社会发展具有重要意义,引导学生扮演好自己的角色,自觉主动地承担自己应尽的责任,做到对自己负责,对他人负责,做一个负责任的公民。

【教学目标】

首先,学生对自己的责任有明确的认识,增强责任意识,愿意为自己的行为负责;对那些为自己、为社会承担责任的人心怀感激之情。

其次,学生能够分清责任的来源,并依据角色转换承担责任;能对自己负责,也对他人负责。

最后,学生知道责任的含义、来源;懂得不同角色承担不同责任;知道要对自己负责。

【教学重难点】

教学重点:责任的来源,角色与责任的关系。

教学难点:明确每个人应承担的社会责任,做到对自己负责,对他人负责。

【教学时长】

1课时。

【教学过程】

1.导入:PPT出示材料

教师导入:

"随手一抛,就可能让他人付出生命的代价。"近年来,高空抛物屡屡发生,成为"悬在城市上空的痛"。最高人民法院发布关于高空抛物、坠物的意见,其中,高空抛物、坠物造成严重后果的,可按照故意伤害罪、故意杀人罪定罪处罚。然而,严厉处罚之下,济南天桥区某小区仍然有人从高空抛下生活垃圾,甚至还有铁片、钢筋等,就在几天前,三辆汽车还因此不同程度受损,该小区长达数月的高空抛物引起不少商贩和居民的恐慌和愤怒。

教师提问:"'高空抛物'是什么行为?最高人民法院发布的内容,是否过于严重?"

学生阅读材料,回答相关问题。

效果期待:通过高空抛物的材料引出学生对"责任"的思考,明白如果不负责任会有什么后果,从而引出本课课题"我对谁负责 谁对我负责"。

2.讲授新课

(1)探究与分享

请学生阅读课本64页的15岁少年的故事,回答下列问题:

①这个少年应该赔钱给店主吗?

②爸爸应该为孩子支付赔款吗?

③你赞成爸爸的决定吗?你觉得爸爸为什么要这样做?

请学生阅读课本 66 页上的材料,回答下列问题:

①在救灾过程中,哪些人承担了责任? 他们分别承担了什么责任? 他们为什么要承担这些责任?

②社会上还有哪些人为救灾承担责任?

③你可以为灾区人民做些什么?

学生采取小组合作的方式,阅读材料回答问题。

效果期待:通过第一个环节,引出什么是责任;通过第二个环节,引出责任的来源有哪些。

（2）PPT 展示

屠呦呦因开创性地从中草药中分离出青蒿素应用于疟疾治疗而获得当年的诺贝尔生理学或医学奖。这是在中国本土进行的科学研究首次获得诺贝尔奖。《纽约时报》采访屠呦呦时问:"你在老鼠和猴子身上测试青蒿素并证明它有效之后,你自己使用了这种药物。你当时害怕吗?"屠呦呦:"我和两个同事使用了它来证明它不会致命。我认为,这是我作为一名医学化学家的责任,也是我的工作。"

教师提问:"这里的屠呦呦在承担什么责任?"

PPT 展示屠呦呦的获奖感言:"感谢青蒿,感谢四个人(父亲、毛泽东、葛洪、非洲人民)。我唯一不感谢的,就是我自己。因为痴迷青蒿素,我把大量的时间、精力和情感投入到科研当中,没有尽到为人妻、为人母的义务和责任。"

教师提问:"从这段话中你得到了什么启示?"

教师:"屠呦呦扮演着不同的角色,承担着不同的责任。那我们呢? 我们扮演着什么角色,承担什么责任? 在我们身边还有哪些角色? 他们又承担什么责任?"

教师:"大家从中得出什么结论?"

PPT 展示:东汉有个少年陈蕃,独居一室,屋内龌龊不堪,当他父亲的老朋友薛勤劝告他时,他慨然道:"大丈夫当扫除天下,安事一室乎?"薛勤反驳道:"一屋不扫,何以扫天下?"

教师提问:"扫屋是谁的责任? 扫天下是谁的责任? 一个对自己毫不负责的人能为天下负责吗? 这个故事给我们什么启示?"

教师总结:"我们首先要对自己负责。"

教师追问:"对自己负责有什么好处呢? 我们应该怎样对自己负责?"

（3）后续探究

请学生打开课本第 68 页,回答相关问题:

①对于这种能够直接感受、对你的生活有直接影响、由他人承担的责任,你还能列举出哪些?

②以一种职业为例,说一说履行职业责任的重要性?

学生交流思考、回答问题。

效果期待:通过这个活动,引出责任和角色的关系,学生自己思考,能够更大限度地让他们挖掘属于自己的角色和责任,更加积极地参与到课堂中来,使整个课堂更加活跃。

3. 课堂练习

练习册精题训练,检测学生对重难点的掌握情况。

4. 课堂小结

学生在感悟交流中坚定自己的人生方向。通过交流学习收获,帮助学生将法律知识内化于心外化于行,做到知行合一。

【板书设计】

我对谁负责　谁对我负责

一、责任的来源

二、责任和角色的关系

三、对自己负责

四、为什么要对他人负责

【设计亮点】

本节课紧扣课标设计教学,围绕责任,从责任的含义、来源、责任与角色的关系、自己承担责任及承担责任的表现、人人都应该具有社会责任感等方面层层深入,让学生认识到自己要对自己、对他人、对社会负责。

课堂上积极实践小组互助交流、合作探究、自主探究、教师点拨等教学方法,非常有利于调动学生的积极性。各种教学方法相互结合,既引起了学生的兴趣,也激发了学生的思维积极性,有助于学生主动探索社会现实问题,与教师的讲授、点拨、解惑相结合,更体现了新课标"以人为本"的理念及道德与法治学科为社会现实服务的特点。

（二）"做负责任的人"教学设计

设计教师:呼秀艳。

设计主题:第三单元第六课第二框——"做负责任的人"。

教师单位:海南区教育局教研室。

【课标要求】

《九年义务教育小学思想品德课和初中思想政治课课程标准（修订）》中,"我与国家和社会"中提出,学生要"积极适应社会的发展"。具体对应的内容标准是:"知道责任的社会基础,体会承担责任的意义,懂得承担责任可能需要付出代价、知道不承担责任的后果,努力做一个负责任的公民。"

【内容与学情分析】

1. 内容分析

通过前一节课"我对谁负责 谁对我负责"的学习,学生认识到每个人要承担相应的责任,自然引出"做负责任的人"的话题。教材主要是帮助学生认识承担责任要付出一定的代价,也会获得回报,理性对待得与失,无论是自愿选择还是非自愿选择的责任,都积极承担;我们应该努力向履行社会责任却不计得失的人学习,担负起对社会、国家的责任。

2. 教学重点

正确评估承担责任的代价与回报;增强履行责任的能力,能够勇于承担责任。

3. 教学难点

正确评估承担责任的代价与回报,有勇气承担责任的代价与回报。

4. 学情分析

八年级的学生已经具备一定的责任意识,初步认识到不同的场合、不同的角色需要承担不同的责任,大部分学生能够积极参加学校组织的社会实践活动,从中感受自己对社会的责任,对勇于承担责任的人能够表现出喜爱、敬佩的情感。但是,初中学生的责任意识还不够强,意志还不够坚定,情感还不够牢固。有的学生面对责任时有不能积极主动地承担责任;有的学生不能正确认识责任与代价、回报的关系,做事容易冲动,不计后果,或者片面强调收获,以是否能够获得回报作为承担责任与否的前提;还有个别学生的思想存在偏差,视负责任的人为固执,不能正确看待他人的付出,甚至嘲讽为他人和社会奉献出自己一切的优秀人物。

【教学目标】

情感、态度与价值观目标:对履行社会责任却不言代价与回报的人心怀感激,并努力向他们学习自觉履行对社会和国家的责任。

能力目标:通过对承担责任的代价与回报的探讨,提高思维辩证能力,价值判断和选择能力。

知识目标:理解承担责任既有代价又有回报;以积极的态度承担不可推卸的责任。

【评价设计】

情境与问题:

活动一:身边的榜样。

问题:小刚和小青所承担责任的代价与回报分别有哪些?小刚的事例启示我们如何面对自己选择承担的责任?小青为什么把自己不喜欢的工作做得很出色?你从小青的话语中得到哪些启示?

对应目标:承担责任的代价与回报;正确面对自己选择承担的责任;以积极的态度承担不可推卸的责任。

情境与问题:

活动二:模范的力量。

问题:从他们的身上你感受到了怎样的优秀品质?有人觉得他们"傻",你怎么认为?

对应目标:对履行社会责任却不言代价与回报的人心怀感激。

情境与问题

活动三:我们的选择。

问题:你愿意成为哪一种人?你认为自己和道德模范的差距主要体现在哪里?作为青少年如何努力才能缩小差距,成为未来的道德模范?

对应目标:努力向履行社会责任却不言代价与回报的人学习,自觉履行对社会和国家的责任。

【课前准备】

学生准备:

①预习本框内容。

②男女生分别准备情景剧表演:男生准备主人公小刚的情景剧表演,女生准备主人公小青的情景剧表演。

③第一大组的小组准备"我身边的道德模范事迹"介绍;第二组的小组准备2018年乌海市道德模范事迹介绍;第三大组的小组准备2018年全国道德模范事迹介绍(口头讲述或视频播放均可)。

教师准备:课前对学生准备的情景剧进行把关。

可采用的策略有:教学情境创设策略、合作学习策略、活动探究策略。

【课堂教学过程设计思路】

1. 导入新课

教师播放视频《中国机长》精彩片段,并提问:"你认为中国机长刘传健是一个怎么样的人? 如何做负责任的人呢?"引出本框课题"做负责任的人"。

学生思考并回答。

预期效果:通过近期热播电影进行导入,激发学生浓厚的学习兴趣和强烈的探究欲望。

2. 讲授新课

PPT 出示目标题并板书:不言代价与回报

活动一:身边的榜样。

教师提问:"小刚和小青所承担责任的代价与回报分别有哪些? 小刚的事例启示我们如何面对自己选择承担的责任? 小青为什么这么做? 她这样做值得吗?"

教师点拨与板书:

①承担责任的代价有付出时间、精力和金钱,甚至受到责备、处罚;承担责任的回报既包括物质方面,又包括精神方面。更重要的是精神方面的回报。

(板书:承担责任的代价与回报)

②对于我们可以选择自己承担的责任,要对承担责任的代价与回报做出正确的评估,作出合理的选择。一旦做出选择,就应该义无反顾地担当起应负的责任。

（板书：做出合理选择并对选择负责）

③对于不是我们自愿选择的却应该做的事情，我们仍然应该自觉承担相应的责任。我们可以改变自己对待应该做的事情的态度。不报怨，不懈怠，全身心地投入，同样能够把事情做得很出色。

（板书：自觉承担应尽责任）

3.情景剧表演

男生表演镜头一：

班级选班委，小刚自愿担任劳动委员一职。虽然他清楚承担这个职责一定会比较操心，也比较累，但是他很想改善目前班级脏乱差的卫生状况。任职之后，小刚每天早早就来到班里，督促并带领值日生们高质量地完成卫生任务。他任劳任怨，无怨无悔，班级卫生工作在他的带领下得到彻底的改善。小刚因此非常开心，老师和同学们也因此打心眼儿里认可他、佩服他。

女生表演镜头二：

学校组建舞蹈队，文艺委员小青被推举为队长。小青感到学习任务比较繁重，而且她还是市少年宫舞蹈团的成员，每周都要去参加排练。于是，小青找到老师，希望换别人当队长。老师为难地说："舞蹈队刚刚组建，一切都需要从头做起。你能力强，舞也跳得好，你就先干吧。"小青虽然感到为难，但她还是积极投入到舞蹈队的工作当中，把各项工作都做得井井有条。为此，她牺牲了许多娱乐与休息时间，学习成绩也有些下降。

4.小组合作探究

小组代表发言："通过活动，明白承担责任付出的代价和得到的回报，回报方面更重要的是精神方面的回报；明确要有敢于承担责任的勇气，在很多情况下，我们可以选择自己承担的责任，一旦做出选择，就应该义无反顾地担负起应负的责任；明确有些应该做的事情不是我们自愿选择的，但是我们仍然应该自觉承担相应的责任，不抱怨、不懈怠，全身心地投入，同样能够把事情做得很出色。"

活动二：模范的担当。

请各小组代表介绍一位自己身边的、心目中的、乌海市、全国的最让自己感动的道德模范事迹。（口头讲述或视频播放）

教师提问："从他们的身上你感受到了怎样的优秀品质？有人觉得他们'傻'，

你怎么认为?"

教师点拨与板书:

①每一个道德模范都具有高度的社会责任感和无私奉献精神,承担责任不言代价与回报。

②在我们的周围,有许许多多履行社会责任却不计代价和回报的人。正因为他们敢于承担责任、敢于担当,我们的生活才更加安全、更加温暖、更加充满阳光和希望。

(板书:不计代价与回报的人使生活更美好)

第一大组的代表介绍"我身边的道德模范事迹"。

第二大组的代表介绍"2018年乌海市道德模范事迹"。

第三大组的代表介绍"2018年全国道德模范事迹"。

通过学生课下搜集、课上展示不计代价与回报具有强烈社会责任感的人物事迹,提升他们搜集整理选取资料的能力,激发他们对具有高度社会责任感的人的感激、敬佩之情,增强他们勇于承担责任、认真履行责任的意识。

活动三:我们的选择。

当前社会,有些人千方百计逃避自己的责任;有些人努力做好自己分内的工作,付出自己该付出的,得到自己该得到的;还有些人从来不计较个人的得失,尽心尽力地承担着社会责任。

教师提问:"你愿意成为哪一种人? 你认为自己和道德模范的差距主要体现在哪里?作为青少年如何努力才能缩小差距,成为未来的道德模范?"

教师点拨与板书:

①我们应该努力成为第二种人,对第三种人,如果我们不能成为其中一员,至少我们应该心怀感激,正是因为他们,我们的社会才更加美好!

②我们与道德模范的差距在思想境界、能力、知识等方面。

③我们要努力提升自身素质,增强履行责任的能力,勇于承担责任,在激扬青春、开拓人生、奉献社会的进程中书写无愧于时代的壮丽篇章。

(板书:增强履行责任的能力勇担责任)

学生思考回答:"通过'我们的选择'活动,我们要向履行社会责任、不言代价与回报的人进行学习,自觉履行对国家和社会的责任。"

【课堂小结】

教师带领学生回顾总结,怎样做一个负责任的人:

首先,是要认识到承担责任的代价与回报,正确评估承担责任的代价与回报,做出合理地选择。一旦我们做出选择,就应该义无反顾地担当起应负的责任。

其次,对于不是我们自愿选择的责任,我们要改变自己对待事情和做事情的态度,把它们当作一种不可推卸的责任担在肩头,不抱怨,不懈怠,全身心地投入,把它做好。

最后,我们要向不计代价与回报的人学习,努力提升自身素质,增强履行责任的能力,勇于承担责任!

教师寄语:

"'天地生人,有一人应有一人之业;人生在世,生一日当尽一日之勤。'希望同学们今后能不断培养责任意识,增强责任能力,在激扬青春、开拓人生、奉献社会进程中书写无愧于时代的壮丽篇章!"

学生谈本节课的收获。

通过学生谈收获活动和教师总结与寄语,对本节课的内容进行及时回顾、提升。

【达标检测】

1."人在履行职责中得到幸福,就像一个人驮着东西一样,虽累,可心头很舒畅。"这句话告诉我们(　　)

A.只要付出代价就一定会有所回报。

B.只要承担责任就一定会得到赞誉。

C.承担责任的代价与回报是对等的。

D.承担责任要付出代价但会有回报。

2.郎平两次在中国女排最困难的时期,主动接下了中国女排主帅这个"星球上压力最大的职业";1995年女排"生死存亡"之际,她毅然归国,担任女排主帅,一度累倒在工作岗位上;2012年中国女排在伦敦奥运会上被日本淘汰,她再次走马上任,带领中国队于2015年重夺世界杯冠军;2016年里约奥运会夺冠,创造奇迹,感动中国;2019年9月,她率领的中国女排获得女排世界杯冠军。郎平的事迹说明(　　)

①承担责任付出的代价与得到的回报不成正比。②一旦做出选择,就应该义无反顾地担当起应负的责任。③承担责任会付出一定的代价,如承受一定的心理压力,耗费体力和精力,甚至影响健康。④我们应该选择回报多的责任去承担。

A. ②④　　B. ①③　　C. ①②　　D. ②③

3. 2019 年 3 月,107 位身边好人入选"中国好人榜",目前已有 12737 人入选"中国好人榜"。入选"中国好人榜"的人日益增多,你有哪些感悟?

【作业布置】

课本拓展空间(74 页)。

1. 与父母、老师沟通,听听他们对于自己履行责任的看法。

2. 以小组为单位,以"勇担社会责任"为题,组织班级演讲比赛。

【板书设计】

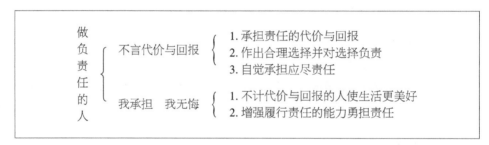

【设计亮点】

本节课紧扣教学目标,紧紧围绕重难点,紧密结合初中学生已有的生活经验,选取了学生关注的鲜活话题进行教学活动设计,以情景剧表演、事迹介绍等形式进行呈现,较为有效地激发了学生的学习兴趣和创造性。

本设计导入新颖,结尾有力,其中讲授新课环节设计了"身边的榜样""模范的担当""我们的选择"层层深入、环环相扣三个活动,活动问题的设计科学合理,能够引导学生立足情境、围绕问题进行自主合作探究学习,学生在课堂上积极思维、踊跃表达,在问题探究的过程中水到渠成地去感悟"责任的代价与回报""对于可以选择的责任一旦做出选择就要义无反顾地担当起应负的责任""对于不可推卸的责任,要做到我承担、我无悔""在榜样学习中勇担责任,不言代价与回报""在寻找差距中反思自我,勇于承担责任",较为充分地体现了以教师为主导、学生为主体的新课程理念。

(三)"关爱他人"教学设计

设计教师:段家馨

设计主题:第七课第一框——"关爱他人"。

教师单位:内蒙古自治区乌海市第十八中学。

【课标要求】

本节课所依据的课程标准是《九年义务教育小学思想品德课和初中思想政治课课程标准(修订)》中"我与他人和集体"中的"在集体中成长"。具体对应的是:"学会换位思考,学会理解和宽容,尊重,帮助他人,与人为善。"《九年义务教育小学思想品德课和初中思想政治课课程标准(修订)》中"我与国家和社会"中的"积极适应社会的发展",具体对应的内容标准是:"积极参与公共生活、公益活动,自觉爱护公共设施,遵守公共秩序,有为他人、为社会服务的精神。"

【整体感知教学内容】

"关爱他人"是人教版八年级上册《道德与法治》第三单元第七课第一框题的内容。第三单元在前两个单元的基础上进行了更高层次的提升。经过前几课的学习,学生们已经学过尊重他人、以礼待人等社会生活中的道德,树立了责任意识,从而为本课"关爱他人"的学习打下基础,也为下一框题"服务社会"做铺垫。所以本课在本单元中起着承上启下的作用。

【学情分析】

八年级学生对自己所处的社会环境已经有了一定的观察和了解,逐渐形成自己对世界的感知和认识。这个时候就需要老师向他们传达正确的社会价值观,让他们敢于去关爱他人、了解他人、帮助他人,并且学会用善意和爱心面对社会,积极传递社会正能量。本课的学习,有利于学生树立正确的价值观,有利于促进学生全面发展。

【教学目标】

情感、态度、价值观目标:树立关爱他人的意识,在关爱他人时做到心怀善意、尽己所能、把握策略。

能力目标:能够心怀善意、尽己所能关爱他人,注意讲究策略。

知识目标:知道关爱他人是维系友好关系的桥梁,懂得关爱他人要讲究艺术。

【教学重点】

教学重点:关爱他人的作用。

【教学难点】

教学难点:关爱他人的艺术。

【教具准备】

公益视频、PPT 等相关准备。

【教学方法】

情景模拟法、小组探讨研究法。

【新课导入】

教师带领学生观看央视公益视频:《关爱他人》。学生观看视频并思考问题。

教师提问:"你对关爱有什么理解?"

教师讲述:"关爱他人能给人带来温暖,社会需要关爱。这节课我们学习为什么关爱他人和怎样关爱他人。"

教师展示课题——"关爱他人"。

【新课讲授】

教师通过 PPT 展示学习目标,学生齐读本节课学习目标,共同明确本节课学习目标。

学生阅读课本,进行自主预习。

教师通过 PPT 展示核心问题:关爱他人的作用/重要性是什么? 怎样做到关爱他人?

学生思考并回答。

1. 关爱他人是一种幸福

教师提问:"在生活中,你得到过哪些关爱?"

教师提示:"来自长辈、老师、同学的关爱。"

教师总结:"关爱,就是关心爱护。关爱无时不在、无处不在。关爱传递着美好情感,给人带来温暖和希望,是维系友好关系的桥梁。"

学生观看视频《你狂奔的样子真帅!》并阅读相关材料:

2019 年 11 月 24 日,来自武汉工程科技学院的地铁志愿者余涛宏正在帮助一对夫妻搬抬货物,同时,他发现在一侧电梯上,两位男士牵着一小孩,而其中一位 50 岁左右的中年男子因在电梯上通电话,身体失重不慎摔倒。余涛宏见后,立即放下手中的货物,飞奔而下向摔倒乘客施救,尽管自己在施救过程中,重重摔倒,但仍坚强迅速爬起,第一时间将电梯关停,将摔倒乘客搀扶下电梯。被救男子连连道谢:"小伙子,今天多亏有你!"

事后,地铁工作人员紧急为余涛宏擦拭伤口,而余涛宏却乐着说:"就是擦破点皮,没事。"

学生思考并回答问题:"你如何评价地铁志愿者余涛宏的行为?你从中体会到关爱具有怎样的作用?"

教师引导学生从宏观上把握本节课核心内容,通过回忆日常生活中得到的关爱,了解只要留心,生活中处处有关爱。

教师可以提示学生:余涛宏的行为表现了我们帮助他人,关爱他人,在危难时刻向陌生人伸出援手的优良美德,令广大群众深受感动,促进了人与人之间的和谐。关爱有助于社会文明进步。

学生分享自己的心得体会。

教师总结:关爱是社会和谐稳定的润滑剂和正能量。关爱使人们在交往过程中互谅互让、相互尊敬、与人为善、增进信任,这有利于形成良好的人际氛围、促进社会文明进步。

请学生观看视频,阅读相关材料后思考问题:

12 月 9 日,武汉工程科技学院给余涛宏颁发了 59800 元的微留学奖学金。据了解,这笔奖学金相当于学校送他出国留学。学校会根据明年的行程安排,安排他跟团出国。留学的国家会在英国、美国、加拿大、法国、奥地利等中安排。

此外,学校还决定授予余涛宏同学"武汉工程科技学院见义勇为模范"荣誉称号,希望全体师生向余涛宏同学学习,传承美德,弘扬正气。而在此前,阿里巴巴"天天正能量"也奖励了他 5000 元。面对这些奖励,余涛宏耿直回应:"没想到!这一切来得太突然了!"

教师请学生们思考："余涛宏的做法给了我们什么样的启示？在生活中,你做过哪些关爱他人的事情？你收获了什么？"

学生小组讨论,学习探究与分享并思考问题。

教师提示："关心帮助他人,自己收获了经验和幸福。"

从案例及身边事例中,使学生发现关爱他人可以促进社会和谐。

教师总结："关爱他人的人往往能够赢得他人的尊重,得到他人的关心和帮助,获得更多的发展机会,关爱他人也是关爱和善待自己。"

2. 关爱他人是一门艺术

(1)学生阅读材料,观看视频,交流分享心得

教师："关爱他人对于我们自己、他人以及社会都有非常重要的作用,我们从关爱他人的行动中获得幸福感,所以在日常生活中,我们应怎样做到关爱他人、友善待人、掌握关爱他人的艺术,才能实现人生价值、社会和谐呢？让我们先从观看一段视频开始。"

教师播放视频:小品《扶不扶》片段。

教师提出问题："你如何看待小品中郝建的行为？如果是你,你扶还是不扶？请说出你的理由。"

通过这一环节,使学生了解关爱他人同时也可以促进自我的发展。

学生了解关爱他人即是关爱自己,关爱他人的同时,自己也可以收获幸福。

教师总结："关爱他人,要心怀善意。在态度上,我们应心怀友善,学会关心、体贴和帮助他人。在行动上,当他人遇到困难的时候,我们应该在道义上给予支持,物质上给予帮助,精神上给予关怀。关爱他人,要讲究策略。增强安全防范意识和自我保护意识。"

(2)教师通过 PPT 展示教材第 78 页的"探究与分享"

教师提问："你如何看待他们的观点？遇到类似的情况,你怎么办？"

教师总结："关爱他人,要尽己所能。关爱不分大小,贵在有心,我们要尽己所能为他人排忧解难,奉献社会。"

教师特别提示："救人于危险、献出爱心的英雄很多,我们应向他们学习,但作为中学生,我们应在自己的能力范围内对他人伸出援手,在保证自己生命安全的情

况下奉献爱心,只要心怀善意,我们就是友善的人。"

(3)教师指导学生阅读教材第 79 也的"阅读感悟"

教师提问:"在关爱他人时,我们应注意什么?"

学生了解到,在日常生活中,我们要心怀善意,但在帮助关爱他人时也应讲究策略。

教师总结:"关爱他人,要讲究策略。要考虑他人的内心感受,不伤害他人的自尊心。"

(4)教师指导学生完成教材第 79 页的"拓展空间",写下关爱他人的宣言

学生写出宣言并分享。

教师此处要特别提醒学生:"我们应尽己所能关爱他人,注意在力所能及的范围内关爱他人。"教师要让学生明白,关爱他人应考虑他人感受,让学生在社会生活中实践关爱他人的行为。

【板书设计】

教师总结提升:"让我们从今天起,做一个幸福的人,关爱他人,善待自己,我们要付诸实践,共同行动,创造一个和谐友爱的社会。"

【课堂小结】

教师:"本节课我们学习了什么是关爱,为什么关爱他人以及怎样关爱他人。大家知道了关爱他人是维系友好关系的桥梁,关爱是社会和谐稳定的润滑剂和正能量,关爱他人,收获幸福。大家懂得了关爱他人要心怀意、尽己所能,还要讲究策略。关爱他人不是一朝一夕的事,需要我们长期付出努力和共同行动。我们要相信,只要人人都献出一点爱,我们的社会就会充满爱的阳光。"

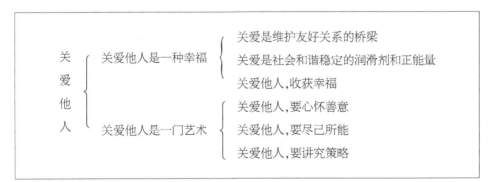

【当堂测评】

1.人们常说,赠人玫瑰,手留余香。对一个自尊的人来说,关爱会比接受更快乐。下列选项中,符合这一说法的是(   )。

A.关爱就是对所有人无微不至的关心。

B.在关爱别人的同时自己会得到一种优越感。

C.关爱他人,一定要送他玫瑰。

D.主动关爱别人不仅是付出,同样也是一种幸福。

2.“小青荷”是对G20杭州峰会志愿者的“昵称”。杭州峰会期间,杭州的大街小巷、车站码头、文博场馆、街道社区处处可见志愿者的身影,他们用行动拥抱G20,用微笑欢迎中外来宾。下列认识正确的是(   )

①志愿者的行为是关爱他人的表现。②志愿者的行为是服务和奉献社会的表现。③中学生的主要任务是学习,长大后再承担社会责任。④作为一名志愿者,不需要增强劳动观念,培养敬业精神。

A ②④   B ①③   C ③④   D ①②

【作业布置】

每人在周末完成一件志愿服务的小事并分享自己的收获。

完成《目标与检测》相应练习部分。

【设计亮点】

本教学设计的亮点首先在于环节的设计和提问上比较贴近学生生活,以采访的方式让学生说出自己关爱他人的行为和自我获得感,让学生更加明确自己对他人、集体、社会应承担的责任;其次,对于案例的选择比较新颖,大学生志愿者等正面案例,可以更好地促进学生去效仿,让其发挥榜样力量;最后,特别提示学生在关爱他人时应有自我保护意识,不要贸然行动,关爱他人也体现在其合理的行为上。

(四)“服务社会”教学设计

设计教师:史慧

设计主题:第三单元第七课第二框——《服务社会》

教师单位:内蒙古自治区乌海市第二十二中学

【课标要求】

本课依据《九年义务教育小学思想品德课和初中思想政治课课程标准(修

订)》中"我与他人和集体"中的"在集体中成长",使学生学会换位思考,学会理解与宽容、尊重、帮助他人,与人为善。《九年义务教育小学思想品德课和初中思想政治课课程标准(修订)》中"我与国家和社会"中的"积极适应社会的发展"积极参与公共生活、公益活动,有为他人、为社会服务的精神。

【教材分析】

本框题围绕服务社会的意义和做法两大知识点,奉献社会强调服务意识,通过分析服务和奉献社会对个人成长的意义,帮助学生树立正确的服务意识,明确服务社会与个人成长的关系,引导学生在实际行动中努力服务和奉献社会。

【学情分析】

通过第六课的学习,学生已经明确了责任的重要性,懂得思考如何做一个有责任有担当的人。八年级学生参与社会生活的领域不断扩展,面临如何处理对自己、对他人和对社会和国家的关系问题。

【教学目标】

首先,让学生树立服务社会、奉献社会的意识,培养亲社会行为。

其次,让学生理解服务社会的意义,提高主动参与服务社会活动的意识和能力。

最后,让学生知道服务社会能够体现人生价值,促进全面发展,懂得服务社会需要积极参与社会公益活动,需要热爱劳动,爱岗敬业。

【教学重难点】

首先,使学生了解服务社会和奉献社会对个人成长的意义。

其次,在实践活动中如何更好地服务和奉献社会。

【教学时长】

1课时。

【教学过程】

1.导入新课

(1)教师利用多媒体播放视频《艾滋儿童的"妈妈"彭丽媛》。

学生观看视频并且思考:彭丽媛参加公益活动,说明她具有什么样的精神? 我们为什么要服务社会? 如何服务社会? 带着这样的问题走进我们今天的课程。

学生观看视频,思考彭妈妈的行为是一种什么样的行为,进而得出结论:这是一种服务社会、奉献社会的精神。

教师激发学生的学习兴趣,为学习本课提供感性材料,引导学生在交流中感受到不管身处什么样地位的人、扮演什么角色的人都会乐于奉献社会、服务社会,从而引出课题。

(2)明确学习目标。

学生齐读学习目标,明确本课所需要掌握的重难点问题。

2.讲授新课

第一篇章:服务社会,绚丽人生。

教师引导学生阅读材料:

> "微尘",起初是青岛一位数次捐款不留姓名的普通市民;后来,扩散成一个爱心群体;再后来,扩展成一个关爱他人的爱心符号。"他来自人群,像一粒尘土,微薄、微细、微乎其微,寻找不到,又随处可见。他自认渺小,却塑造了伟大,这不是个人的名字,这是一座城市的良心。"在他的感召下,越来越多的人热心公益、无私奉献、关爱他人。

学生讨论交流,说出自己的认识。

通过合作探究活动,引导学生感受新知,理解掌握知识。

教师提问:"'微尘'为什么能'扩散成一个爱心群体'?"

教师提示:"'微尘'虽然来自不同的人群,但是这个群体中的每个人都具有无私奉献、关爱他人、关爱社会的优秀品质。个人的一次行动会吸引众多关注的目光,会有越来越多的人参与到服务社会的行列中,最终扩散成一个爱心群体。"

教师提问:"'微尘'的事迹对我们有什么启示?"

教师提示:"启示我们要积极承担社会责任,要树立强烈的责任意识,从现在做起,从点滴小事做起,持之以恒,养成负责任的习惯,还要积极参加社会公益活动,搞好社区服务,服务社会,奉献社会。"

第二篇章:服务社会,锻炼自己。

教材第81页中的"探究与分享":

小方参加学校举办的义卖活动,在出售自己的手工作品过程中,由开始的紧张到后来与人交流越来越自然,这次活动既帮助了他人,小方也得到了锻炼。

(1)小方的经历给你带来怎样的感受?

(2)结合自己参与志愿服务的经历,谈谈你的收获?

学生分组讨论,思考问题,合作探究,体会感悟。探究和分享他们的行为给了我们的启示和感想收获。通过分享,回顾自己参与的志愿服务,分享自己的收获。

探究活动力求主体化、生活化、多样化和实践化。通过探究和展示最熟悉的典型资料和最新时政热点,激发学生探究学习的兴趣,引发学生对服务社会、奉献社会意义的思考,体悟到服务和奉献社会更能体现自身价值,感受到服务社会促进我们全面发展。

教师:"在服务和奉献社会中,我们既实现了自身的价值又提升了自身素养,这是一举多得的好事,希望每个人都可以积极参与其中。"

第三篇章:热心公益,服务社会。

材料展示:

学习身边好人,积极奉献社会:2017年11月30日,"11月中国好人榜发布仪式暨全国道德模范与身边好人交流活动"在河北省廊坊市举行。其中,来自河北唐山的助人为乐好人代表侯振国爱心团队做了发言。他是队员口中的"侯队长",是孩子口中的"侯叔叔",是失独老人的"好儿子",他一手组建了霸州侯振国爱心团队。9年,从1人到2060人,累计向社会捐款1800余万元,志愿服务163327小时,救助贫困家庭2320个,救助贫困学生1900名,救助大病患者145名……侯振国虽是一名普通的打工者,但他服务奉献社会的事迹受到了社会各界的认可,他的团队被命名为2015年"全国志愿服务示范团队",他本人更是荣获"4个100"最美志愿者、第五届河北省道德模范等多项荣誉。侯振国告诉记者,在这条公益路上,他得到的远远多过于他付出的。

学生阅读材料,结合课本和自己实际,讨论探究问题:

"结合侯振国的事迹,谈谈我们如何用实际行动服务他人和社会？关爱不分大小,公益没有门槛。请上台展示奉献社会的名言名句。"

学生积极参与,锻炼自己的能力。结合中学生现状谈谈自己能够为社会做些什么。

第四篇章:不忘初心,砥砺前行。

学生即兴演讲,题目为"2022年北京冬奥会——假如我是志愿者"。

学生朗诵《青年志愿者之歌》。

学生齐深情朗读。

教师:"了解我们志愿者人数越来越多,服务和奉献社会活动真实地开展着,让我们感受到公益要从我做起,公益就在身边。"

教师引导学生对志愿服务有正确的认识,对志愿者以及志愿精神有更加深入的了解,思考公益不是只有参加志愿服务团队才行。将学生的情感体验内化为学生的实践行动,培养学生从小事做起,敢于承担责任的意识。

【课堂小结】

教师:"本节课大家学习了奉献助我成长和奉献社会我践行,知道奉献社会能够体现人生价值,能够促进我们全面发展,懂得了奉献和服务社会需要我们积极参与社会公益活动,需要我们热爱劳动、爱岗敬业。我们要努力学习,追求卓越,为将来成为合格的社会主义建设者做好准备。"

【学生作业】

利用周末时间做一件亲近社会自觉服务社会的事情,把你的心得体会记录下来和同学们分享。

【板书设计】

【设计亮点】

　　服务社会、奉献社会等亲社会行为是时代发展对我们青少年提出的要求,服务社会不仅是一种精神,也是一种社会适应能力。

　　本课教学内容共四个篇章。第一篇章:服务社会,绚丽人生。第二篇章:服务社会,锻炼自己。第三篇章:热心公益,服务社会。第四篇章:不忘初心,砥砺前行。

　　本节课重点围绕为什么热心公益和如何奉献、服务社会展开教学,以学生的视角培养学生关注社会、奉献社会的情感。通过列举看到的公益活动、身边的公益活动及亲身参加公益活动的感受,提升学生的认识。树立责任意识,培养责任感。利用小组合作探究方式,真正把课堂还给学生,充分体现学生主体性地位。

聚焦首善教育,提升学校"家校共同体"协同育人品质

天津市枫林路中学　张蕾、王玉明、刘丽春①

为深入贯彻落实党的十九大精神,贯彻落实教育部颁布的《中小学德育工作指南》,更好地落实"立德树人"根本任务,天津市枫林路中学把德育的目标和内容通过"课程、文化、活动、实践、管理、协同"等多种途径落实到学校日常管理的各方面和各环节中。家长督学成为学校家校合作的新队伍,家校共同体成为家校社三位一体的新平台。

一、创建"学校德育+"的新型家校共同体育人模式背景

(一)"学校德育+家长督学"的背景

党的十九大报告指出,建设教育强国是中华民族伟大复兴的基础工程,必须把教育事业放在优先位置,加快教育现代化,办好人民满意的教育。天津市枫林路中学是一所初中学校,生源等多种因素制约办学质量的提升。通过随机派位来到我校的很多学生和家长对学校的教育教学质量心存疑虑,部分家长在孩子教育上一味依赖学校,推卸家长应承担的责任。在此背景下,为了让家长更充分、更深入地了解学校日常教育教学工作,消除家长对学校教育教学水平的质疑,同时,也为进一步加强家庭教育指导,构建社会共育机制,争取家庭、社会共同参与和支持学校德育工作,学校选定了现代学校制度专项作为创建现代化学校的项目,并以此为突破口,采取请进来的方式,让家长参与学校日常教育教学的监督与管理,设立家长

---

① 作者简介:项目负责人张蕾为天津市枫林路中学德育副校长。

督学。

(二)"学校德育+家长督学"的意义

家长督学是联系学校、家庭、社会教育的桥梁,是实现学校德育整体化、全程化的纽带。设立家长督学,能增强家长对学校管理的参与意识,提高家长对子女的教育和管理能力,使家长能适时地监督学校日常教育教学,构建一种适合学校及学生特点的三位一体管理即"学校—家庭—社会"协同管理的育人模式;设立家长督学,有助于更好地利用社会教育资源,拓宽教育阵地,形成共同关心下一代健康成长的良好社会环境,推动学校教育工作由封闭型向开放型转化,使家庭教育、学校教育更具时代性、科学性。

(三)"学校德育+家长督学"的性质

家长督学不同于家委会,家长督学是在学校的指导下,学生家长主动参与学校日常管理和监督工作的群众性组织。家长督学的设立是现代学校制度的重要体现,是维护学生和家长合法权益的重要载体和重要民间力量,是社会评价学校教育教学质量和师德、师能、师风状况的重要组成部分。

二、形成"学校德育+家长督学+工作管理"模式

(一)筹备工作

小升初新政策实施以来,学生、家庭、社会对学校育人和管理方面提出的更高的标准和要求,经过学校多次论证和研讨决定,由德育处牵头成立枫林路中学家长督学领导小组,然后,学校选派优秀德育干部参加为期一周的"家校共育模式的探索与应用2017年高级研修班"学习和培训,结合学校实际情况和未来发展制定枫林路中学家长督学职责、一日工作要求、家长督学设立所需各类表格及家长督学工作室的安排和布置,最后召开教代会,明确设立家长督学对学校未来发展的意义,得到了与会代表的支持,为家长督学设立做好充分的准备工作。

(二)设立程序

本着公平公正,对学生、家长、学校负责的原则,家长督学采取海选自荐的方式产生。

学校下发关于海选成立家长督学的家长信,家长信后附有家长是否愿意参加学校家长督学的回执。

班主任根据回执统计有意愿参加家长督学海选的家长并与家长核实确认,同时将有意参加海选的家长名单和信息上报学校。

学校向有意愿参加家长督学海选的家长下发《天津市枫林路中学家长督学自荐表》,同时明确枫林路中学家长督学职责和工作要求,让家长进一步了解家长督学的性质和设立家长督学的意义。

根据家长自荐情况,由家长督学领导小组审核确定家长督学名单并下发《枫林路中学家长督学确认表》进行最后确认工作。

把家长督学名单和家长督学职责向全校师生公布并以公示牌的形式张贴在校门口。

召开家长督学成立大会,颁发家长督学聘书,明确家长督学职责,工作安排、时间安排及工作要求等事宜。

(三)工作管理

学校专设家长督学工作室,工作室有家长督学制度、职责、工作流程,配备电脑、网络、电话等办公设备和用品。

家长督学按照工作时间表每天两人持证上岗,并遵照家长督学工作流程监督学校日常教育教学工作,同时做好工作记录和与学校的沟通。

家长督学每天工作结束前填写工作记录表。学校每周五汇总家长督学对学校提出的意见和建议并在行政会上进行研讨,及时调整、改进、完善工作方法。

定期召开家长督学座谈会,相互交流与沟通,交换各自意见和建议。

学期末按照天津市枫林路中学家长督学评价奖励方案对家长督学进行表彰和奖励。

三、家长督学参与的工作及取得的成效

家长督学进校执勤:促使学生进校时的文明礼仪更加规范,师生进校秩序更加井然有序。

家长督学巡视晨读:督促班主任、学生更加准时开展晨读活动,校园内朗朗读

书声更加响亮。

家长督学进课堂:确保学生课堂听课状态,督促教师课堂授课进一步规范,也让家长了解老师的教育教学水平,消除对学校老师教育教学水平的质疑。

家长督学巡课间:学生课间楼道行为更加文明规范,楼道秩序更加井然,课间操动作更加规范整齐。

家长督学巡午餐和午休:使家长更加了解学校的管理和水平,同时了解班主任工作内容,感受到班主任工作的付出与辛苦并可随时监督配餐质量。

家长督学巡视教师办公室:促进教师办公室环境更加整洁。加强了教师与家长的交流沟通,加深友谊,拉近教师与家长的距离。

家长督学体验理化生实验:进一步让家长了解学校完善的办学硬件设施,对学校教育教学更加认可。

家长督学参与年级表彰:学生、老师、家长一起分享收获的喜悦,使家长对学校教育教学充满信心。

家长督学参与课程体验:家长督学通过体验校本课程,感受到学校开展丰富多彩的常态化拓展课程是为了促进学生德智体美劳全面发展。让家长感受到选择在本校学习和生活是正确的。

家长督学参与学生教育:当家长或学生与学校产生矛盾与分歧时,家长督学主动参与调节,做学生、家长思想工作,帮助学校化解矛盾避免冲突。

家长督学助力环境建设:家长督学在校园巡视过程中注重细节,发现问题及时向学校反馈,排查各种安全隐患,为学校提出很多建设性意见。如,学校门口外有一处凹陷,夏天下雨积水,冬天下雪结冰,影响师生进校并存在安全隐患,学校多次找相关部门协商都未解决。我们的家长督学通过便民热线,很快为学校解决了这个困扰已久的难题。

家长督学讲堂:家长督学除了对学校日常工作的监督,还是非常好的社会教育资源。他们关注学校教育,关心下一代健康全面的发展,学校为他们搭设平台,开展家长督学讲堂。家长督学中律师为师生做安全法制讲座,心理医生为师生进行心理辅导,中医师教授师生如何健康养生,极大地丰富了学校育人渠道和内容。

反思过去,我们教育者做了很多,但社会对我们满意度并不高。究其原因在于我们的教育过于封闭,不能与时俱进,社会、家庭对学校教育的具体内容和过程并不了解。为贯彻党的十九大精神,办人民满意的教育,让社会、家庭更加了解学校教育,枫林路中学敢为人先,实施开放办学。家长督学正是搭设在学校与社会、家庭之间的桥梁。他们把在学校听到的、看到的、体验到的源源不断地向社会与公众传播,为学校教育赢得了赞誉,赢得了肯定,赢得了信任,实现了家校共赢。通过两年的实践,学校继续深化家长督学工作,开展精准帮扶活动,带着家长督学去家访。相信学校的"大手拉大手"工作必将会促进协同育人方方面面的提升,"一切为了学生"的理念融入"枫林智慧",为我区"构建首善教育生态体系,让学生享受有品质教育"的目标贡献力量。

十年磨一剑:"负责任的教育"理念概要与实践探索

江苏省泰州中学　　蒋建华、丁海瑢、董旭午①

项目实施时间:2005 年 9 月至 2015 年 9 月。

项目负责人蒋建华自 2005 年起,先后担任江苏省泰州中学校长、党委书记,在这一期间,在深入研究胡瑗教育思想、关注中外教育发展趋势、反思国内教育现状、联系学校发展实际的基础上,旗帜鲜明地提出并践行"负责任的教育"(以下简称"责任教育")的理念。现简要介绍这一教育理念的相关情况。

一、历史溯源——提出办"负责任的教育"理念之启蒙思想

宋代著名教育家、泰州中学精神鼻祖胡瑗说过:"致天下之治者在人才,成天下之才者在教化,职教化者在师儒,弘教化而致之民者在郡邑之任,而教化之所本者在学校。"这充分揭示了政府、学校、教师在人才培养方面的责任担当,成为笔者提出办"负责任的教育"理念的启蒙思想。

此外,中外名家的名人名言对我们的启迪也影响至深。例如:中华民族历史上早有"铁肩担道义""天下兴亡、匹夫有责"之说。孔子有云:"修身、齐家、治国、平天下。"孟子曰:"穷则独善其身,达则兼济天下。"范仲淹有"先天下之忧而忧,后天下之乐而乐"之名句,诗人陆游有"位卑未敢忘忧国"之说。梁启超说:"负责任最苦,尽责任最乐。"马克思说:"你生活在这里,就有规定,就有责任。"古罗马著名思

---

① 作者简介:项目负责人蒋建华为江苏省泰州中学原校长、党委书记,第十一届全国人大代表。

想家西塞罗说:"生活的全部高尚寓于对责任的高度重视,生活的耻辱在于对责任的疏忽。"歌德有言:"力量越大,你的责任就越大。"社会学家戴维斯说:"放弃了自己对社会的责任,就意味着放弃自身在这个社会更好地生存的机会。"托尔斯泰认为:"一个人若是没有热情,他将一事无成,而热情的基点正是责任心。"苏霍姆林斯基说:"人的最大不幸,往往是从忘记自己的责任开始的,最初是在小事情上,然后就会在重大事情上。"所有这些话语都深刻揭示了社会责任伦理。

二、时代背景——提出办"负责任的教育"理念之现状反思

从社会现实来看,我国正致力于建设负责任的大国形象,负责任的国家需要"负责任的教育"。然而,当今青少年学生中存在责任感缺失的现象,这主要表现在对自己责任意识的模糊,对家庭的责任意识淡漠,对国家、社会公益事务的责任意识缺失、道德滑坡。一个没有责任感的人,如何能够成就大业?一个不懂得负责任的人,如何能够对社会尽责?催醒社会责任的"冬眠者",教育培养负责任的公民,这一任务还十分艰巨。

再从我国教育内部来看,存在急功近利、不尊重教育规律和学生成长规律等不负责任的教育行为。比如,在一些地区和学校,应试教育仍未得到有效遏制,"分数至上""高考至上"成为教育的价值追求。应试教育往往以"收获知识但牺牲快乐、收获分数但牺牲健康、收获成绩但牺牲个性、收获成才但牺牲成人"为代价,这导致学科知识"教育过度",而学生道德品质养成、个性培养与社会责任感"教育不足"。过重的课业负担令师生苦不堪言,严重影响了师生的身心健康,教师猝死、学生自杀事件偶有发生。

每一位教育工作者、家长,都应当尊崇教育规律,真正以人的健康成长与全面发展为本,避免"好心干坏事"。只要各级政府、教育部门、学校、校长、老师和家长都站在立德树人的高度,从有利于学生全面发展为本,从国家、民族与社会未来着想,那么,教育的形象、品位必将得到显著地提升。

综上,"负责任的教育"理念的提出是基于责任、基于文脉、基于国情、基于时代的。

三、理念内涵——"负责任的教育"理念之本真释要

"责任"无处不在,与人类息息相关。"负责任的教育"的着眼点是办什么样的教育、培育什么样的人,基本内涵是办对学生、对教师、对学校、对社会、对未来负责任的教育,其根本宗旨是造就人的责任情怀、担当精神与履行责任的本领,其价值追求是办科学、理性、人本、和谐的高品位教育,其终极目标是对时代发展、民族复兴、人类文明、社会和谐负责任。

从教育部门层面看,"负责任的教育"就是要站在民族担当的高度,保障教育优先发展地位,怀揣师生情怀师生心,以"不负教育不负卿、不辱使命不盲从"的担当精神,推进依法治教,科学、理性地做出符合社会实际并对学校和师生、家长、社会负责任的法规、决策、服务、管理与评价,建立起知责、履责、问责的运行体系,切实担负起改善教育民生的主体责任,营造负责任的教育生态环境,让人民群众共享幸福的教育。

从校长的层面看,"负责任的教育"就是要真正以人的发展为本,全面贯彻教育方针,尊重教育规律,对教师的师德修养、教育教学行为和自身专业发展负责,对学生的个性发展、全面发展和终身发展负责,自觉做一名"五观"①端正的好校长。

从教师的层面看,"负责任的教育"就是要不断强化对教育事业负责任、对自己的教育教学行为负责任、对每一位学生的自主学习、健康成长与终身发展负责任的自觉意识,帮助学生增强社会责任感,掌握履行责任的知识与技能,进而创造美好未来的责任人生,争当一名有"方向感、责任感、约束感、成就感、幸福感"的"五感"教师。

从学生的层面看,"负责任的教育"就是要对自己的未来负责,做到"五会"——学会做人、学会学习、学会合作、学会创造、学会生存,牢固树立完善自我、服务他人、回馈社会、报效祖国、造福人类的责任意识,使自己具有天下胸襟、家国情怀。

从家长及社会各界的层面看,"负责任的教育"就是要以负责任的态度尊重教

---

① "五观"即正确的教育观、人才观、质量观、人文观和幸福观。

育、关心教育、理解教育、支持教育、评价教育,切勿违背规律、不懂装懂、横加干预,切勿乱加指责、盲目跟风、捕风捉影、吸引眼球、误导舆论等。

"负责任的教育"着眼于立人之本,可谓大道至简,质朴无华,具有哲理性、基础性、普适性等特征。教育相关部门、学校、家庭、社会都应当是实施"负责任的教育"的主体,校长、教师、学生、家长等都有义务履行好各自的教育责任,协力同心,携手办好"负责任的教育"。

四、实践探索——构建办"负责任的教育"之育人体系

"教育基于责任""教育改变世界",实现中华民族的伟大复兴,人才是核心,教育是基础。"做教育就是做良心",要办好负责任的教育,必须依靠负责任的学校;要培养负责任的学生,最终必须依靠负责任的校长和负责任的教师。

十多年来,我们在办学实践中常常思考:如何真正将"替学生想一阵子"变为"对学生一辈子负责"?如何追求"优质发展""多样发展""特色发展""全面而有个性地发展"?全校师生紧紧围绕"倡导负责任的教育"这一办学理念,将爱与责任融入教学与管理之中,努力为学生的成才精心构建负责任的教育生态环境,着力推进以"责任教育"为显著标志的特色高中建设,探索"责任教育"的途径,构建"责任育人"体系,努力将"责任教育"理念内化于心,外化于行。

在践行"负责任的教育"理念过程中,我们先后提出了一系列教育主张:"崇尚科学、理性、和谐的高品位的教育""靠爱心、靠责任、靠智慧,教书育人治校""从提高全民族素质的高度大力推进素质教育""保持适度负担、适度压力、适度宽松""不让学生吃不该吃的苦,不让学生享不该享的福""教师'三要三也要'——要工作也要家庭,要学生也要孩子,要质量也要健康""负责任的教育才能立于天地间!"

在实践过程中,我们从"五个维度"构建"责任育人"体系:一是内化"责任理念",增强"责任意识";二是培育"责任主体",造就"责任团队";三是搭建"责任平台",提升"责任本领";四是营造"责任文化",铸塑"责任校魂";五是发挥辐射作用,履行社会责任。

我们注重营造"责任教育"文化场,打造"责任教育"特色品牌,力求做到"四个

结合":一是让"责任教育"与"价值教育"融合;二是让"责任教育"与"责任课堂"对接;三是让"责任教育"与"责任文化"联姻;四是让"责任教育"与优质特色同行。

在具体实践中,我们对教师开展校本培训、教学基本功比赛、教学反思案例评比、"精彩五分钟展示""我的责任教育故事"等主题活动,促进教师专业成长;我们对学生开展泰中"六节""素质教育'个十百千万'行动计划""人生规划导航"等活动,促进学生健康成长、全面发展;我们以开展师生"双十星"评选为抓手,让个性成长、多元评价得到有效落实;我们以国家级课题"发掘'三名'文化,推进'责任教育'实践研究"("三名"文化即名人文化、名景文化、名品文化)为平台,力求做到精神育人、环境育人、活动育人、文化育人。

五、成果影响——评说"负责任的教育"理念之典型案例

从校长提出并践行"负责任的教育"理念,直到 2015 年 3 月专著《"负责任的教育"本真与践行》出版,刚好十年。

十年磨一剑。经过不懈努力与追求,"负责任的教育"理念逐步深入人心,并在国内产生一定影响。《人民日报》《光明日报》《中国教育报》《人民论坛》《人民教育》《中小学管理》《中国教育学刊》,人民网、新浪网、中国文明网、中国教育新闻网等报刊媒体相继宣传报道"责任教育"理念内涵、实践探索与初步成效。其中,《人民教育》2012 年第 3、4 期合刊发表长篇通讯报道《教育的大情怀——江苏省泰州中学"责任教育"纪实》;国家核心期刊《人民论坛》杂志 2015 年 2 月的"中国经验"栏目推介"责任教育"理念,发表笔者论文《潜心践行"负责任的教育"》。

许多专家、领导、同行相继对"负责任的教育"理念及成果给予高度评价。2010 年 7 月,全国政协原副主席张怀西莅临泰州中学指导时,对学校提出的办学理念表示赞赏,欣然题词留念:"倡导负责任的教育"。2013 年 8 月中旬,在全省四星高中校长暑期学习会上,江苏省教育厅厅长沈健、副厅长胡金波等在讲话中赞扬"负责任的教育"理念。中国教育学会原会长、著名教育家顾明远寄语:"负责任的国家需要办好'负责任的教育',中国未来的发展、中国梦的实现、负责任的大国形象的展示,关键靠负责任的教育培养负责任的人才。"国家对教育的目标定位是办

人民群众满意的教育。我们认为,办人民群众满意的教育,前提是办对人民群众负责任的教育。

2015 年 3 月,蒋建华专著《"负责任的教育"本真与践行》由江苏凤凰教育出版社出版后,获得各界好评。时任教育部长袁贵仁于 4 月 21 日亲自致电祝贺,称赞泰州中学提出并践行的"负责任的教育"理念。著名教育专家朱永新专门在个人微博中推介并寄语:"负责任,说来容易做来难。作为校长,应该说:学校成败,我的责任。作为教师,应该说:学生成长,我的责任。作为学生,应该说:国家兴亡,我的责任。负责任的教育培养负责任的人。如果办教育的人有责任感,教育就会更好。"当代教育家、中国教育学会原会长顾明远,中国教育科学研究院原院长袁振国,教育部原基础教育一司司长王定华,《人民教育》原总编辑傅国亮,《人民论坛》杂志副总编陶建群,中国责任研究院院长唐渊,江苏省教育学会会长杨九俊,省教育厅副厅长杨湘宁、朱卫国,省教科院副院长王国强及泰州市有关领导,全国"双百人物"张云泉,著名特级教师李庚南、华应龙,知名校长沈茂德、彭锻华、王海平等分别给予祝贺或称赞。

初级中学责任教育管理机制探索

吉林省白山市第十六中学　于明侠、李金霞、彭玉梅①

一、案例实施时间(2006 年 5 月至 2016 年 7 月)

我校实施的"新时期青春期责任教育的研究"课题,是中国教育学会"责任教育操作实验研究"的子课题,课题于 2006 年 5 月确定为吉林省教育科学"十一五"规划课题后,始终在进行初级中学责任教育管理机制探索。

二、案例实施过程

首先,是通过行动研究法和实验研究方法开展责任意识和责任行为研究,通过系列责任意识培养讲座、电视录像、办墙报、校报、文化走廊等显性课程和校园环境建设、社会实践活动等隐性课程的方式实施教育研究。

其次,通过家校及社区间互相配合,及时反馈发现的问题,解决问题。在研究过程中,开发校本教材《青春航标》及专题责任教育课程,以便于学校有针对性、有实效地开展青春期责任教育研究工作。

---

① 作者简介:项目负责人于明侠为吉林省白山市第十六中学校长。

三、具体措施

采用现代化信息技术手段,广泛收集和查阅国内外有关青春期教育的研究文献资料。

邀请有关专家作青春期责任教育学术报告或举办座谈,使课题组成员掌握全面责任教育专业理论知识。运用经验总结法,总结教育科研传统管理的经验,吸取精华,为建构新的教育科研课题管理模式打好基础。通过座谈、访谈、书面调查等形式,广泛听取教育研究专家、教师、学生和家长的意见。

四、案例创新点

以管理机制促进责任教育操作研究宏观调控;构建中学生青春期责任教育的内容和理论框架。

五、案例内容

初级中学责任教育管理机制研究

近十年来,我校围绕"科研兴教、科研兴校"的办学思路,持续抓住素质教育这项系统工程,依托"新时期青春期责任教育的研究"科研课题,面向全体学生和教师,不断细化对开展责任意识的培养和责任行为的形成的研究,逐渐培养出一大批具有社会责任感的学生群体和教师团队,并促进了以责任教育为统领的学校各项管理工作的深入开展,巩固和强化了以"责任教育"为统领的办学特色。

一、以"责任教育"为统领,构建办学思想,规划发展目标

我校的办学思想体系由办学理念、办学目标、办学宗旨、办学策略和师生发展目标五大部分构成。

(一)办学理念:"责任意识、责任行为"

通过对本校主体文化基础与现实课程资源条件的分析,确定了以责任教育为出发点,构建起具有学校特色、满足学生个性需求和社会需要的办学思路,并在实

施过程中不断地调整完善,彰显"责任教育"办学理念。

(二)办学目标:"建设现代化优质学校,为学生和家长提供满意和向往的优质教育和优质服务"

(三)办学宗旨:"办人民满意的教育,建可持续发展学校"

(四)办学策略

教师的事是领导的事,学校的事是大家的事;加强校风建设,加强制度创新;面向全体教师,面向全体学生,面向社区全体;转变教学方式,转变学习方式,转变师生关系,转变提高教学质量的途径。

(五)师生发展目标

以"培养具有国家意识、国际视野和自我持续发展能力及情感"等诸方面责任行为的高素质创新性后备人才为目标,围绕教学效能的提高,以教师专业发展和课程教学改革为重点,转变教育观念、全面提升学生的综合素质,不断深化学校内部改革,努力建设生态绿色校园。经过三年努力,把学校以"责任意识,责任行为"为特色的素质教育提升到新的高度,综合办学水平在本市领先的学校,成为推动本市教育发展、满足人民群众对优质教育需求的示范学校。

二、以"责任教育"为统领,强化育人形式,突出育人目标

我们将"责任教育"作为学校的办学思想,在对学生进行思想教育的前提下,对责任教育的宗旨、目标、内容、方法、原则、实践等进行了详细设计,其目的在于通过"责任教育"的贯彻与逐步落实的过程,增强学生工作、学习和生活的责任心,让责任意识内化为学生自主学习、自主实践、自主创新的元认知,为立德树人奠定坚实的基础,从而推动他们在德、智、体、美、劳等方面得到全面发展。

(一)按年级特点进行的责任感主题教育系列

培养学生的社会责任意识,就是培养学生学会处理个人与集体、个人与社会、个人与国家的关系。根据各年级学生的特点和自我意识的发展层次,对学生责任教育通过专题和班级主题班会、社会实践活动等形式,进行精心设计形成系列,促使以责任教育为主体的学生活动文化逐渐形成。

七年级:具体落实以"对自己负责"为基本点,着重培养学生的各种行为习惯;以"对他人负责"为制高点,学会关心学会孝敬,学会与父母沟通以及如何与人相处、如何做一个合格的学生,侧重培养同学之间友好相处,创建良好班集体,这两个

系列目标。

八年级:具体落实"以对集体负责为凝聚点,学会合作"这一系列目标。主要围绕如何摆正个人与集体的关系,如何成为社会有用之才,侧重培养学生的集体责任感。通过各种主题班团队活动、外出参观考察、社会实践等活动培养同学之间的感情和集体主义情感,增强集体凝聚力。

九年级:具体落实"以对社会负责为起点,以对时代负责为制高点"这两个系列目标。着重培养学生良好的公民意识、民族意识、法律意识。

(二)"因材施教"的责任感分层教育系列

优秀学生:帮助他们树立科学的世界观、人生观、价值观,帮助他们树立人生的航标,引导他们在鲜明的政治追求中加速成长。

特长学生:创造机会,提供舞台,让他们发展特长、施展才华。

特殊学生:通过建立特殊学生档案,召开特殊学生会议、开展结对帮教,进行心理疏导等办法,加强教育,促其转化。

(三)以对责任行为主体进行实践活动的特色教育系列

本着教育要以实践活动为载体的原则,我校围绕"培养有责任感的现代中国人"这一育人理念,选择利用了以下载体:

一是利用班校报、国旗下讲话、校园之声广播、以青春期责任教育为主题的会演、演讲竞赛等宣传教育载体。

二是组织社会调查、参加社会公益活动、社会实践活动等实践活动载体。

三是开展心理咨询、责任教育专题讲座的专题教育载体。多种教育载体的并用,促进了实践活动特色的形成。

(四)立足课堂的责任感渗透系列

学校教育的主渠道是课堂教学。我们在教学过程中把培养学生的责任感重点放在指导和帮助学生提高自我认识和自我完善的意识上。通过教师有意识地利用学科中涉及的科学成就、科学家的品质、爱国故事、民族意识、国家建设、社会发展、政治影响、法律责任、自然环境和伦理道德等方面教育内容,指导学生对自己的品行进行自我感悟、自我监督、自我控制、自我完善。使教学过程真正成为促进学生责任感形成的主要渠道。

(五)隐形环境建设的情感陶冶系列

在学校中,有很多对学生起着潜移默化教育的因素通常隐含或渗透在教学活动、班级建设、校园文化当中,这含有这种因素的课程被称为为隐形课程。

为此,我校非常重视隐形课程的开发,教室布置力求做到既严肃活泼又美观大方,通过创造性的设计,营造各具特色的班级环境,使学生一进入教室就产生一种震撼心灵的感觉。校园环境建设力求富有文化内涵。学校有文化走廊建设,师生责任感言建设等,校报内容丰富多彩,心理墙报、班级特色文化专栏月月更新,上下课铃声、广播音乐优雅动听,保洁卫生、财务管理责任明确,学生始终生活在责任情感能够受到良好陶冶的环境之中。

三、以"责任教育"为统领,提升队伍素质,实现课改目标

一个有责任意识、责任行为的教师团队,学校才会有持续发展的生命力。一所学校要有代表学校发展的领军人物,但是更有整个教师团队的共同努力、团结协作。这是学校发展的内在潜力,这也是我们把"青春期责任教育"课题的研究对象由学生拓展到打造教师团队的主要原因之一。为此,我们以提高教师职业素养、提升教育质量为核心的教师培养目标贯穿队伍建设的各个环节。

(一)以名师工程促进教师责任感和业务素质的提高

在具体措施上主要体现在:丰富教师的专业知识,夯实其成为"名师"的基础;为教师的成名成才架设台阶,使其脱颖而出;给教师委以教学上的重任,为教师创设登台亮相的舞台。

(二)以责任感培养为重点促进青年教师成长

采取的主要措施是:加强青年教师的师德建设;狠抓青年教师的工作态度和教育教学能力;注重锤炼青年教师的人格魅力;强化相关激励机制。

(三)以责任教育课题带动教研组建设

采取的主要措施是:把责任教育和教研组评价有机结合起来;以责任教育带动学校大型课堂教学研究活动;以责任教育带动以老带新活动;以责任教育带动教学常规的落实;以责任教育带动备课组建设。

(四)以责任教育为基础,坚决执行教师资格制度

多年来,我校要求所有教师要持证上岗,加强自身师德建设,并教育教师遵章守纪、爱岗敬业、教书育人、为人师表,坚持市局和我校制订的"十不准"禁令,努力

做好教学工作,教育引导教师树立正确的人生观和教育观,尊重学生,师生和谐相处。进一步强化了班主任队伍建设,细化了《班主任管理细则》,建立健全了各类专管室、专管员的职责和制度。

四、以"责任教育"为统领,辐射大学区教研,扩大成果共享

(一)整体策划立制建章,校际联动规范责任办学行为

我校有一支业务精湛、素质过硬的优秀团队,这源于学校具有全面完善和人性化的责任管理制度,注重对教师的教育过程考核等管理方式,片区内协作校结合本校校情,借助学校先进责任管理模式以及优质的教育资源,建立并完善各项教育教学管理制度,规范学校的教学常规管理工作,我校同时也借鉴协作校的管理模式。

(二)建立协作校一体化责任管理平台,健全常规教研机制

通过一体化的责任制度建设,将协作学校的责任教育理念渗透到彼此的办学行为中,建立联席会制度和部门工作制度,尤其是将协作学校最新的工作思路和具体做法彼此互相传递,尽可能做到各校同步,从而全面指导协作学校教学常规管理工作。

片区内缔结校教务处每学期定期进行常规检查,对学期责任教育课程设置及各项常规制度的制定、落实情况进行全面了解,并就发现的问题提出建议。

(三)聚焦联动教研内容,挖掘城乡学科责任教研的内涵

各校共同组织主题、专题学习与培训,全面提升教师综合素养,教研组定期组织教材分析、试卷研析会,共同参加区新课程改革特色教研展示活动及省市区域联动研讨活动,通过缔结校骨干教师引领课、支教教师示范课、责任主题教学教材研究、举行责任教学示范周,学期质量调研和开展听课、评课、讲座等活动,为薄弱校责任教学等方面起到积极的促进作用。同时共同开发资源与合作研修,建设片区责任教育课程资源库,城乡共享,促进提高教师的教科研意识和研究水平。

(四)扎实运作,区域推进,科学评价

评价是推动工作的重要手段,也是推动工作自主发展的外部动力。为推动片区协作校责任教育教研活动的开展,协作校教研室专门研制了关于片区协作教研活动的责任教育专项评估方案,对开展联片教研活动的过程和效果进行专项调研评估,从解决片区教研协作校存在的教学的共性问题出发,结合各成员校的优势和

特色,创造性地开展了一系列扎实有效的研讨交流活动,进一步提高校本研究水平,提升研究品位,从而推动各协作校办学水平的整体提高。

责任教育在我校实施近十六年,责任作为理念,已经渗透在我们学校的每一个角落。责任作为一把尺子,规范和影响着师生的行为,推动着学校稳步向前发展,教学质量逐年向上攀升,升学率达一直在市区前列。

如今我校在教体局的正确领导下,以责任教育为统领,学生勤奋进取,教师敬业爱岗,领导班子团结有力。在"责任意识、责任行为"办学理念的引领下,以"办人民满意的教育,建可持续发展学校"为奋斗目标,以"责任教育"为基本工作点,持之以恒地抓好规章制度建设、领导班子建设、师资队伍建设和育人环境建设,努力提高教学质量和综合办学效益,促进学校的可持续发展,力争通过全体师生的共同努力,把我校办成市区内有影响力的"责任教育"特色品牌学校。

中学生责任意识的现状调查与改进策略

吉林省白山市第十六中学　李金霞[①]

一、案例项目简介

(一)实施时间(2006年5月至2016年7月)

我校实施的"新时期青春期责任教育的研究"课题,是中国教育学会"责任教育操作实验研究"的子课题,课题于2006年5月确定为吉林省教育科学"十一五"规划课题后,研究组织了"中学生责任意识现状调查与改进策略"项目。

(二)实施过程

本课题主要是通过调查研究法开展责任意识和责任行为研究,通过系列责任意识培养讲座、电视录像、办墙报、校报、文化走廊等显性课程和校园环境建设、社会活动等隐性课程的方式实施教育研究。

(三)具体措施

首先,采用现代化信息技术手段,广泛收集和查阅国内外有关青春期教育的研究文献资料。

其次,邀请有关专家开展青春期责任教育学术报告或举办座谈,使课题组成员掌握全面责任教育的专业理论知识。再次,运用经验总结法,总结教育科研传统管

---

① 作者简介:吉林省白山市第十六中学副校长。

理的经验,吸取精华,为建构新的教育科研课题管理模式打好基础。最后,通过座谈、访谈、书面调查等形式,广泛听取教育研究专家、教师、学生和家长的意见。

（四）创新点

以调查研究方法为责任教育的探索提供理论框架。

二、案例内容

中学生责任意识现状调查与改进策略

一、调查背景

责任意识是一种高尚的道德情感意识,是一个人对自己的言论、行为、承诺等持认真负责、积极主动的态度而产生的情绪体验,责任意识一旦产生,就会成为一种稳定的个性心理品质,可以有效地提高学习积极性,自觉加强意志锻炼,促进个性的全面发展。责任意识已是当今青少年成长中的关键性心理素质和核心素养,具有良好的责任意识是青少年健康成长的客观要求。

高度的责任意识是人走向社会的通行证,是推动社会经济向前发展的强大内在动力。那么我校中学生的责任意识状况如何呢? 他们是否能将自我价值的实现与奉献社会结合起来呢? 为此,我们做了本次调查,为目前正在进行的责任教育操作研究提供参考。

二、调查设计

本次调查将中学生的责任意识状况分为五个方面:

对自己人生责任的认可(在学习遇到挫折时;当自己情绪不好时;对中学生谈恋爱的看法等)。

对他人的责任所持的态度(当朋友委托做事时;做错事或对不起别人时;在同学或亲戚吸毒时等的态度)。

对家庭的责任感(父母及家人因病卧床不起时;是否会做一些力所能及的家务劳动,以减轻父母负担等)。

在对学校、班集体的责任表现方面(参加集体合唱团时;发现走廊上有一张纸时;在集体活动中,除了做好自己分内的事,还会怎样做等问题)。

对社会、国家的责任的理解程度(现在在校读书的目的;对"先天下之忧而忧,后天下之乐而乐"的人生观的观点;对于公益性捐款的态度;对黄色书刊及黄色音像制品的态度等问题)。

本次调查采用抽样调查法,以本校所有初中学生为总体,按照多年段立意配额抽样的方法进行抽样。选取了七年级八个班、八年级六个班、九年级四个班的学生为调查样本。总计发放 1110 份问卷,最后收回 1091 份问卷,有效回收率为98.2%。

三、调查结果分析

(一)对自己的责任意识表现

一个人如果对自己的责任感认可程度很低,那么这个人的社会责任意识将无从谈起。通过调研可知:

学习遇到挫折时,"放弃"的占 8.79%;"想放弃"的占 44.08%,"迎难而上"的占 47.11%。做作业时,"随便完成"的占 16.59%,"专心完成"的占 63.79%,"参考别人"的占 19.61%。回答"学生干部的作用"时,选择"为大家服务"的占 18.79%,"更接近老师"的占 12.0%,"锻炼能力"的占 69.11%。

这些数据说明,学生要求自我发展的责任意识还是比较强的。

生病时,"不看医生"的占 19.06%,"自己买药"的占 44.17%,"看医生"的占 36.75%。对于体育锻炼,"经常进行"的占 39.50%,"偶然进行"的占 49.86%,"从不进行"的占 10.63%。

这些数据说明,学生在珍惜生命、爱护身体方面的责任意识有待加强。

"经常出入游戏厅"的占 13.65%,"有时去"的占 26.76%,"从不去"的占 59.57%。情绪不好时,"发泄"的占 11.19%,"倾诉"的占 35.56%,"自我调节"的占 52.52%。对于中学阶段谈恋爱,"认可"的占 14.94%,"认为可以谈"的占 35.10%,认为"不可谈"的占 49.95%。

这些数据说明,学生对自我心灵的爱护主流是积极的。

(二)对他人的责任意识表现

每个人都存在于社会中,与他人发生着或近或远的关系。作为朋友,忠诚、互助、互谅、解危济困是义不容辞的。

对于做错事时的态度,认为"没什么"的占 7.24%,"感到惭愧"的占 33.54%,认为应该"认错道歉"的占 59.21%。朋友委托做事时,选择"拖拉着办"的占

7.88%,"虎头蛇尾"的占 19.79%,"很认真"的占 72.41%。当朋友甲诋毁朋友乙时,选择"告诉乙"的占 9.16%,选择"告诉乙以外的人"的占 15.21%,选择"为乙说几句公道话"的占 75.61%。

这些数据说明,绝大多数学生对朋友是非常真诚的。

若身边人吸毒,选择"不过问"的占 9.53%,选择"劝说,不听随他去"的占 26.12%,选择"制止"的占 63.70%。异性之间,选择"只和同性朋友交往"的占 18.05%,选择"与个别人交往"的占 20.53%,选择"有困难主动帮助"的占 61.41%。若别人遇险,选择"走开"的占 8.89%,选择"救人"的占 18.24%,选择"找机会救人"的占 72.86%。

这些数据说明,学生中绝大多数人是乐于助人的,对朋友有较强的责任心。

朋友考试舞弊时,选择"为他庆幸"的占 15.03%,选择"批评他"的占 13.38%,选择"劝告不能这样做"的占 71.58%。

不少学生不懂得帮助的意义涉及批评、做忠诚的诤友等,即使措辞激烈一些,也是对朋友负责的表现。

选择受人尊重应具有的特点时,选择"才华"的占 15.85%,选择"地位或财富"的占 18.42%,选择"有较强的责任感"占 65.81%。

这些数据说明,多数学生对人应具有较强的责任感的基本素质是认同的。

对于"上课时听 MP3、吃东西"这一情况,选择"经常性"的占 11.91%,选择"偶然性"的占 30.60%,选择"从不"的占 57.47%。

这些数据说明,有接近 50%的学生对课堂纪律不太负责任,视学习为儿戏。

(三)对家庭的责任意识表现

作为家庭的一位成员,必须对家庭负责、对父母负责,使家庭美满幸福、父母愉快健康。

对于"家人因病卧床"这一情况,选择"几乎不管"的占 9.25%,选择"不知如何做"的占 19.34%,选择"照料家人生活"的占 71.4%。当家庭气氛不和谐时,选择"避开"的占 22.54%,选择"解决矛盾"的占 21.81%,选择"劝说和好"的占 55.63%。

这些数据说明,学生对自己的家人有爱心,但解决家庭问题能力强的人数不多。

对于"家务劳动","没做过"的占13.84%,"提醒后才做"的占36.02%,"主动做"的占49.67%。当"假期在家,父母较忙"时,选择"等餐"的占18.51%,选择"煮好饭菜"的占32.90%,选择"做好饭菜等父母"的占48.57%。外出时,选择"不打招呼"的占11.73%,选择"有时不说"的占29.78%,选择"每次都说明"的占58.47%。"临时不回家"时,选择"不告诉家人"的占10.72%,选择"吃完饭再告诉家人"的占18.42%,选择"打电话告诉家人"的占70.85%。当遇到"购物时价格贵"的情况时,选择"一定要买或借钱买"的占12.0%,选择"考虑承受力"的占据32.99%,选择"不急需不要求买"的占54.99%。

这些数据说明,学生对家庭事务负责的意识较强,但责任能力有待提高。学生出门在外时,有相当一部分人心中没有想到家人在牵挂自己,不懂得让家人减少一些牵挂也是自己应尽的责任,学生大多能对家庭经济抱负责任的态度。

(四)对学校、班集体的责任意识表现

每个集体都需要成员群策群力、合作共存,以自己为集体做出的努力而自豪。

当"代表学校参加学科竞赛"时,认为"成绩好坏与他人无关"的占11.18%,认为"荣幸自傲"的占21.44%,认为这"属于学校的荣誉"的占67.29%。当集体合唱时,选择"不出声"的占11.18%,选择"勉强出声"的占18.97%,选择"按要求歌唱"的占69.93%。当"举行班级间球赛"时,选择"不去"的占14.02%,选择"因为喜欢所以参加"的占17.23%,选择"为集体荣誉而参加"的占68.74%。当"班集体获得赞扬"时,觉得"假、虚伪"的占13.10%,觉得"无所谓"的占21.17%,觉得"高兴自豪"的占65.71%。

当"班级被盗窃"时,觉得"不关我的事"的占10.90%,选择"向学校反映"的占44.27%,选择"配合破案"的占44.82%。当"假如自己是班干部,班自习课秩序很乱"时,认为"没办法管,因为怕得罪同学"的占13.56%,选择"告诉老师"的占25.20%,选择"想解决办法"的占61.22%。

当做卫生时,选择"想办法偷懒"的占7.69%,选择"如果有人监督时会认真些"的占20.43%,选择"尽自己能力做好"的占61.41%。当"走廊上有张纸"时,选择"假装没看到"的占17.87%,选择"因为卫生大检查才会捡起"的占26.39%,选择"都会捡起"的占55.72%。在集体活动中,选择"只做好分内的事"的占17.04%,选择"为集体做事要看心情"的占30.98%,选择"乐意为集体做事并尽力做好"的占51.97%。

从这几项来看,多数学生对集体的责任意识较强,少数同学的责任心态令人担忧。知与行分离存在普遍性,能够自觉主动为集体服务的同学不多。

分析发现,不同年级学生的集体责任感没有显著性差异,统计显示,并不是他们的集体责任意识都很强,而是都显得不够,这说明学校在这方面的教育还做得不够,因此需要加强这方面教育工作的实效。

(五)对社会、国家的责任意识表现

对国家的责任、对社会的责任是全部人生责任中最崇高的一种责任。

对"先人后己"这一人生观的态度:认为"这种人是傻瓜"的占据15.67%,选择"我做不到,希望多点这种人"的占30.06%,认为"这样才有意义"的占54.26%。对于"人生最大的乐趣"的态度是:选择"享受"的占12.46%,选择"能实现每一个目标"的占39.78%,选择"多做贡献"的占47.66%。对于"读书的目的"的态度是:选择"报答父母"的占17.50%,选择"找份好工作"的占26.76%,选择"提高素质,服务社会"的占55.72%。对于"十年后的事业考虑"这一问题,选择"太远了,不去想"的占11.78%,选择"想些异想天开的事业"的占23.83%,选择"想在某一行工作出色"的占64.98%。

这些数据说明,学生中不少人出现国家意识淡化、社会责任意识减弱的倾向。这反映出当代中学生社会责任意识不强。

对于"服兵役"的态度,选择"逃避"的占9.34%,选择"国家征集时会参军"的占28.78%,选择"积极报名参军"的占61.86%。对于"公益性捐款",选择"不理睬"的占9.89%,选择"随大流"的占30.79%,选择"乐善好施"的占59.30%。对于义务献血,选择"不献血"的占13.74%,选择"无所谓"的占27.77%,选择"主动献血"的占58.47%。

这些数据说明,支持慈善事业的学生不够多,有接近42%的学生奉献意识不是很强,多数学生都有奉献社会的行为意识。

对于"交通规则"的态度:选择"遵守起来太麻烦"的占10.54%;选择"有警察时就遵守"的占19.52%,选择"要遵守"的占69.93%。当"路人被抢劫"时候,选择"不多事"的占10.63%,选择"有人救援时协助"的占28.13%,选择"见义勇为或报警"的占61.22%。

这些数据说明,有近30%学生的道德责任意识和法律责任意识还有待于进一步加强,同时体现出部分学生的社会责任意识淡漠。

当遇到"旅游区有人乱扔乱写"时,选择"仿效"的占13.47%,选择"无力劝阻,管好自己"的占28.59%,选择"报告管理人或好意劝阻"的占57.92%。当遇到"餐馆使用濒临灭绝的动植物食材"时,选择"照吃不误"的占8.79%,选择"不吃但不出声"的占23.0%,选择"立即报警"的占65.71%。对于"黄色书刊及音像制品",选择"好奇偷看"的占9.34%,选择"现在年龄小,不看"的占28.59%,选择"抵制举报"的占62.05%。对于"将饮料空瓶扔进垃圾桶",选择"从不"的占17.23%,选择"偶尔"的占26.03%,选择"经常"的占56.73%。

这些数据说明,中学生社会责任意识时强时弱,社会责任认识时清时糊,展现出中学生思想意识的可塑性、不稳定性,加强对青春期中学生的社会责任意识的培养十分必要。

四、中学生责任意识培养的策略和建议

(一)学生责任意识特点

通过调查显示,我校学生责任意识状况的主流是令人乐观和欣慰的,但确实也存在不少问题。主要呈现出如下特点:

对家庭、朋友责任意识强一些,对自己的责任意识弱一些。

在朋友圈子里责任意识强一些,对陌生人的责任意识较弱一些。

对班集体的责任意识不强,对国家、社会的责任意识存在淡化表现。

责任认知强过责任行为,多数学生可以判断出负责与不负责的是非,但没有正义行动。

责任情感强过责任能力,学生中不少人对一些事情,有心尽责,而无力尽责。

(二)责任意识培养的策略

责任意识需要通过教育和培养,依赖于环境导向和内在自律、自我体验而形成。强化责任意识培养策略应该在实践中不断探索,以环境锤炼与自我内化相结合。

策略一:责任意识要链接体验教育。将做人做事的基本道理转化为行为习惯,情感体验和道德体验是培养责任意识的基础,设计实际、新颖的教育情景,让学生感受到承担责任所带来的情感体验,逐步认识自身的内在价值,激发起更大的、承担责任的热情。

策略二：培养责任意识应注重实际，要立足于学生思维特征、认识能力，注重教育效果的及时反馈。学生正处于身心发展的关键期，是塑造力、模仿力最强的时期，因此，必须提高中学生的鉴别力，排除负面影响，不断完善自我。

策略三：责任意识培养要与实践活动接轨。社会是个大学校，在社会生活中体验社会责任意识更为重要，引导学生体验工作时的辛劳、工作过程中的责任，明白公民的含义与责任心的重要性。

策略四：责任意识教育与普法教育协同并进。现实生活中，有些行为即缺乏责任意识，更是违法行为。因此，责任意识教育应与普法教育宜适度联系。

策略五：责任教育主渠道在课堂，课堂教学是实施责任教育的重要途径。许多学科课程资源都含有责任教育的内容。

策略六：责任教育同样需要评价体系助阵。责任意识评价是学校责任目标管理的重要手段，对学生的责任意识培养有着积极的导向、激励、诊断和矫正作用。通过评价帮助学生明辨是非，能够促进学生良好责任意识的形成。

策略七：责任意识注重养成教育。责任行为是责任意识的外化，是责任意识的最终归宿，培养责任意识必须着重实践活动和养成教育，只有这样才能将"意识"变为客观现实的"行动"。

策略八：责任意识培养是一个系统工程，需要学校、家庭、社会的合力。

学校是培养责任意识的主要阵地，学校教育具有明确的目的、指定的内容、活动计划、有系统的组织、特殊的教育条件。学校教育虽然对个体的全面发展具有加速作用，但是学校的教育效能不是延续的。

责任意识的形成与家庭环境和家庭教育有着密切关系。家长是孩子的首任教师，家庭氛围、家长的人格素养、处事态度等都会示范给孩子做出榜样，因此，学生的责任感养成家庭教育不能缺失。

社会是责任行为展现、检验的大舞台。生活在不同社区的学生体验的道德取向和责任感状况有所不同，充满着责任感的社区和一个缺乏责任感的环境给学生的影响是完全不同的。

(三)责任意识培养的建议

多宣传一些健康知识,引导青春期学生对自己的身体健康负责。

多宣传和参加法律知识或法律活动,引导学生懂得一些犯罪行为引起的法律责任。

家庭和老师要给予犯错误的学生必要的惩戒。用一些爱的惩戒方式引导学生明白,自己做错的事情要自己承担责任。

引导学生对社会上的一些不负责任的行为加以分析辨别,家庭也要尽量远离"污染源"。

初级中学责任教育研究实验操作方法

吉林省白山市第十六中学　王德利、李金霞、张洪福①

一、案例项目简介

(一)实施时间(2006 年 5 月至 2016 年 7 月)

我校实施的"新时期青春期责任教育的研究"课题,是中国教育学会"责任教育操作实验研究"的子课题,课题于 2006 年 5 月确定为吉林省教育科学"十一五"规划课题后,研究探索了"初级中学责任教育研究实验操作方法"项目。

(二)实施过程

本课题主要是通过行动研究法和实验研究法开展责任意识和责任行为研究。除常规操作之外,通过家校及社区间互相配合,及时反馈发现的问题,解决问题。

在研究过程中,开发了校本教材《新时期青春期责任教育——青春航标》以及专题责任教育课程,以便学校有针对性、有实效地开展青春期责任教育研究工作。

(三)创新点

编辑校本教材《新时期青春期责任教育——青春航标》一套三册,形成责任教育研究自变量控制系列。

构建中学生青春期责任教育实验操作方法及内容和理论框架。

---

① 作者简介:项目负责人王德利为吉林省白山市第十六中学科研主任。

二、案例内容

(一)实验主要操作过程

首先进行了常量设计(全体中学生)、确立试验样本(18个班)及无关变量(5个班),同时确立用恒定法控制无关变量(见表1)。

表1 样本基本情况 (N=1091) (%)

组\项	样本特征	有效百分比	组\项	样本特征	有效百分比
性别(七年级)	男	23.18	性别(八年级)	男	17.87
	女	22.45		女	17.53
七年级	一班	6.32	八年级	一班	6.78
	二班	5.77		二班	6.59
	三班	5.68		三班	6.41
	四班	6.69		四班	6.14
	五班	5.95		五班	4.76
	六班	6.14		六班	4.67
	七班	4.67	九年级	三班	4.67
	八班	4.58		五班	4.85
性别(九年级)	男	8.98		六班	4.94
	女	9.99		七班	4.39

其次,设定实验假设:假如在学科教学过程中和专项实践活动过程中,有意识地创设能引导青春期学生责任情感的情景或情境,让学生对问题感兴趣,引导学生分析、思考所面临的责任意识问题,进行"责任行为训练",就能培养学生对观察的情感等问题进行理性分析,从而有正确解决这类问题的责任意识和能力、行为表现,最终达到学生具有全方位责任意识、责任行为的目的。

再次,通过对变量控制、实践活动的控制、实验过程控制来操作实验研究,以达到责任教育的目的。

(二)量化控制

在青春期责任教育专题教育,实践活动教育和责任教育与学科教学整合的研究过程中,我们采用了实验法和行动研究法。通过实验者直接参与实验的全过程,直接获得第一手资料,并通过对实验数据的定性与定量分析,发现问题、揭示规律,调控实验过程;同时,实验者在研究的过程中责任素养同步获得提升。

下面,从实验过程的"量化控制"角度,展示两个案例,希望能以点带面地展示课题研究工作的实绩。

1. 无关变量控制

(1)无关变量设计

八年级(八年级八班、八年级七班)和九年级(九年级一班、九年级二班、九年级四班)

(2)无关变量设计的原因

一是被试的态度因素:被试的消极型和评价担忧型态度,会影响到实验结果的真实性。

二是被试的历史因素:实验对象已有的知识经验、能力水平以及个性特征会影响学生在实验中的行为表现。

三是生长与成熟因素:实验期间,学生身心的成熟会对实验结果产生影响。

四是被试的缺乏:由于一些学生因转退学、生病、经常性旷课等不能坚持参加实验,也会影响实验的结果。

(3)无关变量的控制方法

恒定法:本课题实验研究尽量使实验变量之外的无关变量保持不变,恒定地作用于实验。这样,我们便能确定实验结果是由于自变量的改变所造成的,但是有一些变量是难以恒定的,例如被试的生长与成熟因素(课题组正在研究其他控制方法)。

2. 自变量控制

第一方面:利用学科教学有机融合责任意识教育。

即利用学科中涉及的科学成就、科学家的品质、爱国故事、民族意识、国家建设、社会发展、政治影响、法律责任、自然环境和伦理道德等方面进行教育。

第二方面:对责任行为主体进行实践活动模式的特色教育。

即开展以青春期责任教育为主题的会演、演讲竞赛、班团队会、座谈、问卷、访问;参观陈云纪念馆、长白山天池、四保临江烈士碑等;社会调查、少年法庭采访、社会公益活动教育、社会实践活动教育;建设学校文化走廊、办心理墙报、历史人物爱国故事、作文征文活动大赛、校报征文活动、心理咨询活动;开展"青春期基础知识讲座""青春期健康心理讲座""防病治病、预防艾滋病讲座"和责任专题讲座;观看爱国题材影片教育系列、青春期性心理发展电视录像、"性道德与法律"的电视录像等进行教育。

第三方面;开设《新时期青春期责任教育——青春航标》责任专题校本课程,进行实验研究和特色教育。

通过对《新时期青春期责任教育——青春航标》教材选题的方向、内容、范围、深度、社会的需要及受教育者的兴趣、爱好、知识储备、接受能力、年龄特点等的把握,来监控学生责任意识和责任行为能力的变化,鼓励学生应用《青春航标》知识内容解决生活或学科学习过程中的问题,这是控制实验过程的途径之一。

首先,对新时期青春期责任教育要进行界定:新时期青春期责任教育是指依据人的发展和社会发展的实际需要,以全面提高全体学生青春期阶段应有的责任意识为根本目的,以尊重学生主体性和主动精神,注重素质教育的根本目标为基点,依据新课程改革的总目标为指导方向,在注重开发人的智慧潜能的同时,注重形成人的健康、健全的责任个性为根本特征的教育。

其次,要创设研究的条件。学校规定:全体中学生要在青春期年龄范围完成《新时期青春期责任教育——青春航标》教材一套三册全部内容的学习;社会实践活动、社会调查、演讲竞赛、参观陈云纪念馆、四保临江烈士碑扫墓活动、观看系列爱国题材影片教育、采访少年法庭、作文征文活动大赛、社会公益活动等实践方式可以自由选择。

学生在完成《新时期青春期责任教育——青春航标》内容的学习过程中,选择自己喜欢的实践活动内容来完成,活动量的多少也由学生自己控制。开放式的实践活动营造了开放的心态,在完成活动的过程中,学生的责任意识和责任能力水平十分自然地展露出来,为实验研究活动的数据收集、数据整理、数据分析创设了必要的条件。

接下来,要通过一整套的统计图表来分析学生青春期责任意识与责任能力的数据,从而发现问题、解决问题,实现对实验过程的科学控制。

表 2　学生青春期生理、心理健康情况统计表(数据表)

题干	选项	比率(%)	分析
对性知识的了解途径	同学交流	12.68	学生的性心理不稳定,是由于青春期性知识的缺乏导致性心理滞后,对"性"这一问题不能坦然对待,存在性心理问题。 　　部分家长保护观念淡薄,没有很强的保护意识。 　　初中生迫切想知道的性知识排前四位的是:青春期性心理发展知识、性对人生的意义、性生理发育知识、异性交往礼仪方式。 　　从这些调查结果看,学生由于缺乏性生理知识和性卫生保健知识而出现性困惑、性无知。孤独、焦虑、自卑型学生所占的比例较大,学生对自身的生理变化难以应付,心理压力较大,甚至不知所措,这给正常的生理、心理发展带来不良影响。他们不愿从家庭和学校方面获取性知识,而是通过较隐蔽的途径获取,如果没有通过正常渠道正确地引导,他们很容易获得错误的性知识,甚至引领他们走上歧途。 　　可见,学校要重点加强青春期生理、心理健康知识的正确教育与引导,满足学生青春期时期生理、心理健康成长的需要。
	学校课程	9.48	
	父母教育	19.58	
	隐蔽渠道	58.26	
你对早恋的态度	赞成	8.86	
	反对	38.79	
	无动于衷	32.25	
	视为异类避而远之	20.10	
当你自己经历第一次生理变化时的感觉	终于长大了	36.08	
	有心理准备不恐慌	35.83	
	恐慌,不知所措	17.24	
	倒霉、可耻、难为情	10.85	
总计	总人数(812)	100	备注

　　以上是一次青春期责任教育研究情况的统计与分析,几次统计的汇总能够提供更加丰富的信息,为发现学生责任意识和责任行为能力的变化,调控实验过程提供参照数据。如下图:

　　通过上述统计,由几种折线走势可以判断中学生对自己青春期生理、心理健康的责任意识与责任行为能力在逐渐增强。

　　如果将中学生几个方面某一次的责任意识调查统计情况进行汇总、比较,就可以清楚地看到学生责任意识与责任行为在哪些方面发展较快,在哪些方面仍然存在未解决的问题。

　　上面是从四个角度对《新时期青春期责任教育——青春航标》教材应用中学生青春期生理、心理健康在教育实验中的四次调查情况统计对照图,如果将几次《青春期责任教育实验研究过程中责任行为调查情况人数统计图》放在一起进行

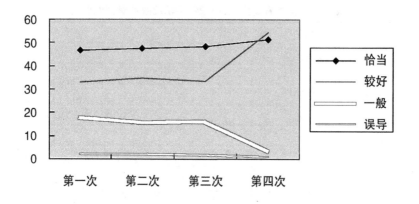

图1 家长指导程度统计图

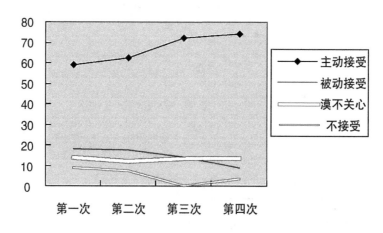

图2 对接受性教育的认识统计图

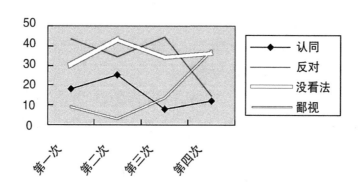

图3 对早恋的态度统计图

比较,就会发现学生在责任教育实验研究后解决责任情感问题的能力和责任意识

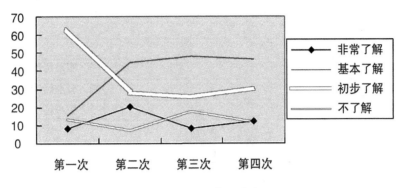

图4　对性知识的掌握统计图

的变化。这只是实验过程中某一个阶段的侧剖面,就整个实验而言,控制与操作要复杂得多。

通过对上述自变量的控制,使因变量呈现出:学生责任品质有良好发展,其观察、发现、分析和解决责任情感问题的能力得以提高,责任意识教育教学质量和教育效果全面提高。

最后由自变量与因变量的关系得出结论:在这种操作实验过程中,学生的聪明才智、独创个性和创新能力,始终围绕着青春期责任行为中不断出现的情感问题展开,学生在探索的过程中获得分析问题的能力和责任情感体验,从而建构责任意识思维形式,获得解决责任问题的方法,使学生的身心素质得到全面的发展。

(二) 实践活动的控制

通过《青春期责任实践活动人数统计表》,对师生责任教育实践活动进行调节和控制,激发教师和学生参与实践活动积极性,帮助他们在实践的过程中潜移默化地提升责任意识和责任行为能力。

表3　青春期责任实践活动人数统计图

时间	项目			
	合计(人次)	实践活动(次数)	公益活动(次数)	校报征文(次数)
总计(人次)	1119	268	308	543
5 月	318	124	126	68
6 月	310	68	61	181
7 月	491	76	121	294

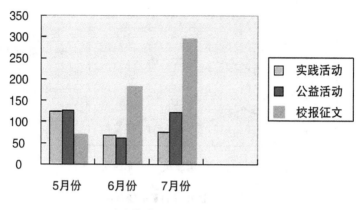

图5 青春期责任实践活动人数统计图

通过统计图表可以看出,校报征文活动参与率明显高于其他活动,6月比5月增加113人次,增幅166%;7月比6月增加113人次,增幅62%;可见进行校报征文活动交流的学生在成倍增加,学生对校报征文活动的兴趣呈迅速升温的态势;看合计可知,5月至6月参与实践活动的人数增长乏力,增幅分别为6月的-45%,7月的-38%;学生实践活动缺乏活跃。参与公益活动人次呈现稳步增长的趋势,但参与人次增长率仍显乏力,是教师设计活动标准脱离实际,还是学生对活动不感兴趣,应分析原因,及时改进。

这样,通过学生参与活动人次的统计与分析,来检验实验教师组织责任教育实践活动的效果,然后再将改进后的责任教育实践活动的情况统计出来,进行再调整、再统计,如此周而复始地操作,保证师生实践活动成效呈螺旋式上升,最终实现提升责任素养的目的。

上面,仅就责任教育三个方面三个月来参与责任教育实践活动人次的统计做简单的分析,如果与责任教育内容中其他方面的统计情况进行综合分析,就能更为科学、准确地了解和控制实验进展情况,保证青春期责任教育实验与各学科课程整合研究向纵深发展,并于这个过程中实现提升师生责任素养的目标。

(三)实验过程控制

上面以两个案例介绍了自变量的控制,而在整个实验过程的控制上,我们建立起责任意识及责任行为激励式的评价体系,即以《青春期责任素养评价量表》为主体,配以各种社会性、公益性的实践活动、责任行为智慧团、责任教育活动周、责任行为表现能手选拔等激励性的活动,实现对实验的各种变量的有效控制。

《青春期责任素养评价量表》是我校对责任素养量化评价的具体规定,它将责任素养量化成具体的可操作的指标,由实验师生去达标,在达标过程中调动教师的科研积极性,提升教师的责任行为素养,影响学生责任意识、责任能力和责任情感的发展,进而实现实验过程控制和师生责任素养共同提高的目的。责任行为智慧团、责任教育活动周、责任行为表现能手选拔,都是实验研究的组成部分,也是实验控制的重要手段。

如,拟订责任行为智慧团采取会员制,在规定加盟会员享有特权与诸多优先权的同时,也规定会员们必须拥有崇高的责任表现能力,这些条件促使自动、自愿加盟的教师和学生必须提高自己的责任素质水平,即使加盟,智慧团也规定会员必须履行参加培训、完成责任教育实践活动作业或不断提高自身责任行为能力的义务。这些规章制度对师生自觉提升责任素养具有积极的意义,它对促进后续实验工作具有十分重要的作用。

三、实验主要管理操作

主要是针对课题设置管理、过程操作管理、研究质量管理和学生管理等提出较为科学和严密的管理体系(如图所示)。

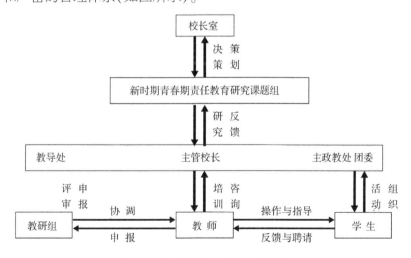

图 6　设置管理和过程操作管理模式

四、研究方法流程

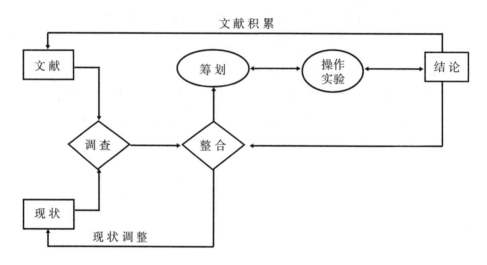

图7 新时期青春期责任教育操作试验中行动研究的方法流程

五、责任行为教育活动设计操作系列

　　培养学生的社会责任意识,就是培养学生学会处理个人与集体、个人与社会、个人与国家的关系。根据各年级学生的特点和自我意识的发展层次,对学校责任专题和班级主题班会的内容进行精心设计,形成系列,开设系列化的讨论专题和主题班会,并相应地开展一些校级文化建设活动和社会实践活动。

表4　校级讨论专题、主题班会、文化建设活动和社会实践活动

年级	讨论专题	班团队会	文化滋养	社会实践
七年级	1. 社会召唤责任感 2. 哪些行为是美的 3. 如何塑造美的人格 4. 为生命贺彩,珍爱生命	1. 公民社会责任感讨论会 2. 青年英雄人物学习 3. 中国革命传统歌曲欣赏 4. 心中有他人,心中有集体 5. 观看"青春期性心理发展电视录像" 6. 观看"性道德与法律"的电视录像	1. 开展墙报编辑设计评比活动组织"名人名著读书活动" 2. 开一个师生联欢会 3. 进行一次篮球或羽毛球等体育比赛 4. 历史人物爱国故事收集	1. 开展校内公益劳动活动,使学生在活动中获得帮助他人、尽力尽责的体验 2. 街头小广告清除活动 3. 了解人们是如何为社会尽职尽责的 4. 到社区参加"青年志愿者"活动
八年级	1. 怎样加强品德的自我修养 2. 做合格公民 3. 公民的责任有哪些	1. 树立正确的人生观 2. 理解他人与被理解 3. 尊重他人与被尊重 4. 理想思索 5. 让青春更美好	1. 组织一次班际级辩论会(主题、筹备、实施均由学生设计、主持) 2. "扛起责任"主题演讲比赛	1. 参加"绿化美化山城"活动 2. 作文征文活动大赛 3. 参观陈云纪念馆、四保临江烈士碑扫墓活动
九年级	1. 如何树立公民社会责任感 2. 防病治病、预防艾滋病 3. 公益活动的意义	1. 政治理想 2. 学业理想 3. 路在脚下 4. 做时代的强者	1. 坚持读报、听新闻,了解国内外政治时事 2. 美化生活环境 3. 积极开展体育达标锻炼	1. 组织一次以参观企业、社区为主的"远足"活动 2. 参加一次志愿者公益活动 3. 采访一位社会名人,了解他的成长之路

教育——有心无痕

吉林省白山市第十六中学　庄惠晶

新时代背景下,习近平总书记指出:祖国的青年一代有理想、有追求、有担当,实现中华民族伟大复兴就有源源不断的青春力量。中华民族伟大复兴,终将在广大青年的接力奋斗中变为现实。所以我们深感学校教育承担的责任重大,我们所培养的学生应该有强烈责任感,有担当,勇于挑重担,为实现中国梦贡献力量。在这样的时代背景下,我校提出了责任教育理念。责任教育是指通过一定的教育内容、途径、方法,培养责任主体的责任素质,以使其对承担的职责、任务和使命加以确认、承诺并履行的教育。

我校地处城乡结合部,学生的流动性较大,行为习惯比较差,学生家长的素质偏低。大多数家长没有时间也没有精力和能力来帮助学校共同教育和管理学生,所以教育学生的重担落在教师的身上。教师不仅要关心学生的学习,还要了解学生的生理、心理成长,沟通同学间的关系、学生与父母的关系,等等。针对从学生们身上发现的种种问题,我校设立了责任教育课题,并进行了详细的调查和研究。通过学校领导、老师的共同努力,部分存在各种问题的学生们,不论从学习习惯、学习方法还是从学习成绩上都取得了一定的进步。以下是责任教育案例分享。

一、实施时间

2020 年 9 月至 2020 年 12 月。

二、实施过程

(一)基本情况

小杭,13 岁,男孩,初中一年级学生。小杭聪明好动,思想活跃,想法多样,学习上喜欢投机取巧,不喜欢背诵。课堂上时常溜号,注意力不集中。小杭和同学交往比较融洽,集体荣誉感强,具备男孩所具有的一些基本思维。

(二)发现过程

上学期,我担任七年级两个班的英语教学任务,并代一个班的副班主任工作。刚刚步入初中生活的孩子们还带着小学生的稚气和任性,随意性强。刚刚经历了一个月的学习生活,我就发现了一个孩子与众不同,在他的身上存在很多问题,课堂上表现为好动,注意力不集中;喜欢标新立异,不服管束;总有自己的小心思。这些问题虽然不是大问题,但累积起来就变得不容忽视了。

一天, 我正在上课,突然教室里传来压抑的笑声,我回头一看,就禁不住恼火起来。小杭将叠的纸飞机拿在手里,正若无其事地玩着。我的火气一下子就起来了。下课后,我把他叫到办公室,他不紧不慢地跟我走进办公室,脸上没有丝毫的胆怯。我询问他为什么在课堂上折纸飞机,孩子的理由让我哭笑不得。他说:"因为这部分内容我已经学会了,所以我想做点习题,但又没找到,不敢和别的同学说话,只能自己折纸飞机。"

听完孩子的话,我没有马上批评他,而是快速地分析他的话,从他的说话内容里我得出这样一些信息:小杭没有放弃学习;他对于班集体有全局意识,没有恣意妄为地打扰别的同学学习;他的纪律意识有所缺失;他的逻辑条理清晰。总结起来就是这个孩子需要深入的理解和走进内心的教育。

三、具体措施

想到这里,我没有大发雷霆,而是针对他话语里渗透出的信息逐一跟他分析。首先,我肯定了他能够掌握所学知识点的学习热情,这是他尊重学习的表现。其次,我指出他不尊重上课老师、自律性差的缺点。最后,我让他反思自己哪个地方做得有问题,并且保证以后不再犯。通过谈话,我感到小杭由最初的无所顾忌,到后来羞涩地低下了头。他的心理发生了变化,由抗拒到理解再到认同。他向我保证类似事情不再发生。第二天的课堂上,小杭表现出乎意料得好,这是一种情感认同的表现。

我深知,一次谈话并不能真正改变孩子的做事方式和思维方式。青春期孩子的思维方式和做事方式的形成与他从小至今的生活及家人是密不可分的。所以我与他的父母进行了沟通了解。小杭自小和爷爷一起长大,爷爷的性格有些强硬,从小便灌输给孩子一种思想——只要受到欺负就必须还回去。小杭喜欢玩的东西,喜欢做的事情爷爷一定会满足。后来小杭回到父母身边,父母对孩子也是百般溺爱,尽可能满足所有要求。这就逐渐导致孩子思想另类,无所惧怕,总期待与众不同。孩子步入青春期后,渴望在同伴群体中得到认同,加之受到图书、电视和媒体、手机等的影响,最终形成了这种情况。

四、创新点

第一,家校联系,承担家庭责任。与小杭家长协商后,让家长在家中做到不溺爱、有底线;规定看手机的时间,进行思想谈话。如若不行,老师出面,暂时保管手机。家校间经常沟通其表现,及时对小杭思想进行梳理。与孩子沟通,设置例如"我是家庭小主人"等活动,令孩子形成承担家庭责任的思想。

第二,与孩子携手,设定自我责任担当。时时观察孩子在班级内的表现,做到奖罚分明,公正公平。对孩子好的表现及时表扬,不对的思想及时纠正,晓之以常规的思想。走进孩子的内心,让他发自内心地真正意识到对与错,同时准备"小红本",记录自己每天"我的优点",并在班级分享。通过观察优点,反思缺点和不足,对自己负责。

第三,同伴影响,对他人负责任。关注孩子的身心健康。在班内安排座位时,特意选择性格安静、沉稳的孩子与他同桌,潜移默化地引导他的思维方式,学习和生活上互相给予帮助,从而达到对同伴负责。

第四,对集体负责。鼓励小杭积极参加班级的集体活动,如话剧表演、合唱等,增强孩子的集体责任意识。

教育学家陶西平说:"责任感是做人的基础。"人自身的发展、人与人的交往、人对社会的贡献,都来自明确的并且认真履行的责任。人的道德自律、遵纪守法也靠着责任感。我深知责任教育的重要性,在教书育人过程中,会遇到无数个"小杭",我要认真对待每个孩子,培养他们的责任感,让孩子们做一个有真正责任感的、能够实现中国梦的生力军。

家校共建,做负责任的教育

吉林省白山市第十六中学　李文英

在当今这个世界上,每一个人都扮演着不同角色,每一个角色又都承担着不同的责任。责任从本质上来说是一种与生俱来的使命,是一个人在社会上立足的重要资本。对于自己,责任心就是严于自律,为自己负责;对于他人,责任心就是感同身受、推己及人;对于社会,责任心就是关心社会、胸怀大义。责任心,是个人进步、家庭和谐、社会进步的内驱力。

2020 年,我被学校安排到九年级任课。我发现班里的于同学特别不对劲,他留着短短的、有点怪异的发型,上课或者呼呼大睡,或者找身边的人小声讲话。在课堂上,于同学多次与我顶撞,为了惩罚他,起初我让他写保证书,他从开始上交保证书到后来拒绝上交保证书。我严厉批评他,他总是抱着无所谓的态度。批评多了,导致我们的关系变得僵化。直接批评教育效果不理想,我就静下心来反思。以前我总是戴着有色眼镜对待于同学,总看到他的缺点,于是负面情绪先入为主。一个人不可能都是缺点、没有优点的。于是我拿出来一张纸,仔细地把于同学的优点写在上面。我自己查了一下,竟然有五条。比如和同学交往不计较、大气包容、喜欢学习文科科目,偶尔上课也很专注,会提出问题,等等。于是我改变策略,在和班级同学的交流中主动了解他的情况,知道他由于学习成绩差而自卑,产生了破罐子破摔的心理。然后,我又给于同学的家长打电话沟通,了解到父母离婚对于同学的影响很大,他的学习成绩急转直下,性格也改变很多。

俗话说:"教育无小事,事事是教育;教育无小节,节节是楷模。"只要想做事,才能去做事、做好事;只要牢记责任,才能谈得上尽心尽力。一个人能力有大小,但有了责任感,就会有打败困难、履行职责的强烈使命感,就会有动力、进取和勤奋工作的热情。如果任由孩子继续颓废,这个孩子后半生就可能继续浑浑噩噩;若教师能循循善诱,精心转化,这个孩子也许会散发光芒。内心迷茫的孩子需要一个人站出来给予指引,我认为,这个人应该是我,也必须是我,因为这是我的责任。

于是我耐心地多次找他谈心,语气温和地与他谈学习、谈生活、谈理想,树立自信心,有时给他带点好吃的,或者送个学习用品。我试着站在他的角度上考虑问题,我也能明显感觉到于同学渐渐的改变和进步。我记住了于同学的生日,在他生日当天把他叫到办公室来,给他买了个生日礼物,钱虽然不多,但是我想让他感觉到来自老师的关怀和温暖。我和他说了许多,当时我看到他眼里隐隐的泪花。从此之后,于同学和我的关系开始缓和了,他不再在我的课堂上睡觉、顶撞。反之,开始听课、写作业了,他的考试成绩也有很大提高。我和他约定成绩提高20分,就送给他一个礼物。当我在班级里把礼物交到他的手上时,我看到他眼睛里许久未看到的光芒。此后我的办公桌上偶尔也会收到小礼物,我知道这些小礼物是来自于同学。

学生们像一株株稚嫩的小花苗,但每一株都有与众不同之处,因此更需要我们用不同的方法去浇灌、呵护。从于同学的身上,我看到了学生需要老师的关怀,学困生更需要老师的关心与帮助,虽然他们的学习基础差,但是他们也要被尊重,需要被人关注,需要老师亲切、随和的谈话,需要不断地进行双向情感交流。所以我们应该去接近他们、亲近他们,和他们谈心交心。

于同学的变化是可喜的,但他总是反反复复、时好时坏。教师的爱和引导固然重要,而家庭的作用却是深刻的。家庭教育对于未成年人来说有着决定性的意义。孩子们的性格的养成、世界观的形成,总是带有家庭的影子。如果于同学的父母不参与到于同学的进步中来,于同学的进步是不牢固的。我绝不能只看到孩子眼前的进步就沾沾自喜,更要为孩子的未来铺好路。

我又积极地和家长做好联系和沟通,更多地了解到了于同学的家庭情况。他跟随爷爷奶奶同住,父母再婚后重组了家庭,母亲又生育了一个女孩。父母离婚前家庭关系就非常紧张,离婚后父母双方都顾及自己家庭,对他更是疏于关心。缺乏家庭温暖的孩子找不到归属感和方向,情绪和情感总是不稳定的。我和于同学的父母反映了他在校的进步情况,他们也感到欣喜。我们也商量约定好,父母今后要多关心孩子,要多陪孩子,不仅关注孩子的生活,更要关注孩子的成长,更要给予他情感的支撑和依托。家庭不完整的孩子需要父母更多的关心和呵护,孩子的父母也要有更多的责任感。我也和孩子的爷爷奶奶经常沟通联系,及时了解孩子的动态。

通过家校共建,于同学精神面貌有了很大改观,脸上笑容多了起来,各科成绩也有大幅度提高。面对未成年人成长中出现的问题,家长和教师必须寻找措施来解决,创建宽松和谐的家校关系,教师应该尊重、信任家长,与家长建立平等合作的伙伴关系;热情帮助家长,不断提高家庭教育水平;教师与家长都要具有高度的责任感,积极主动地做好家庭和学校的有效沟通。学校教育与家庭教育的协调一致,才能促进学生全面健康成长,形成健康健全的人格,才能更好地走向社会,走向未来。

班主任与责任教育

吉林省白山市第十六中学　刘永丽

一、案例项目简介

(一)实施时间(2006年5月至2016年7月)

我校实施的"新时期青春期责任教育的研究"课题,是中国教育学会"责任教育操作实验研究"的子课题,课题于2006年5月确定为吉林省教育科学"十一五"规划课题后,我校持续进行对其的研究推广。

(二)实施过程

作为"责任教育操作实验研究"课题的参与者,我着重研究了班主任的责任教育。班主任是班级教育工作中的组织者、领导者,除了组织正常的教学,更要与家长沟通好,关心学生的生活和健康,因为这对学生心理素质的培养起着至关重要的作用。

(三)具体措施

利用班主任工作的便利性,运用经验总结法,总结班级管理的经验,细心观察、潜心研究,为建构新的教育科研课题管理模式打好基础。通过与学生座谈、家长访谈和书面调查等形式,广泛听取教育研究专家、教师、学生和家长的意见,使研究工作贴近学生心理实际,以便于找准责任教育的发力点。

二、案例内容

现代学生应具备适应终身发展和社会发展的必备品格,"核心素养"之一是要有责任担当。然而,现在好多的孩子都生活在长辈的过度关爱中,对责任的理解较模糊,较空洞,而且也总认为责任离自己较远。其实,社会责任包括生命责任、学习责任、集体责任等,这些就在我们身边。我就要从这些入手,履行作为教师的责任,培养学生的责任意识。

从教二十多年,教育前辈陶行知一直是我学习的楷模,陶行知先生所说的"先生不应该专教书,他的责任是教人做人;学生不应该专读书,他的责任是学习人生之道"是我从业的座右铭。每届学生的第一次见面,我一定会郑重告诉他们,来学校是来学习的,可学习并不是最重要的事情,最重要的是学做人。

学生小张,体型健硕,受母亲影响,喜好运动。母亲在家为其置办器材,练习拳击。本是锻炼身体的好事,但是小张本身脾气暴躁,又自诩"打败本市无敌手",崇尚武力,与同学交往,动辄拳脚相加,凡事拒绝沟通,在小学就是老师最头疼的学生。上中学后更是因个头高而有恃无恐,只因其他班级同学走路姿势像"大哥"便出手"教训"一下,甚至因桌位琐事便对女生大打出手。班级同学惧而远之,同校有"共同爱好"的学生却聚拢而来。几次与小张谈话,告知学校纪律,却毫无起色,小张一听老师找自己便立刻面有警惕。有同事劝告我,这种孩子会毁了整个班集体,不如找个机会让其重新择校。我当然明白同事的好心,小张的确让我寝食难安。但,他是我的学生,当初他进了我的班级,我就有责任教他做人,把他推走,自己省心省力了,可这个孩子呢?他还是个未成年的、人生观价值观没有完全形成的孩子啊。美国的托德·威特克尔教授说过:"优秀教师每做出一项决定都要问自己:这个决定会使谁最舒服?会使谁最不舒服?他们把每个人都当作好人对待。"孩子有缺点,但他不是个坏人,作为老师,我有责任教导他。没有改变,那就是我针对他的教育方式没有找对。对了,他酷爱运动,那我就从此处下手。爱运动且能坚持的孩子一定有毅力,懂得为自己的健康负责,当然他也是个有责任意识的孩子,引导好了,一定是个好苗子!

班级好多同学不爱运动,逃避跑操,体育课上偷懒,尤其长跑时,更是跑得气喘吁吁。而跑道上的小张却轻松自如，帅气洒脱。我就在每次例行点评时，表扬小张，并且把这表扬上升到一定高度。我告诉孩子们，一定量的课外运动是学习的保障，"身体是革命的本钱"，没有好的身体，何谈学习？不运动是对自己的健康不负责，爱运动、有毅力的孩子会更自律、更优秀。那一刻，我关注到，被批评时总是一脸不在乎的小张居然羞涩地挠着头笑了。我因势利导，故意在班级说："我想开展体育活动，可我对这些体育活动不懂，得找同学帮帮我，老师会买好吃的给大家作为奖励哟。"望着小张高高举起的手，我知道自己离成功近了。体育活动既能发挥小张的特长，激发他的兴趣，又能在活动中增强集体凝聚力，找他帮忙也会让他有份责任心。整个活动，小张带队，发挥特长，积极参与，表现出极强的责任意识。活动圆满结束，我们师生几人在冷饮店听着音乐，吃着冰激凌，聊运动，聊集体，聊责任。在这种轻松的氛围中聊天，教育水到渠成。

我当然要好好表扬小张的，我懂得赞扬的力量不容小觑，我要以赞扬的方式告诉他，老师一直都认为他是个好孩子，是个有能力、有责任心的好孩子，如能正确处理人际关系，在沟通的基础上去处理矛盾，并且把精力放在学习上，就会变得更好。

从小被"骂"大的小张，渐渐有了改变，脸上的暴戾之气没有了，身边的朋友增多了，学习成绩也稳步提升了。最重要的，他对一直抵触的班集体有了责任感，再做事时，他会先考虑班级的利益，而不是自己的得失。

陶行知告诉我们："真教育是心心相印的活动，唯独从心里发出来，才能打动心灵的深处。"用心帮助学生是我们为师者的责任。

真正优秀的教师懂得关心学生。懂得行为、信念与情感相连，情感启动变化的力量。我希望我的每个学生都能笑对生活，尽管这对于有些学生来说，很难。

几年前，我在教室里初见小魏同学时，无波无澜。小魏同学长相普通，穿着平常。刚组班时，没分座位，个子小小的他蜷缩在靠墙的桌子后。几天后，我发现，他很少正面迎接老师的目光，眼神闪躲，肩膀下意识地总是耸起，恹恹地趴在桌子上，与同学的应答也很敷衍，偶尔的微笑只是略略地牵动下嘴角。小小年纪的他却被浓重的暮气笼罩着。我当时就在想，这应是一个有故事的孩子。接下来，我发现，这孩子不爱学习，作业写得一塌糊涂。一般来说，刚上初中，学生是不会出现这种现象的。发现他"不合群"后，同学也开始对他指指点点。

几天后，小魏的母亲来到了办公室，解开了疑团。原来，小魏同学有先天性学习障碍。小魏智商、情商均正常，但是无法正常学习，不能理解学习内容，尤其是理科。小魏上到小学四年级才确诊有此病，在这之前，家长和老师都认为孩子是不认真，不努力。小魏的父亲是现役军官，母亲是公司财会人员，二人无论如何都无法接受自己的孩子总是倒数第一。严厉的管教、同学的嘲讽让小魏越来越自卑，甚至有自闭倾向，孤独、沮丧、无助，小小的孩子失去了生活下去的勇气，一再流露出厌世的情绪。直到北京专家给出明确诊断，父母悔不当初，孩子学习不好并不是最可怕的，孩子的心理问题才更棘手。

得知真相，看看泪流满面的小魏母亲，再看看操场上孤单落寞的小小身影，想想尚在军营的父亲，我知道我肩上的责任有多重。孩子是来学习的，更是来学做人的，孩子要在学校时期就培养他们的社会责任感，培养他形成积极的人生态度，认真对待生活。社会责任包括生命责任感，我们每个人对自己及他人的生命要珍爱和敬畏，要有生命意识，要明确作为一个生命个体，要担负起自己的责任，树立正确的人生观。

"为了苦孩，甘为骆驼。于人有益，牛马也做。"陶行知先生能做到，我也要试一下。

首先，我找机会支出小魏同学，向班级同学说明情况，善良的孩子们立刻产生了共情，明白应该如何做。

其次，我针对小魏的自卑心理产生原因，"对症下药"。批评过多会让孩子直接放弃。得到的批评如果过于频繁，反而可能让孩子彻底放弃。小魏从小听到的"不"太多了，他需要鼓励。数学无法理解，但语文生字默写基本可以，那就一周来一次生字考试，小魏把全部精力放在背诵生字上，考试时竟也能考得不错。这时，我便会很诚恳地表扬，同学们也会不吝赞赏。每当此时，我都会注意到他眸中燃起的亮色，那本就是青春该有的光芒。

他有学习障碍，可并不影响正常生活。小魏受父亲影响，把自己的物品整理得井井有条，连草稿纸上的书写都整洁有序，这可是一般独生子女不具备的。每当路过他的座位旁，我都向他伸出大拇指，微笑着看向他。是的，微笑，我要让他感觉到老师对他的关注和爱，从不会因为他考试不及格而减少。我愿用我嘴角上扬的弧度打败他生活中的种种不如意。

身为语文老师，我可以把我的语文课堂作为阵地，潜移默化地培养孩子们的责任意识,尤其是生命责任,我要让他们意识到生命的宝贵,我们每个人都有责任保护自己和他人的生命,并且去努力提高生命的质量。我有意识地给孩子们印发了一系列文章,推荐了一系列读物:《举着易碎的瓶子》告诉他们生命的脆弱,我们要小心呵护;《那些逝去的生命》告诉他们生命无常,唯有珍惜;《我与地坛》《摇着轮椅上北大》告诉他们此生难得,纵有磨难也要抗争,绝不屈服;《风景在心》告诉他们此生风景多变,感悟只在人心……

阅读的力量是无穷的,尤其是集体阅读。

要毕业了,小魏帮我整理班级抽签的签子,说是可以留给学弟学妹的。签子少了几个,小魏笑着说可以帮我补上。每个签子上要上下反正写上相同的四个数字,结果,写了几个后就开始出错了。我在讲桌前探个身子看他写,犹记得,写错后的他抬起头笑着对我说:"我写废了一个签,浪费了。"那时,他笑得好开朗,好阳光,一如教室外温热的太阳的光芒。我知道,我和他的母亲都不必再为他担心,他已走出那个泥潭。

此次课题研究让我更加明确,为师者,责任担于肩,承担的是一个家庭的希望,一个民族的希望。终将此重任肩负下去,用爱拥抱每个学生,同时,要教育每个学生承担自己的社会责任:热爱生命,认真学习,关心集体,关注社会,做一个有责任有担当的新一代。

"一扫而空"的责任心——责任教育对学生发展影响的案例研究

吉林省白山市第十六中学　田德霞

一、案例项目简介

(一)实施时间(2006年5月至2016年7月)

我校实施的"新时期青春期责任教育的研究"课题,是中国教育学会"责任教育操作实验研究"的子课题,课题于2006年5月确定为吉林省教育科学"十一五"规划课题后,我校持续对其进行研究推广。

(二)实施过程

本课题主要是通过行动研究法和实验研究法开展责任意识和责任行为研究,通过系列责任意识培养讲座、电视录像、办墙报、校报、文化走廊等显性课程和校园环境建设、社会活动等隐性课程的方式实施教育研究。

另外,通过家校及社区间互相配合,及时反馈发现的问题,解决问题。

(三)具体措施

首先,采用现代化信息技术手段,广泛收集和查阅国内外有关青春期教育的研究文献资料。其次,邀请有关专家开展青春期责任教育学术报告或举办座谈,使课题组成员掌握全面责任教育的专业理论知识。再次,运用经验总结法,总结教育科研传统管理的经验,吸取精华,为建构新的教育科研课题管理模式打好基础。最后,通过座谈、访谈、书面调查等形式,广泛听取教育研究专家、教师、学生和家长的意见。

二、案例内容

（一）案例描述

几年前，我接手了新的班级，担任班主任及语文教学工作，班级管理也随之展开。因我校地处城乡结合地带，班级学生大多家境普通。经过近一个月的规范管理，学生们在校时基本上可以保持良好的学习习惯，形成了良好的学习氛围，可以说班级管理已经初步进入正轨。

然而，学校组织的一次月考活动出现了让我始料未及的情况。事情的经过是这样的：学校定于 2017 年 9 月 26 日进行新生第一次月考，需占用班级教室作为考场，同时我们班还负责五个备用考场的清扫工作。根据需要清扫的考场数量，我将班级学生分为六个卫生清扫小组，由班长张同学在下午放学后组织学生进行卫生清扫工作。

卫生做到一半时，班长找到我说，位于二楼的备考室一和备考室二清扫卫生的人手不够，她一个人实在帮衬不过来。我感到十分诧异，每个清扫小组的人数相同，怎么会出现人手不够的情况呢？

我来到二楼两个出现问题的备考室，发现两个备考室各有三名学生在打扫卫生。我拿出分组名单进行比对，发现是张、丁、李、王四名学生未在备考室清扫卫生。我马上联系了四名学生家长，原来四名学生已经回家了。这四名学生为什么会明知身负清扫任务，还故意逃避打扫卫生呢？

我又巡视了其他考场，发现大部分学生都能认真打扫卫生，留下来的学生中只有齐同学对卫生清扫工作持有敷衍塞责的态度，清扫地面时只扫大块垃圾，对于细小的碎屑视而不见；拖地时只拖教室过道，无视座位下的尘土，甚至和其他学生小声抱怨自己怎么没有和其他同学一起离开。

面对这种局面，我陷入了沉思，近一个月的班级规范管理的成效怎么竟被一场月考清扫工作而"一扫而空"了呢？

（二）问题梳理

上述我亲身经历的事情促使我不得不思考以下三个问题：

为什么会出现上述这种情况？

采取哪些有效措施解决上述问题？

科学合理的责任教育能对班级管理乃至学生的一生产生什么样的积极影响？

（三）案例分析

心理学认为，当一件事情的完成涉及一个群体中的所有成员时，每个人的责任感就会减弱。也就是说，所有成员都存在一种心理：这件事即使我不去做，还会有其他人会去做，每个人可以将自己看作旁观者而置之事外，这就是分散效应或者说是旁观者效应。分散效应的根源是责任意识缺失。责任意识就是清楚明了地知道什么是责任，并自觉、认真地履行社会职责，在参加社会活动的过程中，通过自觉意识将责任转化到行动中去的心理特征。然而受社会环境、家庭环境、学校教育及个体因素的影响，学生责任意识的外显程度也有所不同。案例中四名学生逃避清扫卫生，一名学生持敷衍塞责的态度实则就是责任意识缺失的一种表现。

作为班主任，我最担心的不仅是今后卫生清扫时可能还会出现相同问题，还有这种逃避卫生清扫的现象所折射出的责任缺失对学生身心、学习积极性、学生长远发展的影响等深层次问题。忧心之余，我认为必须及时寻找解决途径，积极主动地将班级管理工作的"被动"转化为"主动"。

（四）解决策略

通过对理论学习和前期实践情况的对比分析，结合班级管理的成熟经验，我决心从以下三个方面着手解决问题：

1. 加强学校教育的引导作用与家庭教育的保证作用，形成责任教育合力

月考结束后，我将张、丁、李、王、齐五名学生带到办公室，对其逃避卫生清扫的原因进行询问，帮助学生分析错误所在，并指出该行为是一种责任心缺失的表现，同时强调，责任心缺失会对人的一生产生危害，以此引导学生从主观上重视责任意识的养成。

为了保证学校责任教育的有效性，我十分重视家庭责任教育的配合作用。为此，我专门邀请以上五名学生的家长来校开家长会，在询问了五名学生在家庭中的表现后，嘱咐家长一定要树立正确的教育观念，不仅要在生活和学习上关心照顾孩子，还要在孩子的独立人格和独立精神上进行有意识地培养，不要再将其当成一个

小孩子来看待,而是要尊重他,将他看成是一个成年人,促使他们能够拥有自我认知能力,敢于对自己的行为负责,建立一定的自我责任意识。家长还要有意识地培养孩子的家庭意识,尊重孩子在家庭中的地位,使其承担一定的家庭责任,比如孝敬父母、照顾老人、做家务等力所能及的事情,引导孩子学会关心他人、帮助他人,培养孩子的社会责任意识。我还建议家长要带孩子多参与社会活动,帮助亲戚邻居处理一些事情,相互之间互相帮助,使孩子能够感受到社会大环境的温暖,从而了解社会生活,建立对社会发展的信心,有意识、积极地参与到社会生活中来,并不断地建立社会公德意识和法律意识,逐步承担起自己应尽的义务。学生只有在家庭中担负起相应职责,建立起责任意识后,在校时才不会逃避应有的责任。

与此同时,我在月考结束的当天就安排所有学生制作关于卫生习惯和责任意识的手抄报及黑板报,强化责任教育在班级文化环境中的渗透影响作用,让学生时刻接受责任意识的熏陶和教育。

2. 制定责任意识奖惩制度

根据责任意识外显的强弱制定相应的奖惩制度。对勇于承担责任的学生进行积分奖励。比如给予案例中留下来认真清扫卫生的学生以积分奖励,积分累积到一定程度后可以兑换奖励卡,奖励卡作为评定各项考核的重要参考。对于逃避责任的学生给予扣除积分的惩罚。如果想重新赚回扣除掉的积分,可以通过为班级清扫卫生、为班级做贡献、提升班级荣誉等途径来实现。以奖惩制度来引导学生树立责任意识,提升责任感,实现责任教育的目标。

3. 加大责任意识的考核比重

依据班级目标管理具有导向性、激励性、明确性等功能,出台清晰的责任意识考核标准,并将责任意识考核结果计入各项评比活动中,同时加大责任意识考核比重,以引导学生提升责任意识。例如,学校评选入团积极分子时,学习成绩中上的张同学成功入围,而学习成绩相对较好的李同学和王同学却未能入围。原因就是依据责任意识考核标准,张同学因历次卫生清扫时所体现的责任意识分数要高于其他二人,经综合评比后,张同学成为入团积极分子。通过这种形式潜移默化地影响和带动所有学生提升责任意识。

4. 创新点

本案例中的创新点在于解决策略中奖惩制度和考核比重这一方法应用的创

新。以上两种策略有效巩固和发展了期望行为的出现,鼓励了先进,抑制了后进,促进了学生整体责任意识的形成,具有适用范围广,效果良好的特点。

(五)成效与启示

目前,责任教育工作已在我班实施近三年的时间,对学生发展的积极影响已经初步显现出来。学生由最初的逃避打扫卫生到现如今的勇担责任,不仅班级卫生达标,班级整体环境清新整洁,更令人欣喜的是,学生的责任意识逐步形成后,已经能够自觉内化为责任能力,这种责任能力促使学生积极做好分内之事的同时还会努力帮助他人,自觉维护班级利益。学生不仅在校期间表现出强烈的责任意识,在家庭中也展现出良好的主人翁精神。据家长反馈,学生在家庭中会自觉地承担相应的家庭责任,关心照顾家庭成员,家庭氛围更温馨更和谐。可以说,经过近三年的责任教育,学生们已经成长为一群敢担当、敢负责,人人履职尽责,个个堪当重任的小当家、小能手。

培根曾说:"责任心是世界上最珍贵的种子,它若早早播种在孩子的心田,将会收获一生一世的幸福。"责任感对孩子的成长来说是一种特殊的营养,它能帮助孩子更好地成长。责任感是一个人人格的重要组成部分,一个有着强烈责任感的人会对自己、家人乃至周边的事物都承担起应尽的责任,会努力把自己应该办的事办好,而一个没有责任感的人不仅会逃避自己的责任和义务、得过且过,甚至还会拖累自己的团队。通过本案例,笔者得到了在责任教育方面的几点启示:一是作为班主任,在管理班级时要立足于班情,制定相关措施时,要尽可能做到客观、公正。对于细则内容要细化、量化,使之更具可操作性。在推进新措施时,需螺旋式推进,切不可操之过急,急于求成。二是班主任要始终站在学生长远发展的角度,以生为本,促进学生清醒地认识自己的责任,勇敢地承担责任,成为对自己、对社会问心无愧之人。三是在班级管理过程中,班主任要具备善于发现问题、分析问题和解决问题的能力。如在学生出现责任意识缺失时,能够客观冷静地思考对待,能从问题表象剖析到实质,剥离出主、客观制约因素,找到问题的症结所在,并及时引导学生重新建构责任意识,完成责任教育目标。

让阳光照到"影子学生"

吉林省白山市第十六中学　朱黎、冯博、韩雪梅、宋思佳

一、案例项目简介

(一)实施时间(2006 年 5 月至 2016 年 7 月)

我校实施的"新时期青春期责任教育的研究"课题,是中国教育学会"责任教育操作实验研究"的子课题,课题于 2006 年 5 月确定为吉林省教育科学"十一五"规划课题后,我校持续对其进行研究推广。

(二)实施过程

本课题主要是通过行动研究法和实验研究方法开展责任意识和责任行为研究,通过系列责任意识培养讲座、电视录像、办墙报、校报、文化走廊等显性课程和校园环境建设、社会活动等隐性课程的方式实施教育研究。

社团工作是青少年责任教育的重要途径,其特殊的研究方式能及时反馈发现的问题,进而解决问题。在研究过程中,我利用本人参与开发的校本教材《青春航标》及专题责任教育课程理论,有针对性、有实效地开展青春期学生责任意识问题的研究工作。

(三)具体措施

首先,采用现代化信息技术手段,广泛收集和查阅国内外有关青春期教育的研究文献资料。其次,邀请有关专家开展青春期责任教育学术报告或举办座谈,使课题组成员的掌握全面责任教育专业理论知识。再次,运用经验总结法,总结教育科

研传统管理的经验,吸取精华,为建构新的教育科研课题管理模式打好基础。最后,通过座谈、访谈、书面调查等形式,广泛听取教育研究专家、教师、学生和家长的意见。

二、案例内容

责任教育是我校"十一五"期间所承担的课题,本项目于 2006 年立项,2009 年结题。我在这次课题研究中参与并承担了教学案例的研究工作和校本教材的编写。本案例是我在社团教学中遇到的。

(一)案例实施过程

1. 第一阶段:发现问题案例

本案例的主人公是一名八年级的女学生小语。我们的初次相识是在我负责的剪纸社团里。社团成立之初,人数不多,一群女孩子叽叽喳喳的分外吵闹,几节课下来,我并没有关注到小语。每次社团活动,她都默默的,很难让人注意到她,典型的"扔到人堆里找不着的"类型。有一天,社团活动结束后,我想选一个人负责管理活动室的钥匙,询问之后,竟然出现了尴尬的冷场,平时活泼的学生都像哑巴了一样,一时的寂静让我非常尴尬。保管钥匙不是一份轻松的工作,每次活动之前要到老师这里取,还要提前开门等同学和老师,所以出现了开头的一幕。不甘心的我又巡视了一遍学生,大家躲着我的目光,不愿意做。当我看到角落里的小语时,她胆怯又犹豫的目光望着我,我像是抓到了救命稻草一样,脱口而出:"就你来负责吧!"她很意外地张了张嘴,一副不敢相信的样子,遂即红了脸,点了点头。

我开始关注小语:学习成绩中下,家境普通,重男轻女的家里还有个弟弟。小语身材胖胖的,皮肤黝黑,上课下课总是戴着口罩,头发总是油油的,遮着半张脸,很不利索的样子。她的校服不仅有些旧,而且还紧紧地裹在身上。小语坐在班级最后一排,不调皮也不讲话,影子一样的存在。之后的社团活动前,小语每次都准时来取钥匙,依旧默默的,没有过多的话。

2. 第二阶段:解决问题案例的具体措施

在之后的社团活动中,我尽可能多地给她关注,甚至有些"偏爱"。剪纸时,样稿让她先挑,让她帮忙收发剪刀,甚至还把她的座位安排在我旁边。渐渐的,从焦虑不安到从容,小语越来越自信了。有一次,社团要录像,我特意强调了一下衣着、容貌要求:女同学要把头发洗干净、校服弄整洁。说完,我特意看了看小语,她看着我,笑了一下。第二天,上社团课时,我发现小语的头发洗得干干净净,扎了个马尾辫,清清爽爽的,我不禁脱口而出:"小语,原来你这么好看!"小语脸红了,眼睛里有光在闪。

　　小语这样的学生在班级里,容易受到同学的轻视与冷落,教师应适当给予"政策倾斜"。一次比赛,要剪作品。同学们在挑样稿,一个个争着抢好看的作品,小语看上了一幅作品,难度大些,她犹豫了一下,手刚拿到样稿纸,立马被另外一个同学抢了过去。她生气地张了张嘴,欲言又止,涨红着脸。看到这里,我对另外一个同学说:"这是小语先选到的稿。""可她根本剪不了,何必浪费样稿呢?""剪不剪得了,是她的事,稿子谁先拿到算谁的。"我没有让步,小语不知所措地说:"老师,给他吧,我确实不一定能剪好……"小语的声音越来越小。"我相信你能行,你对自己没有信心吗?自己都不相信自己,别人怎么会相信你呢?老师相信你能行!小语心细又认真,一定行!"小语把样稿卷起来,拿在手里,郑重地说:"我一定好好剪,谢谢老师。"这次的样稿难度大,后期我帮助她处理了一些细节部分,作品完成的时候,社团里同学们都很意外。小语获得了认可,她很激动,小声跟我说:"老师,谢谢你。"我拍着小语的肩膀,对大家说:"小语同学对待工作认真负责,管理钥匙尽心尽力,乐于奉献,不计较个人得失,是我们大家学习的榜样。虽然她也有不足,可是,这并不影响她成为我们欣赏和敬佩的人。"同学们给小语鼓起掌来,小语眼睛红了,害羞地低下头。

　　3. 第三阶段:巩固成果

　　小语马上要上初三了,下学期的社团活动也不能再参加了。一天下班,我远远地看见小语等在办公室外边,见到我来了,她把我拉到一边,从书包里拿出一盒牛奶,塞到我手里:"老师,祝你节日快乐。"我忽然想起来,今天是妇女节,我收到了意外的礼物。"谢谢你,老师,我不会忘了你的。"小语红着眼睛,泪水落了下来。"我不要求学生都能记住我,我希望你能记得我说过的话,相信自己,你是最棒的,不管将来你做什么,都要记得,自己是最棒的,你只要努力了,老师就高兴了。还记得我给你们唱的那首歌吗?""记得。""'白日不到处,青春恰自来。苔花如米小,也学牡丹开。'角落里见不到阳光的青苔都努力绽放自己的美丽,敢和牡丹比较,我们生而为人,仅有一次的生命,怎能不使出浑身解数,让自己的生命之路绚烂多彩呢?老师希望你像苔一样,即使普通,也要有自己的精彩。"

小语郑重地点点头。

(二)案例反思

在日常教学中,不缺少关注的有两类学生:尖子生和淘气的学生。前者因为优秀,不容忽视,后者最能吸引老师的目光,因为他们总是惹麻烦。相对来说,这两类学生在老师和家长那里得到了足够的关注度,从心理学的角度来讲,这是好事。而日常教学中,教师面对的大多数学生是那种默默无闻、存在感极低的中等生。这类学生学习成绩平平、各项活动表现平平、甚至很难引起老师和同学的注意,也容易被忽视。这样的学生并不是甘于平庸、不渴望关注,有的也很有才华,只是缺少表现的机会和勇气,又不善于给自己创造机会,从小的家庭教育没有给到足够的关爱和鼓励,如果得不到关注和引导,将来面对社会时,会出现一些问题,凡事不去争取,缺少上进心,久而久之,对发展不利。据研究发现,孩子在婴幼儿时期得到足够的关注、爱以及包容,成年后面对挫折和困难时会表现得更为从容和自如,抗挫折能力强。同样的,这样的学生缺少的是自信和勇气,如果教师在日常教学中对其关注度不够,就很难让他们得到勇气和外在的帮助及指导。教师在教学中,面对的是几十个学生,怎样来关注"影子学生"呢?

首先,爱每个学生,无条件地爱。

这句话说起来容易,做起来难。好学生能得到大多数老师的关注和爱护,而"影子学生"无声无息的,很难引起老师的关注。课堂上,老师讲课的时候,眼睛在这样的学生身上多停留几秒钟,一个对视的眼神、一个微笑,这都是一种关注。这种关注会带给学生一种积极的心理暗示:老师很喜欢我,关注我,说明我是老师心中很重要的人,我要努力配得上老师对我的重视。这种回馈的心理会引导学生向积极的方向努力。学生有了正向的目标,就为前进指明了方向。

其次,让他们参与班级日常管理工作。

班级事务管理大多是班委会的成员负责,这些成员又多是好学生和沟通能力强的学生组成。教师可以将这些职务流动起来,让每个孩子都有锻炼和表现的机会。老师都会有这种体会:学习方面不是很强的学生,往往在其他方面会有优秀的表现,例如,有的学生擅长管理花草,可以把班级的花草交给他负责。有的同学心细,可以让他管理班级的学习用品发放。加德纳的"多元智能理论"就是很好的论证。

最后,扩展教育评价的宽度。

应试教育前提下的教育环境,老师和家长更看重的是精英教育。选拔性的教育难免会忽略不够优秀的学生,可教育是面向全体学生的,面向所有的未成年人。社会需要各种人才,各种各样的人都应该有自己的舞台。教育应该让所有受教育的人通过学习,认识和挖掘自己的强项,找到适合自己的位置,发挥出自己的特长,这才是我们要努力的目标和方向。

(三)案例创新点

本案例从学生的人格培养的角度出发,关注了人数最多、受关注度最少的中等生的性格养成,从日常教学的点滴事件入手,关注这些学生的需求,给予必要的帮助和扶持。使这些孩子在学校这个环境中得到应有的关注和鼓励,对学生健全人格的养成做些努力,弥补家庭教育中对孩子关注度不够的问题。

教育家第斯多惠曾经指出:"教育的艺术不在传授的本领,而在于激励、唤醒和鼓舞。"这种艺术源于教师人格魅力的影响。这种力量不需要宣讲便能散发出一种强大的吸引力、号召力。希望我们通过努力,帮助这些"影子学生"成为阳光少年。

桃李无言,下自成蹊——责任教育创新案例

吉林省白山市第十六中学　王丹丹

春去秋来,鸿雁过往,转眼之前,师范院校毕业后,我已经为人师者十多年了。

因为有爱,所以尽责。一直以来,我都把教师这一职业当成是我的终身事业。我爱语文,因此,我学了汉语言文学专业,因为爱孩子的天真、纯净,我来到了学校,从此肩上多了一份责任。

在我校实施的"新时期青春期责任教育的研究"课题的基础上,我结合班级学生实际,开展了责任教育实践活动研究。

一、案例描述

（一）个案基本情况

田野(化名),男,14周岁,留守儿童。

（二）案例实施时间

2009年9月至2012年6月。

（三）案例实施过程

本案例主要是通过行动研究法和实验研究方法开展责任意识和责任行为研究,通过课内外延伸方式培养学生责任意识,增强学生责任感。

此外,通过家校间互相配合,及时反馈发现的问题,解决问题。

（四）案例具体措施

首先,采用知识拓展迁移手段,广泛收集和查阅国内外有关青春期教育的研究

文献资料,选择适合留守儿童的方式,创设情境,探究问题实质。

其次,运用经验总结法,总结教育科研传统管理的经验,吸取精华,为改变学生心理,提高责任意识打好基础。

再次,通过谈心、家访等形式,广泛听取学生和家长的意见。

二、案例具体内容

2009 年,我大学毕业后,几经辗转,带着满腔的热忱和希冀,来到了白山市大镜沟,成为一名语文老师,开始了我的教学生涯。我有了自己的学生,有了自己的兵。乡村学校一个年级只有一个班,班上只有十几名学生。第一次见到班里的孩子时,看着他们饱满的小脸上亮晶晶的眼睛,我笑了……如今,我已工作十余年,曾有彷徨,曾有迷茫,但更多的是无数感动和喜悦,我始终记得我工作之初遇到的那个叫田野的孩子……

(一)问题行为

当时我教七年级,和大多数孩子朴实、憨厚的性格截然不同,田野活泼好动,我来上课的第一天就认识他了。这个孩子很热情,思维也很活跃,但就是不学习。下课了就是"大闹天宫"的"孙悟空",恨不得"翻江倒海",上课不是趴在桌子上睡觉,就是搞一些小动作。这样一个对自己前途不负责任的孩子,很是让人头疼。

一切变得不一样是我在讲《秋天的怀念》时开始的。课文讲了史铁生的母亲为了儿子的双腿四处奔波,想尽一切办法让儿子开心,积极活下去。就在要带他看菊花的那一天,母亲倒在血泊里,从此每年秋天,妹妹都推着他去看菊花,以此来怀念母亲。课文很感人,很多孩子眼睛里都溢出了泪花,我注意到田野破天荒的没有睡觉,抬起头,认真地听着……

(二)解决策略

1.通过课堂教学,建立师生沟通桥梁

我心中一动,知道这是一个教育孩子的好机会。于是,我趁热打铁,带领孩子们阅读史铁生的《我与地坛》,对史铁生的人生进行了解读,孩子们震撼极了,教室里静静的,午后的阳光照进来,我看见了希望的光芒。我给他们留了一份作业,请大家写一写自己的亲人,母亲、父亲都可以,大家要写一写他们不为人知的独特的经历。

我注意到田野,当他听史铁生与母亲的故事时就低下了头,肩膀一动一动的。这孩子大概是有心事。放学了,我把他留下来,几经劝说,这个看起来一切都不在乎的少年终于号啕大哭,把隐藏在心底难过都说了出来。

2. 剖析原因,对症下药

他说自己之所以这样不学习是为了让妈妈回来,爸爸去世了,他和奶奶一起生活,妈妈出去打工,一年只有正月十五以后才能回来一次,一次只住一星期。他原来以为妈妈是不爱他,不要这个家了。却不曾想,妈妈是用她全部的力量多挣钱给他,让他读书,让他有出息。学习了史铁生的故事,他猛然间想到,自己的妈妈对自己不也是一样小心翼翼地吗?妈妈忍受那么多苦楚,而自己却故意淘气不学习,用这种方式让妈妈留下来,实在太不应该了。

他说:"老师,我喜欢您读的那个《我与地坛》的故事,你能借我看看吗?"

他说:"老师,我也要像史铁生一样,为了让母亲骄傲而努力,做一个负责任的儿子,更要做一个对自己未来负责任的人。"

他还说了很多很多。我也和他分享了我的母亲的故事。我告诉他,天下母亲对待儿女的心都是一样的。

田野写了十多篇作文,都是他和他妈妈的点滴故事。我很惊讶,这样的一个孩子心思居然如此细腻,一篇文章居然能使一个孩子发生这么大的转变,这些朴实的孩子们和亲人的苦乐人生让我非常震撼。

3. 家校合作,增强责任意识

后来我又去家访,看见了田野的奶奶,找到了田野妈妈的联系方式,把田野的作文说给他妈妈听,这位朴实的妈妈也哽咽了,说自己尽管是为了孩子才出去打工,但也亏欠孩子太多……我也给她一些建议,多打些电话,尽可能多回来一两次,或者在假期的时候把孩子带在身边……

三、创新点

此案例在责任教育方法上采用知识迁移法,从课内延伸到课外,作为语文教师,不仅要让学生学习经典文章,更重要的是通过课堂教学延伸到课堂外,让学生与作品相融合,真正感悟文章所要传递价值观,使学生有一颗健康的心,培养其责任意识。对于问题学生要始终有爱,特别是留守家庭的子女,要从各个方面去爱他,去感化他,去保护他,肩负起教育留守孩子的责任。这是一个漫长而具有挑战的过程,为此我们始终要保持本心,多一些耐心,少一些厌烦;多一些温暖,少一些冷漠;多一些赞美,少一些指责。

四、解决效果

从那以后,田野一直都很努力。三年之后的中考,他也取得了理想的成绩。再后来,他考上了一所211的大学。大学毕业,他来看我,看着这个昔日的淘气包,言谈之间,神采飞扬,他和我谈起自己已经报名参军,我仿佛看到了他穿上戎装的那一刻,我在他的眼里又看到了责任的力量。我相信他为妈妈而努力的梦想实现了。

当老师的我们,生命中会遇到很多个学生,每一个学生对我们而言,不过是许多孩子中的一个,而对于学生来说,我们确是他们生命中遇到的有限的老师。一句不经意的话,一份温暖的关爱,就有可能促使他们生命轨迹的改变。因为热爱,所以责任重大。对教育事业绝对忠诚是我埋在心田里的种子,一有机会,一定要细心呵护,让他长成参天大树。所以我的教学是快乐的,我喜欢滔滔不绝地讲述中华五千年的华夏文化,喜欢学生徜徉在文学的海洋中,唐诗、宋词、元曲、明清小说,一路走来,我的孩子羽翼渐渐丰满,看着他们学有所成,看着他们在放学的路上一边跑着一边大声背着"仰天大笑出门去,我辈岂是蓬蒿人",我感到了由衷的喜悦。

五、案例反思

责任胜过能力。从田野自身的转变中,我感受到了责任教育神奇的力量,它就像一根魔法棒,不知不觉地对孩子施起了魔法。责任的魔法棒,唤醒了孩子沉睡的心灵,改掉了孩子慵懒的坏毛病,让孩子欣喜地接受着改变,并且终身受用。

可是,好的魔法棒也需要有好的魔法师使用,才会起到事半功倍的作用,老师的关注、鼓励和指点无疑是一支有效的促进剂,它可以让孩子在责任的车轮上感受到成功的喜悦,前进的动力,努力的方向,从而不知疲倦地稳步前进。

  愿我们每位老师都手执戒尺,眼中有光,灵魂有爱。愿我们和孩子一同成长,征途漫漫,桃李芬芳是我们共同期待的明天!

构建担当教育体系,彰显学校育人特色

河南省濮阳市油田第八中学　郑玉祥、米东伟、聂洁①

一、案例情况

(一)实施时间

2018 年 9 月。

(二)实施过程

学校德育工作领导小组在"和谐德育"研究课题取得一定成果的基础上,结合学校实际情况,经过"走出去、请进来",反复研究、论证,提出"担当教育"作为学校教育特色。

学校构建了担当教育体系,根据各年级学生特点制定了分层实施方案,按照分层递进、螺旋上升的原则进行了研究实验,并不断总结研究成果,使担当教育步步深入,成果显著。

(三)具体措施

濮阳市油田第八中学是濮阳市油田教育系统唯一因地震异地搬迁进城、目前仍无独立校舍的寄宿制初中。自 2010 年构建担当教育体系以来,我们始终牢记"立德树人、全面发展"的办学思想,始终坚持以"管理育人为主导,文化育人为主轴,课堂育人为主体,活动育人为主角,协同育人为主调,实践育人为主线"的教育

---

① 作者简介:项目负责人郑玉祥为河南省濮阳市油田第八中学校长。

理念,以"育德固本、担当铸魂、追求卓越、开拓创新"为办学理念,以"打造担当文化、弘扬担当精神、培育担当品德、锻造担当灵魂"为办学特色,创建教师、学生、家长三位一体的担当教育体系,全面提升了整体办学水平和学生综合素质。

二、担当及担当教育内涵

(一)担当

担当字面上是承担、担负的意思。担当是一种品质,一种节操,一种大智慧,是以对事业、对组织、对个人高度负责的态度来做好我们的工作。担当要有三个"度":一是高度,要本着为人民教育事业负责,能促进师生持续发展的高度去思考、谋划、实施一系列的教育教学任务;二是深度,做工作不能满足于应付检查,要从有利于师生发展的实际出发,把工作做得好、做得精、做得深,经得起历史检验;三是角度,就是要站在国家和人民的角度,站在有利于德智体美劳发展的角度,去考虑问题,谋划教育,培养合格接班人。

做到担当要解决好三个方面的问题:一是要解决好思想上的问题:明确方向,搞清楚担当是为了什么。二是要解决好能不能的问题:即能不能担当、善不善于担当、担不担得起来、解不解决问题。三是要解决好魄力和胆量够不够的问题:即敢不敢担当,有没有魄力担当。

所以,自信是勇于担当的基础,是成功的起点和发展导向;担当是品质,是价值的导向;成人是教育目的,是担当的期望和目标导向。

(二)担当教育

担当教育的基本含义是靠自己而不依赖他人,接受挑战并担当责任。它主要包括担当意识教育、担当能力教育、担当行为教育、担当情感教育和担当品质教育等。其核心内容是"科学管理,打造担当文化;立德树人,培育担当精神;教书育人,形成担当品质;全面发展,锻造担当灵魂",简言之,就是要培养师生爱国爱党、成人成才、爱岗敬业、卓越进取、团结奉献的担当精神,就是教会学生创造性地完成分内之事的教育,就是"责立八中、担当世界"。

三、担当教育的实施方略

我校始终坚持"立德树人、全面发展"的办学思想,以"知行合一、担当尽责"为核心价值观,以"崇德明理、诚信担当、博学求是"为校训,以"文明和谐、爱岗勤奋、奉献创新"为校风,以"习担当、正其心、敢担当、修其身"为育人方法,以"中国复兴有我在"为育人目标,绘制了担当教育发展蓝图,构建了担当教育体系,开启了系列化全员育人新模式。

(一)营造和谐育人环境,落实担当责任

学校首先成立了由党、政、工、团、家长委员会,以及年级组、教研组、班主任、科任教师、学生会主要干部组成的学校特色建设领导小组,完善教育体系,进行明确分工,落实了全员参与、育人为本的任务。其次,注重育人环境的营造。学校根据各年级、各层次教育活动的特点,引导师生不断构建各种和谐关系,如个人的身心和谐、与家人的和谐、与班级团队的和谐、与班级同学的和谐、与社会的和谐、与国家的和谐、与世界的和谐、与大自然的和谐,等等,使校园呈现出人人和谐、身心和谐、人与社会及国家和谐、人与自然和谐的良好风貌。

(二)打造担当教育体系,强化担当育人职责

担当教育体系分为教师担当、学生担当和家长担当三部分。

1. 教师担当

教师担当是决定学校担当教育成败的关键。教师只有树立强烈的担当信心,切实更新观念,增强自身素质,才能发挥教育主导作用,努力优化课堂教学的内容、过程、方法;与家长密切配合,把学生培养成"学会做人的人""聪明的人""健康的人"和"幸福的人"。为了能使教师坚守担当,强化责任心,学校专门制定了教师担当条例进行量化考核。

2. 学生担当

学生担当是学校实施担当教育的主体。作为学生,学习是他们最基本、最能体现担当尽责的方面。我们首先要求老师们抓好课堂教育。要求课堂不仅要授业,还要传道。每一堂课都要抓好对学生学习习惯养成的教育,要时刻使学生明白

"作为一名学生,不仅有责任培养自己良好的学习品质和学习习惯,还要磨炼学习意志,培养在学习中做事认真的态度,加强对自己课堂纪律的监督"。其次,抓好主题班会教育。主题班会是通过围绕主题开展活动、体验、总结、评比等,让学生充分审视自己是否具备了担当意识。再次,是抓住设立班级岗位的教育机会。班主任要利用设立班级岗位的机会,给每个学生提供参与班级管理的契机,让不同层次的学生在适合自己的岗位上寻求实现自我价值,达到"事事有岗、岗岗有人、人人担责"的教育目的。

3. 家长担当

家长担当是学校责任教育实施的重要环节。家庭是孩子成长的第一课堂,父母是孩子的第一任老师,培养学生的担当精神,离不开家长的配合。学校要求班主任召开家长会、发送家校通或进行家访等,其主要内容都要围绕担当教育进行。学校为此专门设计了一套"学生家庭担当行为考察表",内容涉及整理房间、做家务活、孝敬父母、礼貌待客等方方面面,每月由家长考核后填报给班主任,班主任整理后进行月评比、表彰。

(三)注重教师队伍素质提高,坚守担当品质

1. 加强理论学习,强化提高教师队伍素质

通过为教职工订阅理论学习书刊,组织学习讨论,不断提高其理论水平;通过"走出去、请进来"及校本培训的方式,组织学习先进的担当教育经验,撰写教育论文,多元吸纳,逐步提高教师队伍的素质和能力,为担当教育的有效开展奠定基础。

2. 开展坚守担当品质的师德教育

主要通过开展"如何在工作中处理好五种关系,勇于担当"的主题教育活动,促进爱岗敬业、坚守担当校风的形成。在活动中通过"一查、二考、三评"的考评方式,使各科教师结合本学科特点,自觉做到对担当教育的有意渗透、有序渗透、有机渗透、有度渗透、有效渗透,强化了坚守担当品质的形成。要处理好的五种关系是:要热爱学生,处理好与学生的关系;要尊重家长,处理好与家长的关系;要转变观念,处理好与社会的关系;要团结协作,处理好与同事的关系;要共谋大业,处理好与领导的关系。

(四)以"三自"教育为抓手,培养学生担当尽责的习惯和能力

对学生担当习惯和能力的培养,主要是通过以"学习自主、生活自理、行为自

律"为抓手的"三自"教育开展。

1.培养学生的爱国情操,奠定担当品质形成的基础

主要通过向学生推荐中外优秀图书,利用多媒体定期播放爱国主义经典影视剧,开展以弘扬爱国主义和中华传统文化为主旋律的每日诵读、知识竞赛、演讲比赛、专题板报及手抄报比赛,以及国旗下讲话等活动,激发学生爱国热情,培养学生民族自豪感,逐步使学生体会到"小事讲奉献、大事讲担当,从小我担当、长大能报国"的家国情怀。

2.抓常规、促养成,追求担当教育实效

首先,持续开展文明中学生达标活动。达标内容从日常行为规范入手,学校制定了"十枚证章"的达标内容和方案,人人参与达标。其次,继续开展学生综合素质评定。评定内容包括学习成绩、行为规范、体育活动、集体活动、班级服务、好人好事、荣誉奖励、违规违纪等诸多方面,考评成绩在校园网络公示,家长、学生可以随时查阅。再次,坚持正面激励,多层次表彰。表彰的集体项目有:周间操、纪律、升旗、学习进取优胜班级;月文明班级、文明宿舍,月纪律、卫生优胜班级;学期先进班级、进步幅度大班级、宿舍管理先进班级、"舒馨屋"等。个人项目的表彰有:"十章之星""综合素质十佳中学生""八中综合素质希望之星""文明中学生""文明标兵""年级学习状元""学科学习状元""劳动能手""个人卫生标兵""日常行为规范标兵""进步幅度大学生""八中荣誉旗手""规范住宿生""优秀寝室长"等。这些表彰逐步培养了学生自我约束、自我磨砺、互相督促、共同进步、敢于负责、勇于担当的良好品质。

3.通过量化考核,不断增强班主任的担当意识

为了培养班主任敢于担当的品质,我们通过"一重二档三会六查"开展工作。"一重"是重培训,包括定期组织校本培训和"走出去、请进来"培训;"二档"是建立班主任考核档案和班级困难学生转化档案;"三会"是开好班主任工作周例会和每周一次班会、每月一次班级评比会、一学期一次班主任工作经验交流会;"六查"是查计划、目标,查班主任班会教案和实景,查班内教育园地建设,查差生转化情况,查班主任工作总结及自我评价,查班级特色活动等。

4.抓好专题教育,分层递进,培养学生担当能力

在初中一年级,以"争做合格中学生"为重点,开展了"立规成习"的养成教育

活动;在活动中要求教师要落实一个"训"字,学生突出一个"练"字,最后归结到一个"恒"字。在初中二年级,以"迈好青春第一步"为重点,开展了"正确认识自我,做自己主人"的成人教育活动,活动引导学生逐步树立了正确的交友意识,为防止早恋和其他不良交友现象的发生奠定了思想基础。在初中三年级,以"莫等闲,白了少年头"为重点,开展了"立志为中华腾飞而发愤读书"的教育。在初中四年级,以"给初中生活留下完美句号"为重点,开展了"迈好人生第一步,成人成才双达标"的正确人生观教育。

在年级开展主题教育活动中,学校把担当教育分解为八个活动主题,制定了各主题实施细则,依据学生年龄特点进行了分层实施。

这八个主题的主要活动内容是:自我担当——侧重安全健康、幸福成长教育;家庭担当——侧重尊重体贴、感恩分担教育;团队担当——侧重尊重关心、分工合作教育;同伴担当——侧重坦诚有礼、尊重包容教育;社会担当——侧重关注参与、学会奉献教育;国家担当——侧重爱我中华、学会担当教育;世界担当——侧重国际理解、合作共赢教育;环境担当——侧重环保节俭、天人和谐教育。

(五)构建"三结合"教育网络,使担当教育社会化

我校与关工委密切合作,建立了校外教育委员会,定期邀请他们给学生和家长开展担当教育的专题报告,宣传学校办学思想和方针,检查督导学校工作,及时反馈社会、家长对学校工作的意见或建议,密切学校与社会的关系,使担当教育走进了家庭、社区,巩固了教育实效。

四、坚守担当催熟了累累硕果

担当教育体系的构建,催熟了累累硕果。

几年来,我校学生日常行为规范达标率达到96.7%,优秀率达到86%,行风评议社会满意率达到99.7%,家长评教满意超过98.4%。

学校先后荣获全国校园文化建设先进单位、生命教育和责任教育德育先进实验学校等;河南省教育科研先进学校、示范性家长学校、心理健康教育先进实验学校等;濮阳市文明单位、"五一"劳动奖状、文明校园、平安创建工作先进单位、五好关工委、德育工作先进学校、优秀家长学校、教育系统家庭教育工作先进单位、师德

师风先进学校、先进党支部、慈善捐款先进单位、"五四"红旗团委等;濮阳市油田教育中心先进学校、先进家长学校、先进基层党支部、德育工作先进学校、教学管理先进学校、团队工作先进单位、教学质量工作先进学校、科技教育工作先进单位、五好关工委、特色学校创建先进单位等荣誉称号。

一个人有多大担当,就能取得多大的成功!只要狠抓担当教育实效,就能早日实现把学校建设成为"精神文明的校园、培育人才的学园、发展个性的乐园、陶冶情操的花园"的目标。

五、担当教育的创新点

构建完整的教育体系,打造学校担当特色文化,全员参与,把教育特色融入学校日常教、学、育、生活的各个环节,铸造了学校担当之魂。

班级实施担当教育的探索

河南省濮阳市油田第八中学　张建想①

一、案例情况

（一）实施时间

2018 年 9 月至今。

（二）实施过程

通过主题班会、教研会、家长会和课题专题会等形式,对担当教育的指导思想、担当的内涵、担当教育的意义、担当体系构建和实施方略进行学习,使师生和家长都了解学校当前的举措以及在班级担当教育过程中的参与者。大家共同协作来完成所有事情,大家的思想统一到有效实施案例中。

（三）具体措施

本案例是在创建特色学校的大背景下进行的。作为寄宿制初中,自构建担当教育体系以来,学校坚决贯彻国家"把立德树人作为教育的根本任务,培养德智体美劳全面发展的社会主义建设者和接班人"精神,始终坚持"立德树人、全面发展"的办学思想,始终牢记以"管理育人为主导,文化育人为主轴,课堂育人为主体,活动育人为主角,实践育人为主线,协同育人为主调"的教育理念,以"育德固本、担

---

① 作者简介:项目负责人张建想为河南濮阳市油田第八中学团委书记。

当铸魂、追求卓越、开拓创新"为办学理念,以"打造担当文化、弘扬担当精神、培育担当品德、锻造担当灵魂"为办学特色,紧紧围绕"办担当教育特色学校,让每一位学生得到发展,让每一个家庭收获成功"这一办学宗旨,倾力打造教师、学生、家长三位一体的担当教育体系,全面提升了整体办学水平和学生的综合素质,逐步形成习担当、敢担当的办学风格,取得了显著教育成果。学校成为河南省濮阳市最有特色、最具吸引力的全日制公办寄宿学校,这为早日实现建设一所"环境优美、校风优良、管理规范、事事担当、人人成才"的和谐校园目标奠定了坚实基础。

二、构建担当教育体系

(一)班级担当教育体系

班级担当教育体系可以包括个人承担、家庭承担、学校承担、社会承担的担当体系,每一个层次体系都有自己的核心主题。在担当教育体系构建中,应做到六个"进入":即"担当教育进入班级管理,担当教育进入主题班会,担当教育进入学科课堂,担当教育进入日常工作,担当教育进入家校合作,担当教育进入社会实践"。学校不仅对师生进行了"对事敬业担当,对人乐群担当,对己进取担当,对自然责任担当"的教育,还促进了担当教育精细化、生活化和常态化开展,确保教育的长效机制。

(二)班级文化精神

班级文化精神与校园文化精神是一致的,主要有以下几个方面:以"立德树人、全面发展"为思想,以"知行合一、担当尽责"为基本价值观,以"文化先进、特色鲜明、环境和谐、师资聪慧、学生优异"为目标、以"打造担当文化、弘扬担当精神、培育担当品德、铸造担当灵魂"为特色,以"习担当、正其心、敢担当、修其身"为育人目标。

(三)铸造"乐学明理、善思求新、自主合作"的学风

乐学:"乐"即喜欢、愿意,"学"即学习,乐学就是把学习当成一种快乐,而不是一种负担。明理:"明"是指明白、懂得,"理"是道理、方法,明理源于道家思想的明白道理。善思:即善于思考。求新:原意力求新奇异样,以示与众不同,这里是不拘

泥和苟同于固有的知识和学问,不因循守旧、墨守成规,追求创新及发散思维之意。自主:以自己为主体,在自己做主、不受外界干扰的情况下,通过阅读、听讲、研究、观察、实践等手段,使个体得到持续变化的行为方式,通过自己独立地分析、探索、实践、质疑、创造等方法,达到"自我导向、自我激励、自我监控"的目的。合作:个人与个人、群体与群体之间,为达到共同目的彼此相互配合的一种联合行动和方式。这里是指在学习中共同创作、共同从事。

三、营造和谐育人环境,落实担当尽责

引导师生不断营造各种和谐关系,如:个人的身心和谐、与家人的和谐、与班级团队的和谐、与班级同学同伴的和谐、与社会的和谐、与国家的和谐、与世界的和谐、与大自然的和谐,等等,使校园处处呈现身心和谐、人人和谐、人与社会、国家和谐、人与自然和谐的一派大好景象。

四、抓常规、促养成,追求担当教育实效

首先,继续开展文明中学生达标活动。达标内容从日常行为规范入手,确定"十枚证章"达标内容和方案,人人参与。为了强化学生的达标意识和效果,不仅公布达标成绩,还通过大会颁奖、宣传栏通报等形式大力表彰。这项活动的开展,培养了学生自我约束、自我磨砺、互相督促、共同进步、敢于负责、勇于担当的良好品质。

其次,继续开展学生综合素质评定工作。评定内容包括学习成绩、行为规范、体育活动、集体活动、班级服务、好人好事、荣誉奖励、违规违纪等诸多方面,考评分值在校园网络公示,学生、家长随时可以查阅。这些奖励措施,不仅符合中学生的年龄特点,有利于调动师生积极因素,还培育了习担当、正其身,敢担当、修其身的担当精神,促进了学生的全面发展,收到了良好的教育效果。

五、案例创新点

本案例针对性强,主要是针对寄宿制学校的班级开展的,有着特殊性,因此对参与者要求也有着与普通中学不同的方面。

本案例强调学生、教师、家长三方参与和协作,参与者各有活动的侧重点,但是都落实到"担当"上。

本案例构建的体系相对完善,对担当教育的内涵有了较为深入全面的诠释。

本案例效果突出,促进了学校特色教育的发展。通过构建担当教育体系,开展系列育人活动,师爱生、生尊师良好关系逐步形成,习担当、敢担当的教育特色更加鲜明。

以构建担当教育体系为基石,铸造学校文化之魂

河南省濮阳市油田第八中学　聂洁、沈涛、雷德印①

一、案例情况

(一)实施时间

2018 年 9 月。

(二)具体措施

河南省濮阳市油田第八中学,自 2018 年构建担当教育体系、铸造担当育人文化以来,始终坚持以"管理育人为主导,文化育人为主轴,课堂育人为主体,活动育人为主角,协同育人为主调,实践育人为主线"的教育理念,以"打造担当文化、弘扬担当精神、培育担当品德、锻造担当灵魂"为办学特色,创建教师、学生、家长三位一体的担当教育体系,打造担当教育文化,全面提升了整体办学水平和学生综合素质,使学校跨入了濮阳市德育工作和特色学校建设先进行列。

二、担当教育体系的构建

(一)体系构建的指导思想

以习近平总书记"我们共产党人的忧患意识,就是忧党、忧国、忧民意识,这是

---

① 作者简介:项目负责人聂洁为河南省濮阳市油田第八中学德育处主任。

一种责任,更是一种担当"的思想和指示精神为指引,坚决贯彻国家"把立德树人作为教育的根本任务,培养德智体美劳全面发展的社会主义建设者和接班人"的方针,坚持"立德树人、全面发展"的办学思想,秉承和发扬孔子"诲人不倦""因材施教""教学相长"、顾炎武"天下兴亡,匹夫有责"、李大钊"铁肩担道义"、毛泽东"为有牺牲多壮志,敢教日月换新天"等优秀思想的共有特点,把担当尽责理念引入学校德育体系,加强担当教育,不断培养师生的责任心和担当意识,为党和国家培养合格接班人奠定基础。

(二)担当教育的目的、意义

担当教育是公民道德建设的重要内容,是我校德育的首要目标,是实现我校办学目标、办学特色的重要途径。因此,实施担当教育,就是为了使广大师生树立对自己、家庭、他人、集体、祖国和生态环境担当的良好心态,增强师生的担当意识和担当能力,并逐步成为自我教育、自我管理、自我调节、自我发展的主体;就是为了使广大师生养成良好的担当习惯,自觉履行担当义务。

担当教育是涵养美德的教育,是解放学生、鼓励学生发现自我的教育,是尊重个性、激发学生内在潜能的教育,是提升人生境界、培养美好品德的教育。因此,担当可以培德,可以启智,可以陶情,可以长艺,可以健体。担当文化让精神特区充盈,担当德育让学生终身受益,担当教学促师生共同成长,担当管理使人人做好表率,担当环境助师生激情超越。

(三)担当教育体系的构建

遵循德育体系构建要坚持"分层递进、螺旋上升"的原则,构建担当教育体系。在横向关系上,我们构建了有利于培养四个层次的育人体系,即构建贯通的个人承担、家庭承担、学校承担、社会承担的担当体系,每一个层次体系都有自己的核心主题。在纵向关系上,我们依据四个年级构建了担当教育层级体系,各层级有自己的教育主题,每个教育主题都依据年龄特点突出了学校担当文化精神,形成了相互衔接、螺旋上升的教育体系。同时在体系构建中,还突出了六个"进入":即"担当教育进入学校管理,担当教育进入日常工作,担当教育进入学科课堂,担当教育进入主题班会,担当教育进入家校合作,担当教育进入社会实践"。这些措施不仅对师生进行了"对事敬业担当、对人乐群担当、对己进取担当、对自然责任担当"的教育,还促进了担当教育精细化、生活化和常态化持续开展,确保了教育的长效机制。

担当教育体系的构建,为学校担当文化的打造,学校素质教育的实施和精神文明建设奠定了基础。

三、铸造担当文化校魂

(一)学校文化建设的重要性及终极目标

学校文化主要包括学校历史传统和被全体师生员工认同的共同文化观念、价值观念、生活观念等意识形态,是一个学校本质、个性、精神面貌的集中反映;它具体体现在办学思想、校训、校风、教风、学风、班风及学校人际关系的各个方面。

学校文化是一种氛围和精神,是学校发展的灵魂,是一所学校形象特质及综合实力的反映,是凝聚人心、展示学校形象、提高学校文明程度的重要体现。优秀的学校文化有着巨大的凝聚力和生命力,能赋予师生独立的人格和精神,能提高学生的人文道德素养,能激励师生不断反思和超越;对学生的品性形成具有渗透性、持久性和选择性,对学生的人生观、价值观能产生潜移默化的深远影响,对培养跨世纪人才具有深远意义。

学校文化建设是校园文化建设的核心内容和最高层次,是学校实施素质教育和精神文明建设的重要组成部分,是"学校精神",是师生成长成才的内在需要,是推进学校和谐发展的重要载体。它建设的终极目标是创建一种氛围,以陶冶学生的情操,构筑健康的人格,全面提高学生素质。

(二)学校文化的打造及内涵

1.办学思想及含义

依据国家"把立德树人作为教育的根本任务,培养德智体美劳全面发展的社会主义建设者和接班人"的教育方针,学校确立了"立德树人、全面发展"的办学思想。"立德"是树立德业,为"人生三不朽"之首;树人为培养人才,终身之计莫如树人;"国无德不兴,人无德不立",立德是树人的前提和基础;德不立不能为人,也不能成才;立德是成人的根本,树人是教育的根本;育人是教育的原点,成"人"是教育的真谛;道德植于人,使人有了立根之基,成为一个大写的、有人性的人;在"立德树人"中培养健全的人格和高尚的品格,促进人的全面发展,这是教育的神圣使命,也是我校科学求实精神的体现。"全面发展"是指人在德、智、体、美、劳各方面的和谐发展;"德"指道德、修养,是生命的高度;"智"指知识、思想,是生命的深度;"体"是身体、健康,也就是生命的长度;"美"说的是审美、情操,是生命的宽度;"劳"狭义是指劳动,广义为建设,是培养学生进行劳动观念和劳动技能的教育,为生命的深度。"全面发展"也是我校对开拓创新精神的追求。

2. 学校的基本价值观

在"立德树人、全面发展"的办学思想指导下,"知行合一、担当尽责"被确定为学校的基本价值观。"知行合一"是指人的道德意识和思想意念,"行"是指人的道德践履和实际行动,"合一"为合成一体,统一起来;"知是行的主意,行是知的功夫;知是行之始,行是知之成",因此"知行合一"是指把人的道德修养与道德实践有机统一起来,并按照道德规范要求的行为去践履。"担当尽责"是指毫不犹豫、责无旁贷地挺身而出,全力履行自己的义务,并在承担义务当中激发自己的全部能量,简言之就是承担并负起责任。

3. 办学理念、目标、特色及育人目标

以办学思想和基本价值观为根基,学校确立了"育德固本、担当铸魂、追求卓越、开拓创新"的办学理念,和"文化先进、特色鲜明、环境和谐、师资智慧 学生优异"的办学目标、"打造担当文化、弘扬担当精神、培育担当品德、铸造担当灵魂"的办学特色、"中国复兴有我在"的育人目标,以及"一训三风"。

在办学理念中,"育德固本"是指培育人良好的道德情操,筑牢成人的正气基石,这也是我校科学求实担当精神的彰显。"担当铸魂"是指铸造我校学生敢于坚守、勇于担责的良好品质和高尚精神。"追求卓越"就是追求行业顶尖水平,向更高的目标迈进,这是一所学校的核心竞争力,代表了我校学生拼搏奋进的担当精神。"开拓创新"是要让自己的思想和思维与时代同步前进,把自己的新思想、新思维要落实到行动上,做前人没有做过的事情,这是我校与时俱进、敢为人先担当精神的体现。

4. "一训三风"的打造及重要性

学校的校训是"崇德明礼、诚信担当、博学求是",校风是"文明和谐、爱岗勤奋、奉献创新",教风是"守法敬业、爱生担当、教书育人",学风是"乐学明理、善思求新、自主合作"。

校风建设是校园精神的塑造,它作为构成教育环境的独特因素,体现着一个学校的精神风貌,在体现形式上主要表现在校训、校歌、校徽和校旗上。好的校风具有强大的感染力,使不符合环境气氛要求的心理和行为时刻感受到一种无形的压力,使每一位校园人的集体感受日趋巩固和扩展,形成集体成员心理特性最协调的心理相容状态。好的校风具有对学校成员内在动力的激发作用,催人奋进;对学校成员的心理发展具有保护作用,对不良的心理倾向和行为具有强大的抵御力量,有效地排除各种不良心理和行为的侵蚀和干扰。

教风是教师在长期教育实践活动中形成的教育教学的特点、作风和风格,是教师道德品质、文化知识水平、教育理论、技能等素质的综合表现。学风是指学生集体在学习过程中表现出来的治学态度和方法,是学生在长期学习过程中形成的学习习惯、生活习惯、卫生习惯、行为习惯等方面的表现。要抓好校风建设首先必须抓好教风建设,因为学校是育人的场所,是人才的摇篮,而教师是人才的培养者,理应在管理育人、教书育人、服务育人的过程中发挥主力军的作用。只有教职工树立起实事求是、艰苦奋斗、勤政廉政、团结协作、高效严谨、服务周到、细心耐心的工作作风,和为人师表、守法敬业、爱生担当、教书育人、治学严谨、认真负责、耐心细致、开拓进取的教风,才能引导和促进乐学明理、善思求新、自主合作、勤奋学习、积极向上、严谨求实、尊师重教、遵纪守法、举止文明的优良学风的形成。优良学风像校风、教风一样,对学校教育教学质量的提高,对学生人格品质的发展和完善,对培养学生成为德、智、体、美、劳全面发展都有重要意义。总之,没有良好的工作作风和教风,就难以形成良好的学风。

5. 积极构建学校和谐的人际关系

学校文化建设还包括学校领导之间的关系、学校领导与教职工之间的关系、教师之间的关系、教师与学生之间的关系、学生与学生之间的关系等学校人际关系的建设。良好的学校人际关系有助于广大师生员工密切合作,形成一个团结统一的集体,更好地发挥整体效应。

总之,构建特色的教育体系,是一所学校不断创新进步的基石和发展的保证,在特色建设中不断打造学校文化,是学校凝聚力、创造力的体现和进步的动力,是铸造学校之魂。因此,只有加强学校文化建设,充分发挥师生在建设中的主体作用,构筑全员共建的文化体系,才能极大提升学校的文化品位,形成巨大凝聚力,促进教育质量不断提高,实现素质教育和精神文明建设双丰收。

担当教育使"问题宿舍"升级为"舒馨屋"
——寄宿制学校担当教育案例

河南省濮阳市油田第八中学　罗述辉

一、案例实施时间

2018 年 9 月。

二、案例具体情况

"'习担当'——学习担当知识,练习担当能力;'正其心'——只有能担当、善担当,才能端正心思;'敢担当'——培育学生担当的气魄和品质,增强担当勇气;'修其身'——只有敢担当、会担当才能修养品性。"这是河南省濮阳市油田第八中学担当教育的内涵。作为濮阳市油田第八中学的一名班主任,我对此进行了深入的学习,受益匪浅,在解决教育问题的时候有章可循。

"担当教育"对成年人来说,是比较容易接受的,但是如果想让一名未成年的初中生全面理解,就有点难了。下面是一个发生在我和学生之间的真实案例。

作为濮阳市油田地区唯一一所公办寄宿制学校,在完成正常的教育教学任务之外,还承担着宿舍管理的职责。虽说宿舍只是学生休息的地方,但是,任何地方出了问题,都将会影响到学生的成长。

曾经,我们班一个男生宿舍出了一个不小的问题,一时间,这间宿舍马上就变成全校闻名的"问题宿舍"。

事情是这样的。一天晚上,11 点多了,他们宿舍卫生间的灯还在亮着,这早已过了熄灯时间，已经属于违纪了。宿舍值班老师就在门外透过玻璃观察了一会儿，又有一个学生进入卫生间，就在开门的时候，值班老师看到了里面的烟雾，后来进去的学生出来时，手里拿着充电器，像是在晚休时间违规玩手机，看到这些情况，值班老师当即让学生打开了宿舍的门，以便进去检查。

值班老师进入卫生间一看，地上有烟头，空气中有明显的烟味，更危险的是，在卫生间的照明线路上，有学生私自接出的一个插排，上面有一个手机充电器。这是学校明令禁止的，因为这样极易出现安全事故，对学生的人身安全是个巨大的威胁，这些情况早就在住校生中做过多次的宣传，进行过广泛的教育。

看到这样的情况，值班老师当即对相关学生进行了批评教育，并没收了充电器，但是，没有人向老师承认吸烟，手拿充电器的同学也说并没有拿手机。为了不影响同学们休息，当晚，值班老师没有再继续追究。

第二天早自习，情况反映到我这里，作为班主任，我当时的确有点生气，因为我们班的班风、学风都不错，学生也很少犯错，平时班里的各项检评，一般都在年级名列前茅，哪想到问题一出就不小。

趁着早自习的时间，我把八个小伙子叫到办公室，开始询问手机的问题，证据确凿，小伙子们无可辩驳，虽然有一个学生对没收他手机极度不满，但是校规就是这样的。可是吸烟问题就是没有人承认，甚至有人说是透过卫生间的管道从别的宿舍传过来的，我表示了极大的怀疑。为了不耽误学生上课，也为了能继续把情况了解得更详尽，然后再思考处理好这个问题的对策，我暂时停止了调查。我感觉，此时正是我对学生开展"担当教育"的绝好时机，一方面，可以让这八名学生明白什么是"担当"；另一方面，也可以把他们八个作为突破口，为下面担当教育的全面展开做好铺垫。

接下来，我去学生处找值班老师进行了详细的询问，得知地上有长长的烟头等一些细节。我面对的是初三的学生，他们都是大孩子了，我不能简单粗暴地处理问题。作为有十多年教龄的教师来说，问题处理本身不算难，但是处理过后如何能产生最好的效果？

上午最后一节自习课，我又把八个小伙子叫到办公室，首先通过了解的细节，确定了他们宿舍有人吸烟，即便是有由别的宿舍通过管道传入烟雾的可能，但这样长长的烟头便不可能落入他们宿舍的地板上。然后，我对他们做了耐心细致的思想工作。我主要谈了以下几个要点：

第一，为了我们的班风、学风和大家的健康成长，这个问题必须彻底查清，没有回旋余地。

第二，为了整个宿舍同学的和睦相处，我宁可查不出来，也不会对他们各个击破来找出说谎者，因为，对于班主任来说，那样做是很简单的，但是，这样离间了同学们的关系，让你们天天在互相猜疑中生活，把班集体搞散，是我不愿意看到的。我还是希望他们兄弟八个，在今后的日子里抱成一团，用集体的力量来战胜未来可能出现的各种困难。

第三，如果事情不能得到圆满解决，可能会需要家长的配合，这样是在把问题扩大化，产生的结果会更糟糕。

第四，犯错的同学如果不能承认错误，会让宿舍的其他同学背黑锅，这样你会始终不安，做人就应该有担当。

第五，作为年轻人，犯错误难免，重要的是要跌倒以后能爬起来。出了这件事情，虽然不是好事，但是我们一定能有办法能把它变成好事。如果人每经历一次挫折都能让他有所收获，这样就意味着挫折让他的人生更加厚重，人就会成熟得更快。如果通过这件事情，大家都能从中学到什么，进而在今后的人生中更加自信地面对未来，我们就已经把坏事变成了好事。

最后，事情既已出现，宿舍中的每个人都有责任。我不想因为我给大家的压力，让大家两头为难，甚至出现所谓的"叛徒"，大家现在也不必马上就表态，我希望大家今天回到宿舍后一起讨论一下，利用集体的智慧和勇气来正视和克服这个困难。等他们做出决定以后，再来给我说明。

一节课的谈话，马上起了作用。也许他们看到重感冒的我已经忙了整整一个上午，有了一些感动，没有等他们回去讨论，所有犯错的同学，立刻真诚地承认了各自的错误，并表示接受学校的各种处理，也保证今后不再这样的犯错。第二天，吸烟的同学主动交给我了烟和打火机，两个同学也将没有没收的手机当场交给了我，让我暂存。一场风波就这样化解了。

为了让全班同学都受到教育，第二天，我把整个事件向全体同学做了说明，犯错的同学也得到了一定的处罚。我也把给他们谈到的上文的六个方面进行了简单说明，尤其向同学们强调了第二点，让同学们感到我是在真心为他们好，我希望我的班是一个团结、顽强、有战斗力的集体,只要我们师生真诚相待,互相尊重,互相帮助,就没有战胜不了的困难。

经历了这次的事件之后,"问题宿舍"成功转型为"阳光宿舍"。八个男生在相互团结、彼此信任的氛围中,凝心聚力、共同担当,宿舍的卫生、纪律都有了明显的改善,上学期结束时,他们宿舍还被学校命名为"舒馨屋"宿舍。

一次事件,一场谈话,一次担当,一生成长。"问题宿舍"作为担当教育的试金石,八名同学的转变测试了担当教育的成效!

责任担当教育案例
——孩子,你能行

河南省濮阳市油田第八中学　杨丽华

一、案例实施时间

2018 年 9 月。

二、案例具体情况

什么是责任？责任是能自觉、尽责地去做分内应做的事,能勇于承担过失,有担当。责任心是一种承诺,是一种品行,是一种修养,更是做一个优秀的人所必需的。作为一名教师,应该培养学生的责任感和责任意识,应该引导学生在家庭、学校、社会中寻找责任角色,使他们成为一个对自己、对他人、对家庭、对社会高度负责任的人、勇于担当的人。

2018 年 9 月,我担任新初一年级的班主任。新生报到那天,一个女孩引起了我的注意:她看起来很瘦小了,像是个小学一年级的孩子,肩膀有些倾斜,头略微往左偏,一双大大的眼睛看人的眼神有点怯生生的,一看就是个性格内向的孩子。

多年做班主任的我,不禁心生疑惑,脑海中闪过很多种猜想:她年龄偏小吗？是因为父母个子矮造成的？不管哪种原因,身高的特殊肯定会给这个女孩的心灵带来一些影响,看来,这是一个需要特别关注的学生。

随着时间的推移,我发现这个女孩虽然个子小,脑子却很聪明,独立自主性也很强,只是有时会流露出胆怯、郁郁寡欢的表情,这越发引起了我对她的喜爱和好奇,我想更多地了解她。

　　我查阅了她的档案,发现她上学年龄正常,为了避免伤害孩子的自尊心,我只好找机会向家长侧面了解。

　　开学两个月很快就过去了,学校举行了期中考试,小女孩取得了很好的成绩,全年级排名第五。开家长会的时候,小女孩的妈妈来了,我一见她妈妈,身高正常。我的心一沉,知道原因可能是最坏的一种。开完家长会,我把孩子的妈妈叫到了办公室,委婉地了解孩子的情况。她的妈妈含着泪告诉我孩子的情况:孩子得的病是脊椎侧弯,影响到了发育,有可能长不到正常人的身高。这种病治愈的可能性很小,再加上家里是农村的,孩子多,根本负担不起治疗的费用,所以家里也就不打算给她治疗了。父母看她学习还行,就想一门心思供她上学,好让她以后有个出路。只是孩子大了,知道了自己得的病,再加上个子太矮,总是在同龄人面前抬不起头,所以性格有些内向、自卑。她的妈妈恳求我多和孩子谈谈心,多鼓励孩子。

　　知道了女孩的情况,我既同情她的不幸命运,又为她的勤奋感到欣慰。我决定尽自己最大的努力帮助她,打开她的心结,引导她快乐、自信地学习、生活。

　　过了几天,趁办公室没人,我把女孩叫到了办公室。我先和她聊开学以后的情况,夸奖她取得的成绩,告诉她任课老师都喜欢她,看得出来,小女孩为自己取得的成绩很高兴,只是害羞得不敢抬头看老师。看着孩子因身高的自卑而不敢扬起自信的脸庞,我决定和孩子直面她不愿提及的疾病,让她不再去躲避,而是勇敢地面对。当我小心地问她:"你为什么总是那么胆小、内向、不开心? 是不是因为自己的个子矮?"小女孩听了,眼泪吧嗒吧嗒地掉了下来,小声地说:"我有病,可能再也长不高了,同学们肯定会笑话我是个矮子,我觉得丢人。"等小女孩情绪平静下来,我告诉她:"身材矮小不是你的过错,哪怕你再也长不高,可是你有聪明的头脑,你有手、有脚、有眼睛、有耳朵,所有这一切都是健康的,和那些身有残疾的人相比,你是幸运的。许多残疾人,都能做到身残志不残,扼住了命运的咽喉,取得了辉煌的成就:高位截瘫的张海迪,全身瘫痪的霍金……你不更应该好好生活吗? 我相信只要你努力,就能取得成功,你要记住:身高不是衡量人成功的标准,身高也不是赢得别人尊重的砝码,唯有你的精神才是最宝贵的。你的人生你做主,谁都帮不了你,你必须对自己负责。"小女孩抬起头,望着我,有点不敢相信地说:"老师,如果我努力,真的能成功吗? 真的能把握自己的命运吗?"我十分肯定地说:"孩子,我相信你能行。"小女孩像有了什么保障似的,信心十足地笑着说:"老师,我一定会努力的,我会对自己负责的,绝不让你失望。"看着小女孩脸上绽放的笑容,我知道,小女孩自卑的心锁已被打开,她的心中洋溢着自信的阳光。

这次谈话后,小女孩真的不再自卑、胆怯,她像一个小勇士,在学习的道路上越冲越猛,两年来,每次大考都没出过年级前十名,最好成绩是第二名,她用自己的勤奋和成绩赢得了全班同学的尊重和老师的喜爱。

孩子在成长的过程中,可能会因为各种因素产生自卑心理,对自己、前途、人生失去信心,这时候就需要我们找到症结,帮孩子打开心锁,点亮学生心中的灯,而开启心锁的钥匙可能就是一句"孩子,你能行""孩子,你必须对自己负责"的鼓励,可能就是一个温暖的拥抱,一个赞美的眼神……

托尔斯泰说过:"一个人若是没有热情,他将一事无成,而热情的基点正是责任心。有无责任心,将决定一个人生活、家庭、工作、学习的成功与失败。"勇于承担责任是任何人从平凡走向优秀的第一步。因此,在学生心智发育逐渐成熟、辨别是非的能力逐渐强大的关键时期,个体所形成的责任心水平对其个性人格的完善和发展有着非常重要的作用。我们要对他们的行为态度及时加以引导、纠正,使学生认识到责任是做人应具备的最起码的道德品质,从而使学生勇于承担责任,严格要求自己。这样,我们才能培养出一批批富有责任感的人才,我们的国家才会日益繁荣昌盛。

护卫国旗,担当使命

天津市第四中学　李青青、白迎和①

实现中华民族伟大复兴是近代以来中华民族最伟大的梦想,所有青年都应满怀爱国激情去开拓前进,担负起自己的责任与使命。高中学生作为新时代的接班人,引导他们形成正确的世界观、人生观、价值观,培养他们的爱国情怀和责任意识就显得尤为重要。我们秉承着这一方向,开展实践教育活动,引导高中学生"扣好人生的每一粒扣子"。

一、案例背景

习近平总书记在北京主持召开学校思想政治理论课教师座谈会上发表重要讲话,强调思想政治理论课是落实立德树人根本任务的关键课程,青少年阶段是人生的"拔节孕穗期"——拔节孕穗期指的是禾谷类作物从起身拔节开始至抽穗开花前这一阶段,这一阶段对于水稻生产来说十分重要,水稻要想获得高产,就需要耕耘者做好搁田、肥料施用等关键措施。青少年阶段最需要精心引导和栽培,而办好思想政治理论课关键在教师,教师是青少年"拔节孕穗期"的"耕耘者",用勤劳和智慧浇灌出祖国的花朵,为他们指点迷津,引领人生航向。爱国主义是对祖国的忠诚和热爱,是民族的凝聚力和向心力,是推动历史前进的一种巨大的精神力量。

顾炎武说:"天下兴亡,匹夫有责。"马克思说:"作为确定的人,现实的人,你就有规定、就有使命、就有任务,至于你是否意识到这一点,那是无所谓的。如果一个

---

①　作者简介:项目负责人李青青为天津市第四中学班主任、备课组长。

人有了责任心,那么他会努力把每一件事做得完美。"

二、实施时间

每周周一到周五,早上7:00,下午5:45。

三、实施过程及具体措施

随着深入学习贯彻习近平新时代中国特色社会主义思想,全面贯彻党的十九大和十九届二中、三中、四中全会精神,结合基础教育改革和创新工作的推进,此次活动以"深植爱国情怀"为核心教育理念,以"勇担民族大义"为践行教育目标。

(一)以"担当责任"为引领,通过仪式教育传递价值观念

以仪式的形式开展的教育活动,可以营造特殊的教育氛围,表达教育内容,传递价值观念。仪式庄严肃穆,触及心灵,能够让学生受到价值感召。

(二)以爱国活动为载体,理解爱国情怀

开展多彩丰富的爱国主义教育活动,培养学生爱国情怀。在活动中熏陶学生,在活动中教育学生,在活动中培养学生,意在激发青少年高度的历史责任感和使命感,发奋学习,积极进取。

(三)以实际行动为契机,增强责任使命

建立国旗护卫队,国旗护卫队成员负责每天的升降国旗,每天放学后,他们留下来降旗,每日清早,又早早地来到学校将国旗升起。无论刮风下雨、无论日常还是考试期间,从未间断。他们用行动承诺着自己的诺言,护卫国旗。

国旗一次次在校园升起,每当国旗冉冉升起的瞬间,路过的同学们都会面向国旗,肃立站好,这样的"仪式感"背后是一种家国情怀,更是发自内心的骄傲,因为这不仅仅是一面国旗,更是国家的精神支柱。

护旗手是骄傲的,同时压力也是巨大的,因为护旗手不仅仅是让人看着光鲜,在这光鲜之下是一份责任,一份担当,一份以生命守护国旗的铿锵誓言。他们守护的不仅仅是国旗,更是我们共同的精神家园。

国旗是我们大家的,"五星红旗,你是我的骄傲"不仅仅流传在歌声里,更回荡在我们的脑海里,践行在我们的行动中。国旗是我们的骄傲,而在我们共同的守护之下,国旗将更加光彩夺目。

国旗迎风飘扬,这上面飘出的是中国万里河山,飘出的是我们民族的精神,飘出的是我们为幸福不懈努力的坚忍不拔。总有一些瞬间,我们看见国旗就会产生一种此生无憾的感觉,不管是在天安门广场前每天都会进行的升旗仪式,还是在边远的哨岗、海岛、雪域高原,那一抹红总会让我们找到"家"的位置,让我们无论何时何地,心中都如阳光般温暖。

"我们都是护旗手,时刻在岗!"这是对国家的庄重承诺,也是我们对国家的一次深情表白,在这飘扬的旗帜下,更是每一个人初心的展露,流淌在心里的血始终澎湃着中华的声音,正是这样的血脉相连,正是这样的爱国之情,让这一面红旗定格为我们心中永恒的"红"。

升旗仪式传递的是一份梦想,一种责任,护旗手担起的是一种荣誉,一种担当,爱党爱国情感就如同种子一样在每个孩子心中悄悄萌芽,会有更多的同学,用自己的实际行动,自己的坚持,守护初心,承担责任,兑现承诺,成就梦想。

四、创新点

护卫国旗教育活动的开展,使得同学们不仅守护了国旗,更明白了家国情怀和民族大义的深意。这份家国情怀已深入到每个孩子的心中,学生们开始经常了解国家所处的环境,国家的发展变化,并且把自己的成长和国家的发展联系起来,争做一个有理想的人。大家在理想的天空中搏击着,用科学文化知识丰满着自己的羽翼,武装着自己,为实现"中国梦"做着准备!

爱国情怀,是千百年来我们对自己祖国最深厚的感情,是一个古老而又常青的永恒主题。虽然在不同的时代,爱国情怀的时代特性不尽相同,但作为一种正义、极具凝聚的力量,它却是一脉相承、亘古不变的。我们把对学生进行爱国主义教育放在首位,把培养学生的爱国情怀作为永恒的主题。做最好的自己,奠基幸福人生,立志成才报国。

做最好的自己,是面向全体;奠基幸福人生,是面向生活;立志成才报国,是面向未来。同时,本着落小、落细、落实的原则,我们持之以恒地培养着同学们的行为规范,文明礼仪,强化着体育锻炼、规范着眼睛保健操,不断增强学生体质。

有一句话通俗易懂,那就是"不要做语言上的巨人,行动上的矮子",无论是同学们的思政教育,还是我们师生的学习工作实践,都需要落实在行动中。让我们的教育,既有严谨的理论,又寓价值导向于知识传授之中;既有知识考核,又有思想对话、思想碰撞;既能够解答社会热点,又能够帮助学生解决实际思想问题、心理困惑,同时把学校教育同社会大课堂结合起来,应用于日常实践,汇聚精神力量,引领学生健康成长,让全体同学,心怀家国,端正思想,坚定信念,筑牢根基,成为德智体美劳全面发展的社会主义建设者和接班人,担当重任,成才报国。

用心教育好每一个孩子是我们共同的责任[①]

吉林省长春市第一七一中学

王强、贾井伟、李晓红、赵丽芬、潘春玲、迟晓亮[②]

"老师,赵瑞数学作业没写。"

"老师,赵瑞英语单词没背下来。"

"老师,赵瑞忘带生物作业了。"

刚走入教室,几个科代表便纷纷向我汇报检查作业的结果。我整顿了一下课堂秩序,在教室里环视一圈,便走到了低着头、一言不发的赵瑞跟前,非常生气地问道:"为什么不完成作业?""我写了,放书包里之后没找到。"赵瑞一边说,一边在书包里翻找。

为了不耽误上课的时间,也为了给其他人一个警告,我没有让赵瑞继续找下去,因为开学一个多月以来,赵瑞不是第一次出现这种情况了。科任老师也偶尔提到她作业上交不及时的情况,身为班主任的我在全班同学面前立下班规,不及时完成作业的同学,要受到惩戒。赵瑞受到惩戒之后,看上去事情就这样过去了,但我知道,一味地责罚是解决不了问题的。

下课后,我的心久久难以平静,回想着升入初中这一个多月以来,发生在赵瑞身上的点点滴滴。有些孤僻的她,很少和其他同学交流。虽然是一个女生,但她却从来不知道"打扮自己",灰黑的头发上中藏着头屑,苍白的脸没有一点光泽,黑黝黝的脖颈似乎很长时间都没有洗过,衣服也是穿一件脏一件,现在很难找到像她这样的孩子了。

---

① 本文中的人物姓名均为化名。

② 作者简介:项目带头人王强为长春市优秀班主任,吉林省长春市第一七一中学副主任。

关于赵瑞的个人卫生问题,我旁敲侧击地跟她说过几次,但都收效甚微;关于她的学习,赵瑞课堂上听课倒挺认真,就是作业保证不了。她的小学同学也证实,赵瑞在小学时就如此。为什么会这样?这使我不由得想起了刚开学时的家长会上,那位在中途旁若无人地接打电话、一瘸一拐走出教室的赵瑞父亲。

赵瑞生活在怎样的家庭里?我真的无法想象,一个已经步入初中的女孩究竟经历了什么。这时,赵瑞那个瘦小的身影又浮现在了我的眼前。不行,作为班主任,作为一名老师,我不能就这样看着一个孩子"畸形"的成长,是一种责任,更是一种担当,不管怎样,内心复杂的我决定尽快解决问题,让孩子走上生活和学习的正轨。

这天午饭后,我把赵瑞叫到一个相对安静的地方,想借此打开孩子的内心世界。终于,我通过谈话了解到:赵瑞很小的时候,母亲就离家出走了,父亲干农活时,脚被农机弄伤,落下残疾,行动不便,家里的生活基本靠低保维持,因此父亲从小疏于对她的管理,她没有养成良好的生活习惯。另外,父亲对她学习要求很严,对她期望很高,希望她能考上重点高中,而且父亲经常喝酒,脾气暴躁,一旦她学习成绩不佳,就会遭到打骂,这些都在无形中给孩子带来巨大的心理压力。言谈中,我也发现她不愿面对这样的家庭,不愿面对这样的父亲,甚至对生活缺乏信心,对学习的兴趣也不浓了。

幸好我及时与赵瑞进行深入沟通,幸好没有因为作业的事情而过度责罚她,同时我也为自己近阶段忙于学校及班级的工作,忽略了对她的关心而自责,又为她的家庭状况而担忧,为她遭遇这样不幸的生活而怜悯,而更多的是担心,担心她扛不住各方面的压力而走向极端。于是,我决定立刻"拯救"这个女孩。

那天中午,我对赵瑞说了很多关心、安慰和鼓励的话,让这颗脆弱的心灵,得到一点温暖和慰藉,但我并没有停下助力的脚步。

第二天中午,我便去赵瑞家进行家访,想进一步了解一下这个特殊家庭及家庭的状况,以利于孩子健康心态的形成和良好学习习惯的养成。

赵瑞的家在离学校七里路的一个村屯,破旧的矮墙围绕着三间平房,屋内破烂不堪,东西杂乱无章地摆放着。

他的父亲赵震听明来意,很是热情,这与我以前的印象有所不同。通过攀谈,了解到家中的情况跟赵瑞说的基本吻合:孩子7岁时,妻子离家出走,音讯皆无。

赵震脚受伤致残后,不便劳动,除了少许农田的收入,家庭经济来源主要靠政府的帮扶,所以他把希望都寄托在孩子身上,希望孩子能出人头地。但从小对孩子生活照顾不够,没有让孩子养成良好学习习惯和生活习惯,有时也借酒来解闷,脾气又不好,偶尔会打骂孩子,所以才造成今天的局面。

听后,我耐心地做赵震的工作,告诉他应该对生活充满信心,从自身做起,给孩子树立榜样,改变原有的生活状态,营造一个温暖的家庭氛围,建立良好的父女关系,给孩子创造一个适宜生活和学习的环境,以便减少孩子压力,走出心里的阴影。因为孩子才是家庭的希望,关注孩子成长是家长和老师共同的责任,更何况还有政府的帮扶。在谈话中,赵震意识到了自身的不足,欣然接受了我的建议,决定积极配合老师的工作,为孩子的健康成长做好自己。

离开赵瑞家,我紧绷的心,终于可以轻松一点了,因为我看到了希望,但我不能停,因为教育从来都不是一个人的事。

回到学校,我便把赵瑞的情况告诉了年级组的其他老师,同事们听后纷纷表示将会共同担起这份光荣的职责。

于是,在接下来的日子里,我看到了这样的情景:

英语老师在一次与赵瑞的倾心交谈后,从家里拿来一大包衣服送给她,并利用课余时间,把赵瑞身上多天没有清洗的校服洗干净,帮助她洗头,给她洗漱用品。为了鼓励她提升对英语的学习兴趣,克服学习障碍,说服她当英语课代表,尽量给她锻炼的机会,提高她的自信心。

数学老师为了解决赵瑞不爱写作业的毛病,经常利用课余休息时间为她补作业,讲练习,做辅导,尽量帮助孩子养成良好的学习习惯。数学老师还时不时跟他聊家常,借机送给赵瑞一些水果和一些习题纸。

为了提高赵瑞的生物学科成绩,生物学老师抓住她喜欢植物的特点,把自己用心栽培的多种植物带到学校,并鼓励她,如果能达到老师对她的学习要求,便送给她一盆自己喜欢的多肉植物,让她学习有动力,心里有目标。

政治老师主动找到她,让她当政治学科小组长,并激励她努力学习,勇敢与困难做斗争,并教她梳头的方法,帮助她整理穿着,告诉她勤于换洗衣物,注意个人卫生,养成生活的好习惯。

大家都行动起来了,为了让赵瑞能够健康成长,快乐学习,我们宁愿多付出一点爱,因为这是我们作为教师的职责。

当然,我也没有闲下来,我经常借机与赵瑞聊天,了解孩子的动向,为她解压,解决心中的困惑,并时常跟家长电话沟通,加强家校联系。

在班级,我时常利用语文课进行"自强、自立、自信"等为主题的多种综合实践活动,培养学生具有自强、自立、自信的品质,进而激励赵瑞树立自信,减少自卑;并多次举行以"建立良好的同学关系""培养健全的人格"等为主题的班会,加强良好的班风的形成,加强同学间的团结,增进赵瑞与同学之间的友谊,并鼓励她与其他同学一样,积极参加学校举行的各项活动。

终于,大家的努力有了成效,赵瑞正在一天天地变"好",不写作业的情况明显改变,能够与同学一起讨论问题、共同玩耍了,赵瑞能主动找老师解决学习的问题了。虽然,偶尔也有衣服换洗不及时的时候,但再也看不见她灰头土脸的模样了,赵瑞展现给大家更多的是灿烂的笑容,看到这些变化,我从心底为赵瑞高兴。我相信,未来的她一定会越来越好,因为我和我的同事,正在坚守育人的使命,用心灵温暖心灵,和家长一起,让赵瑞和其他孩子一样健康快乐地成长,这是我们永恒不变的初心,也是我们共同的责任。

首都随迁儿童责任教育的困境分析与超越
——基于学校归属感中介作用的思考与实践

北京市第八十中学小红门分校　杨亚民

学校归属感在儿童和责任教育认同起中介作用,而基于儿童自我效能感和自我价值感的学校价值认同又在儿童和学校归属感间起重要的中介作用。文化认同在儿童和学校归属感之间发挥着重要的纽带作用。随迁儿童在学校的自我价值感的低实现度、对学校价值以及对乡土文化的低认同度都制约着学生对学校归属感的提升,进而制约了学校责任教育实效性的提升。在办学实际中,学校可以通过深度学习课堂的建设和创建符合随迁儿童特点的德育课程来破解随迁儿童学校归属感低的难题,从而提升责任教育的效果。

一、我校随迁儿童责任教育的低效困境

我校是位于朝阳区城乡接合部的初中校,现有学生 130 余名。学生家庭状况呈现"两高三低"的特点,即非京籍学生占比高,学生流动率高;家长学历低,家庭收入低,家长对学生期望值低。非京籍学生占学生总数的 93.46%。初中毕业后,近 65%的非京籍学生返回原籍务工或就读。高中及以下学历的学生家长占比为 93.46%,家长为务工和个体经营者的占比为 89.72%,家庭月收入 8000 元以下的占比为 74.76%,其中,家庭月收入不足 4000 元的占比为 24.30%。家长希望孩子继续就读普通高中的占比不足 15%。近年,随着疏解非首都功能工作力度的加大,非毕业年级返乡学生的比例有所增加。

在这种生源结构背景下,城市学校行之有效的一些责任教育做法在我校的办学实践中出现了低效的现象,这主要表现在,学生"自强不息"的个人责任感不明

显,一方面,大部分学生到校学习满足于拿到毕业证,缺乏通过个人努力改变生活轨迹的愿望。另一方面,相当一部分学生学习投入程度低,2018年,学校问卷调查结果显示,近60%的学生每天用手机玩游戏的时间超过三个小时。个别学生对学校开展的"三观教育"有较强的逆反心理。这样的责任教育效果与培养担当民族复兴大任的时代新人,培养学生爱国情怀、社会责任感、创新精神和实践能力的育人任务的实现相距甚远。

二、低学校归属感是导致随迁儿童责任教育陷入困境的重要原因

(一)学校归属感在随迁儿童与责任认同间中介作用的理论模型

从责任的起源看,社会依存性是责任形成的核心动力,生存环境的特异性是责任的文化差异的主要原因。责任总要同一定的组织或团体紧密相关,是组织或团体成员认同的群体性规则、规范。心理学意义上的责任是指有一定担当能力的个体对外在规定性的主动觉知和响应,是个体"自由意志"对所属特定群体规则体系自主选择的结果。[1]离开了特定群体,个体的责任就无从谈起。

归属感是指个体与所属群体间的一种内在联系,是某一个体对特殊群体及其从属关系的划定、认同和维系。在马斯洛的"需要层次理论"中,归属感被认为是人们实现更高层次需要的必备前提。归属感被视为人类最基本的动机,人们的许多行为、情感和想法都是由该动机诱发的。社会控制理论认为,社会联系(社会键)由依恋、奉献、卷入和信念四个成分构成,当个体的依恋关系非常弱时,则会偏离社会规范和制度要求,当个体对自己所生活的环境圈子有归属感时,会降低产生破坏或不利社会行为的可能。对特定群体的归属感是个体认同群体价值取向、文化特质、行为规则等的前提,发挥着个体对责任认同的中介作用,缺乏归属感的人会对自己所在的群体缺乏忠诚度,缺乏责任感。

包克冰和徐琴美指出,学校归属感是学生对自己所就读学校在思想上、情感上以及心理上的认同和投入,学校归属感强的学生愿意承担作为学校成员的责任和义务,并乐于参与学校的各项活动[2]。自我效能感是学生对学校产生归属感的重要基础。代梦认为,自我效能感与归属感存在相关关系,而且能够相互预测。自我

效能感越高的个体在团体活动时更愿意投入和参与以获得更多的归属感,归属感水平越高的个体也更愿意通过表达和展示自己来获得更高的自我效能感[3]。学校如不能有效满足学生的自我效能感,学生对学校归属感也会降低,对学校开展的三观教育容易表现出疏离甚至拒斥的态度。

吕立杰指出,对个体而言,文化认同是个体对所属群体文化的反思与确认,并将群体文化纳入个人价值体系的过程,它引导个体热爱,忠实于广大所属群体的文化。教育的一项重要作用在于帮助每一个学生从文化认同角度确立归属感,建立与自身文化群体一致并稳定的价值观,形成文化认同是学生对学校产生归属感的重要保证[4]。

许多研究表明,学校归属感在儿童和责任教育认同中起中介作用,而基于儿童自我效能感和自我价值感的学校价值认同又在儿童和学校归属感间起重要的中介作用。"文化符号认同、文化身份认同与文化价值认同"的三层递归理论模型[5]又揭示了文化认同在儿童和学校归属感之间发挥着重要的纽带作用。其理论模型如下:

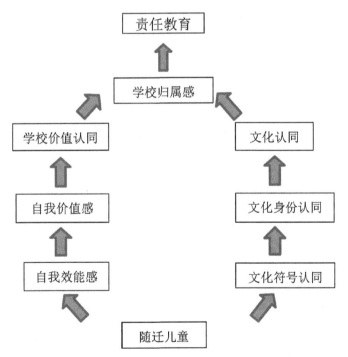

图1 "文化符号认同、文化身份认同与文化价值认同"的三层递归理论模型图

(二)低自我效能感和乡土文化的低认同度导致随迁儿童的
学校归属感低

我校随迁学生数量多,学生家长对孩子的学业关注度低,大部分学生的学习动机弱、学习习惯差、学习基础薄弱,加之教师缺乏对学生有针对性的教育支持手段,很多学生学业成绩长期低迷,无法从学习的过程中获得自我效能感。学校的教育教学活动如果不能有效满足学生自我价值感的实现,也就不能引发学生对学校办学价值的认同,更无法使学生对学校产生强烈的归属感,学校组织的"自强不息"责任系列教育活动缺乏归属之根,就失去了应有的生命力。

我们在对学生进行调查时发现,只有2%的学生有家长陪同参观过北京的历史文化名胜古迹的经历,相当一批学生在北京生活了六七年,却连二环都没有进入过,他们缺乏对北京这座城市必要的感性认识,首都对这些学生而言往往只是一个名词。另一方面,这些学生长期不在原籍生活,只是在假期时才随父母回到故乡,他们对出生地的文化也同样是陌生和疏离的。学生存在着对乡土文化接触少、感知度差、身份认同边缘化的现象。"我是谁?我属于哪里?"一直是困扰学生的一个问题,对乡土文化的低认同度既制约着学生对学校归属感的提升,又无法对爱国主义教育和社会责任感的培养给予强有力的群体归属感支撑,责任教育容易陷入无本之木的境地。

三、深度学习课堂和"触摸北京"德育课程破解随迁儿童 低学校归属感难题

(一)深度学习课堂夯实随迁儿童学校归属感的学校价值认同之基

对学生个体而言,学校的价值不仅为他们提供了同伴交流的场所,更为他们通过学习的方式获得自我效能感和自我价值提供了潜在的可能和现实的路径。在学习中能够获得自我效能感的学校就是有价值的学校,就是能让学生产生归属感的学校。

课堂是育人的主阵地,也是学生通过学习这种方式获得自我效能感和价值感最重要的舞台,教师是课堂育人质量的关键性因素。洪赛宇等人的研究表明,学校

丰富教育资源和提高师资水平可以发挥非认知因素的育人价值,能显著提高低社会经济背景学生的学业成绩和正向预测随迁儿童学业成绩[6]。因此,转变教师传统的知识本位教学思维模式为以学生自我效能感为本位的教学思维模式就成为学校提高学生学校归属感的突破口。

在学校办学实践中,我们发现,教师在转变教学思维模式的过程中会遇到来自工作、生活失衡,自我价值保护,安全感焦虑等问题,这阻碍了教师课堂教学行为的转变。为帮助教师克服走出心理舒适区的不适,学校开展了深度学习课堂文化建设的课题研究,主要进行了以下探索:

1. 教师出题 VS 干部跨界答题,启动教师教学思维模式的重构

学科素养立意下,减轻教师重构教学思维模式压力的关键在于教师能够发现学科素养教育理念对提高现实教学效益的价值[7]。为此,我校提出了教师出题、干部跨界答题、教师调整教学设计的备课模式,其目的在于把学科素养理念与教师的实际教学工作相结合,以对教师有意义的方式,基于建构性理解,帮助教师减轻认知负荷,重构教学思维模式。

教师出题是指教师根据课程标准和课时教学目标,从近年中考或模拟试题中选配、安排学案中的经典试题。在"以考导教""以考促学"的大背景下,高等级考试的试题已能充分体现学科素养的导向,是学科素养抽象教育理念的具体化和现实化的集中体现。

干部跨界答题是指学校干部参与学科备课时,以学习者身份解答非本专业经典试题,把自己解题过程中遇到思维障碍、主干知识欠缺、学科思想的缺失与教师充分交流,帮助教师发现学生的最近发展区和认知障碍点,同时,引导教师从学习者角度理解学科核心素养在培养学生运用学科思想、思维方法、核心知识解决新情境下复杂问题的综合品质的作用和价值。由此,促进教师以学习者为中心建构起新的教学思维模式。

2. "先备后评",干部担责,确保教师教学思维模式的重构

为提高教师重构对以学生自我效能感为核心的教学思维模式信心,减轻课堂变革带来的教师自我否定的负面效应,学校形成了学校干部参加学科组集体备课,和老师们共同研制课时教案和学案、听课,最后和教师一起交流反思的"先备后评"校本研修模式。由于教案和学案是由干部和老师一起制定的,就形成了教学

效果责任共担的机制,即便课堂教学效果不理想,老师也能将责任"推卸"给干部,一定程度上缓解了教师教学行为转变的顾虑。另一方面,干部在评课环节,就不再是单纯的"裁判员",而是与老师在一起授课的共同体,干部勇于担责,才能为教师敢于自我变革保驾护航。

3.攻关小组集体研讨,创设教师教学思维重构的安全心理空间

心理安全感是一种在工作中能够真实表现自我而不用担忧给自我形象、地位或职业带来消极后果的感知。个体大多会采用从众等方式给自己创造一个安全的工作环境,以避免人际关系可能给自己带来的不利影响[8]。

为了能消除教师在课堂重构过程中的孤单感和不安感,学校需要为老师们创设安全的心理氛围和工作环境。我校成立了"深度学习课堂文化建设"市级课题攻关小组,从各教研组物色并鼓励不同年龄段、不同职称的老师加入攻关小组,组织小组成员围绕提升学生解决具体情境下复杂问题的学科素养这一主题,从学科主干知识、思维方法、思维步骤、情境表征、学生主体性发挥等角度开展沙龙研讨、组内研究课、微课题研究、论文交流、专家讲座等活动。由于起点一致、水平相当、价值取向相同,攻关小组成员在组内活动时,可以无所顾忌,畅所欲言,老师们相互质疑、相互启发,共同成长。攻关小组营造了鼓励教学创新、支持课堂变革,大胆创新的"小气候"和安全的心理空间。

通过一系列的干部"渗水式"地参与集体备课和课堂教学,一部分教师逐渐转变观念,他们不再害怕和拒绝跟领导集体备课,而是渴望共同研讨、共同进步,他们尝试用学生自我效能感作为自身教学思维的出发点和归宿,改变以往的"一言堂""说教式"的上课模式,带领学生共同研究新情境,让学校的课堂成为学生实现自我效能感的舞台,让学校对学生变得更有价值,更有意义。2020年,该研究被立项为北京教育科学"十三五"规划课题。

(二)"触摸北京"校本课程固着随迁儿童学校归属感的文化之根

吕立杰指出,校本课程是立足于学校与地方的人文环境、地域资源与历史积淀等进行的保护有自身特色的课程。优秀的校本课程可以帮助学生在情感共鸣、文化体验和认异中领悟、认同族群优秀传统文化,让学生在文化寻根中找到自己的安身立命之所,将潜在的原生性文化认同确立为学生的文化归属感[9]。

为了让我校随迁学生能从北京这片文化沃土之中找到自己的乡土文化之根,

学校依托"深化随迁儿童首都文化烙印"研究课题,开发了"触摸北京"自主社会实践系列德育校本课程。

1. 构建"七六五四——触摸北京"自主社会实践德育校本课程体系

我校系统构建的"七六五四——触摸北京"德育课程体系,主要包括七种德育校本课程:以月为单位,学生每年都会过七个自己喜爱的节日,提升学生的参与感和幸福感;以学期为单位,初中三年学生在我校会经历六次自主社会实践的综合历练,提高学生对京味文化符号识别度和认同感。以年为单位,经历五次爱国主义地方课程洗礼,提高学生爱国主义情怀;以周为单位,学生每周会还能自主选择四类校本自主体验课程,提高学生的主体意识。

七个文化节:三月登山节、四月体育节、五月合唱节、九月体育嘉年华、十月科技节、十一月读书节、十二月艺术节。

六次自主社会实践会实践:博物馆之旅、自然探索之旅、名人故居之旅、皇家园林之旅、胡同探秘之旅、文艺赏析之旅。

五门地方课程:学农教育实践、参观国家博物馆、参观首都博物馆、参观军事博物馆、参观抗战纪念馆。

四类体验课程:"学习有方"校本课程、学生自主社团、校本选修课程、助力圆梦心理课程。

2. 以"触摸北京"自主社会实践课程为重点,增强学生对首都文化的认同感和归属感

(1)研发课程手册,标记文化符号

我校以自主社会实践活动课程开发为突破口,按照"请进来、走出去、共研发"的思路,外聘课程专家对我校语文、政治、历史、地理、美术、音乐老师进行培训,老师和专家一同走进社会大课堂单位,共同设计开发了"触摸北京"自主社会实践系列课程,设计了"李大钊故居""郭守敬博物馆""鲁迅博物馆""梅兰芳纪念馆"等16个实践课程及研学手册。

(2)自主社会实践,深化文化烙印

按照"凡是孩子能做,就放手让孩子自己做"的原则,组织学生根据个人兴趣和爱好,自主确定研学主题、6至8人自主成立研学小组、自主设计研学方案、自主选择研学地点、自主设计研学路线、自主乘坐交通工具、自主组织研学活动、自主完

成研学报告。在现实文化的真实对话中,学生对北京文化的感知质量、价值感知和课程满意度都有了巨大的提升。在与北京文化的亲密接触中,随迁学生不再是曾经的过客,而是北京文化的开发者和宣传者。自主实践在唤醒学生文化主体意识的同时,也增强了学生对北京文化的归属感。

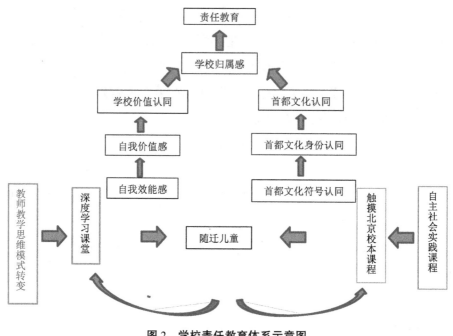

图2 学校责任教育体系示意图

深度学习课堂文化的建设和"触摸北京"系列德育课程的实施,有效地提高了学生和家长学校的满意度,学生对学校的归属感不断得到增强。朝阳区人民政府教育督导室对我校进行的"中小学生满意度调查"结果显示,我校满意度测评成绩由88分提升至94.2分、97.59分,实现三年连续提升。"触摸北京"系列德育课程也荣获中央电化教育馆主办的"中国梦——行动有我:2020年全国中小学校本德育课程和教育案例征集展播活动初中校本德育课程视频资源组创新作品奖"。

基于学生对学校归属感的提升,学校责任教育的效果也得到了很大提高,2021年,学校中考报考率由往年的40%左右提升到75%,更多学生希望能通过自己的努力改变自己和家庭的命运。学生手机使用时间下降到每天平均不足一小时,更多的学生能把主要精力放在学业成绩提升上,我校的近两年的中考成绩与六年级入学成绩相比,也有了大幅的提升。

参考文献

[1]况志华、叶浩生.责任心理学[M].上海:上海教育出版社,2008.11.

[2]包克冰,徐琴美.学校归属感与学生发展的探索研究[J].心理学探究,2006(02):51-54.

[3]代梦.大学生偶像崇拜、自我效能感与归属感的关系及干预研究[D].云南师范大学,2020.

[4]吕立杰,丁奕然.指向学生中华优秀传统文化认同感提升的校本课程调查[J].教育研究,2019,40(09):56-64.

[5]王沛,胡发稳.民族文化认同:内涵与结构[J].上海师范大学学报(哲学社会科学版),2011,40(01):101-107

[6]洪赛宇,姚继军,周世科.小学阶段本地儿童与随迁儿童学业成绩影响因素的分析——基于 Shapley 值的分解[J].基础教育,2021,18(03):78-88.

[7]蔡文伯,杨淑芸.基于核心素养的中学教师教研困境与路径选择[J].教学与管理,2018(22):4-7.

[8]马越,卢慕稚.物理教学中教师的从众心理及其对教学的启示[J].物理教师,2014,35(01):5-6+8.

用责任奠基未来
——南宁市仙葫学校"责任教育"实践探索

广西壮族自治区南宁市仙葫学校　韦武平

广西壮族自治区南宁市仙葫学校成立于 2010 年 8 月,是一所九年一贯制学校。建校初期,学校通过 SWTO 分析,理清了学校办学的优势和劣势,明晰了学校发展的机遇和面临的挑战,从而做出了学校发展的战略选择:学校坚持平和朴素的教育方式,走特色发展之路。学校从《国家中长期教育改革和发展规划纲要（2010—2020 年)》等重要文件中得到启发:"着力提高学生服务国家、服务人民的社会责任感、勇于探索的创新精神和善于解决问题的实践能力。"提高学生的社会责任感是教育改革和发展的战略主题之一。由此,引发我们对青少年教育的理性思考。应该肯定的是,长期以来,广大中小学校坚持社会主义办学方向,广大青少年学生拥护中国共产党的领导,热爱社会主义国家,具有基本的公民素养。但处在社会转型期的青少年一代,受社会环境的影响,责任意识较为淡薄。基于这样的思考,我们认为,学校教育要使得学生具有责任情怀、担当精神以及履行职责的本领。为此,我们把"责任教育"作为学校特色发展主题,以课题研究的方式,开展了"责任教育"的积极探索。

一、整体设计,构建责任育人体系

学校围绕"责任教育"这一特色发展主题,把责任文化的建设作为学校发展规划的核心。

(一)以核心价值引领,构建责任精神文化

课题组成员通过"头脑风暴",反复讨论,确定了学校的使命:教育的责任是通

过人本的陶冶,知识的启发,责任的培养,让每一个孩子拥有幸福的人生。由学校使命衍生出了学校的办学理念:以责育责。

我们又进一步提炼学校"责任教育"的特色内涵,"以'明礼、自律、善学、担当'为核心价值,以负责任的教育培养负责任的学生,通过营造学校责任文化氛围,构建责任课程体系,让学生形成责任意识,体验责任情感,掌握责任技能,养成责任行为,培养明礼知责,依责自律,善于学习,敢于担当全面发展的学生,创建一所对学生、对家庭、对社会负责,令人尊敬的九年一贯制学校"。

随后,我们又依靠教职工,集体提炼了学校的"三风一训",形成学校理念体系。"三风"包括校风、教风和学风。校风:明礼、自律、善学、担当。教风:爱生、爱教、善研、善导。学风:立德、立志、善学、善思。校训:责润人生。围绕核心素养,我们进一步明确了学校的培养目标,进行了学校核心素养的校本化表达(图1)。

图1　学校核心素养的校本化表达

(二)规划"责任教育"框架,理清学校办学路径

学校精神文化系统的形成,使学校的办学有了思想内核。我们又在精神文化统领下,规划了"责任教育"的几大路径,力图将责任教育渗透在学校工作的方方面面,浸润于学生成长的点点滴滴。"责任教育"逻辑框架图如下。

二、行动实施,彰显学校办学特色

学校依据"责任教育"逻辑框架,全面实施"责任教育",构建学校的行为文化。

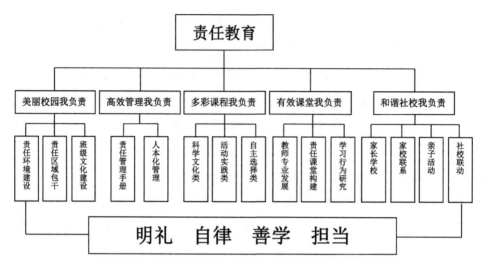

图2 "责任教育"逻辑框架图

（一）实施润责环境建设,营造浓郁责任氛围

我们按照"园、楼、路、厅、廊、墙、室"全面布局,实施润责环境建设。我们把"做有责任感的中国人"的育人目标镶嵌在学校显眼位置,时刻提醒师生做一个负责的人。校园的楼名、厅名均契合责任教育主题。明责楼、尚责楼、笃责楼、润责楼均以艺术印章的形式嵌在四栋楼房的上方。

进入明责厅,就能看到具有现代气息学校个性的理念墙,上面刻着学校的特色内涵和办学愿景,昭示着学校的责任。明责厅的右方,是"责任树人"文化墙,学校标志悬挂在中央,犹如一轮金色的太阳,洒出责任的熠熠光辉,整幅文化墙以树木为背景,"对自己负责,对家庭负责,对他人负责,对集体负责,对社会负责,对祖国负责"的责任目标递进式地嵌在上面,时时刻刻提醒仙葫学子,怎样才是一名负责任的学生。每年学校评选出来的20名责任学生的照片张贴在上面,犹如一朵朵盛开的责任之花结出的累累果实。

（二）人文科学相得益彰,构建责任管理特色

1. "以人为本"与"以规治校"相结合的教师管理

我们从现代制度建设的需要出发,在"责任教育"理念文化的引领下,健全责任制度体系。学校章程是学校办学具有导向性、统领性的文件。我们将"责任教育"精神文化、"责任教育"发展路径,明确写进学校章程,将"责任教育"特色发展

主题用法定的文件做出规定,确保学校发展主题的稳定性。

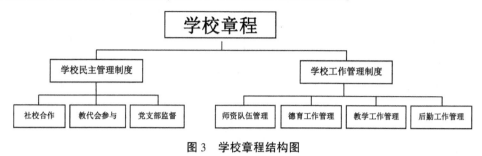

图3 学校章程结构图

我们依据"科学高效、人文和谐"的管理理念,通过全体教职工参与,制定了《仙葫学校教职工责任手册》,形成了独特的责任制度文化,使学校步入高效和谐的管理轨道。

2. "循序渐进"与"规范要求"相交融的学生教育

教育的目标要求与学生的年段相适应,这样才能体现教育的针对性,从而实现教育的有效性。我们根据九年一贯制学生的特点,将学生分成低年段、中年段、高年段三个学段,分别制定了三个学段责任教育目标,形成了递进式的责任教育目标序列。

中小学生尚属成长期,需要规范他们的言行。我们依据小学和初中不同的特点,小学阶段用《仙葫童规》,中学阶段用《仙葫中学生责任手册》对学生加以规范和要求。

(三)立足学生发展需要,构建责任课程体系

课程体系构建的依据是学校的办学理念、培养目标,校内外的教育资源,学生个性化的发展需要。我们通过对学生、老师、家长进行问卷调查,了解学生的课程需要和学校的课程资源,在此基础上制定了"责任教育"课程实施方案,构建责任课程体系。

1. 学科课程校本化

国家课程是学校开设课程的核心。国家课程落实的标志是执行课时计划,不能随意增减学科课时量。在国家必修课程不能减少的前提下,如果要新增其他类别的课程,势必人为地增加学生的课程负担。这就要求我们要校本化地实施国家课程。我们学校的做法是:一方面将部分国家课程与地方、校本课程整合实施。具

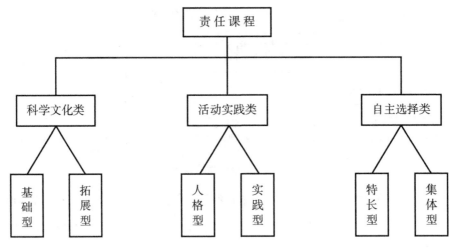

图4 "责任课程"体系示意图

体是将地方课程"安全教育""环境教育""民族教育"与国家课程中的"道德与法治""科学""综合实践活动"整合实施,提高课程效益。国家课程的落实到具体的学科,就是努力达到课程标准。校本化实施国家课程的另一方面就是在一个学科内部进行课程资源的有效整合,比如语文学科可以实施单元教学策略,数学学科,可以就某一知识点的学习进行前后衔接或补充等。

2. 活动课程生活化

陶行知曾说过:"教育不通过生活是没有用的,需要生活的教育,用生活来教育,为生活而教育"。学校的活动实践类课程,就是要贴近学生的生活实际,让学生在生活中体验责任,强化责任,履行责任。我们从学校生活和社会生活出发,规划了学校的活动。

学校的活动课程包括常规活动课程、传统节日课程、法制教育课程和礼仪课程四部分。其中,常规活动课程包括主题活动、实践活动、责任阅读、文化巡礼、学长讲堂、责任学生评选等。传统节日课程包括国庆节、清明节、中秋节、春节、建校日等。法制教育课程包括法律小讲堂等。礼仪课程包括课堂礼仪、问候礼仪等。

在活动的开展中,我们力求通过学生的责任认知、参与体验,增强学生的责任行为,培养学生的责任感。

（1）主题教育使学生明白责任

陶行知认为：“行是知之始，知是行之成。”个体的某一种责任品质的养成一般开始于责任认知。“明责”是责任教育的起点，只有夯实了这个起点，才能搭建起牢固的责任教育体系。我们根据责任教育目标，开展了“我的责任我明白”系列主题教育活动，其中包括“我因自己而更加阳光自信”“家庭因我而更温馨和睦”“同学因我而更加友好互助”“班级因我而更加团结上进”“环境因我而更加洁净明亮”“社会因我而更加安定和谐”。主题活动将责任认知与自身成长、家庭角色、同伴关爱、团队氛围、环境洁雅、社会安宁紧密联系，就会使学生形成强烈的责任情感。我们还开展“我的责任我明白”主题征文活动，将学生的责任认知，通过文字表达出来。

（2）行为训练规范责任

为了培养具有良好“仙葫烙印”的学生，我们构建“仙葫学校行为”系统。我们通过对学生进行问卷调查，综合统计和评价提炼了“仙葫学校学生十大责任行为”，先后制定了“课堂礼仪”“交往礼仪”“行走礼仪”。每一项礼仪，都制定相应的训练文案，从意义、实施、效果等提出规范要求。学校开展专项训练，并进行监督检查，开展评比，将责任要求内化为责任行动，形成责任行为。

为更好地落实责任教育序列内容，课题组编写了《仙葫少年责任行》校本教材。该教材本着体现学生随年段增长在责任教育实践中达标内容各自不同的侧重点，设计出低、中、高三个年段循序渐进的内容体系，并将学生的责任评价融入其中，用校本教材引导学生的责任行为。

（3）主体参与增强责任

我们的责任教育活动，注重学生的全员参与。班级提供各种服务岗位，每一位学生每天都能为班级服务。学校实施卫生清洁承包制，将教学楼公共区域和所有功能教室的卫生清洁分到各班级承包。学校开展班级歌咏比赛、元旦文化巡礼、毕业晚会、运动会、国旗班集体展示等都注重学生的全员参与。甚至学校一些活动，我们采取班级承包制，在承包活动中，学生进行责任分工，想方设法将活动组织得完美，在学生完成活动任务的同时不断强化他们的责任意识，明确自己的职责和任务，让学生由对责任的懵懂认识到积极承担责任。

主题班队会是我校责任教育的一个重要途径，也是创建具有个性、特色鲜明的班集体的一种有效载体。"把班队活动的主动权交给学生"是我校班队活动的一条基本原则。让学生在活动中,自主策划筹备,并根据活动内容,进行人员分工,各施其责。活动中的责任分工让学生有了真正的自我感受,产生了强烈的责任感,将"责任"二字深深地刻在心中。

(4)先进评选弘扬责任

从2012年开始,学校开展"感动仙葫责任师生"评比活动,通过制定详细的"感动仙葫责任师生"的方案,发动师生推荐,并将这些师生的事迹,通过板报、宣讲推选会等形式在全校中推广宣传,通过民主的方式,公开投票评选,票数多者评为我校当年的"感动仙葫责任师生",学校为他们举行隆重的颁奖典礼,传播他们的责任正能量。我们还将进一步把他们的事迹在全校推广,通过演讲、道德讲堂等平台,让更多的同学和老师能能向他们学习。我们通过这样的活动,把我校责任行为践行过程表现出来的先进师生,树立为榜样,弘扬自觉践行责任的正确行为,以榜样感染周围的同学,营造良好的责任文化育人环境,责任师生的榜样示范,产生强大的正能量,使责任之魂得以弘扬和传承。

3.选择课程类别化

人的一生会面临着各种选择,从某种角度来说,有选择才有创造,有选择才更好地尽到责任。学校开设的自主选择类课程,就是搭建学生自主选择的平台、自我发展的舞台,创造自由呼吸的教育。在校本课程的开发中,学校通过发放家长问卷、学生问卷了解学生对于课程的需要,挖掘学校课程开发资源,科学规划校本课程,形成了"生活技能类""身心健康类""体艺特长类""人文素养类""科学素养类"五个类别的课程体系,十几门课供学生选择,充分满足学生个性发展需要。

三、主要成效

我校"责任教育"的研究与探索的过程,也是阐释责任教育原则和方法的过程。面向全体、层次递进、自主体验是学生责任感培养的基本原则。

通过实践探索,我们印证了一个人的责任品质形成必须经历:"责任认知→责任情感→责任行为"。根据这个过程,我们归纳出培养学生责任感的操作策略。培养学生责任感的操作策略如下:我校的"责任教育"研究与实践和学校的成长同

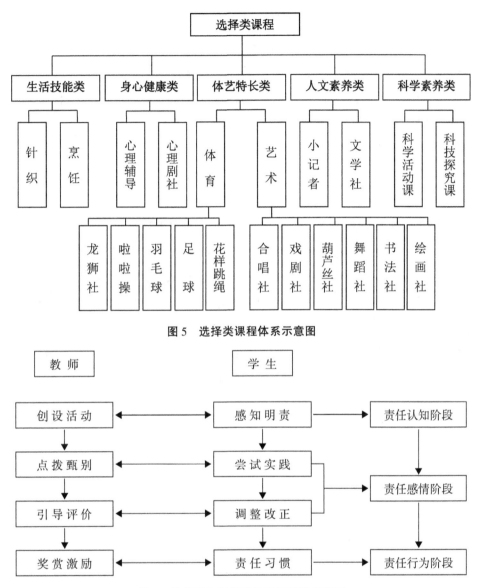

图5 选择类课程体系示意图

图6 培养学生责任感的操作策略示意图

行,学校通过对未来发展的顶层设计,确定了责任教育特色内涵,厘清了学校特色发展基本路径,形成了独具学校特色的责任管理、责任环境、责任目标、责任课程、责任课堂,学校办学特色开始形成。在学校责任文化的熏陶下,学生得到长足的发展。在学校,管好学校,成为绝大多数学生的分内事;在家庭、在社会,学生们孝敬父母,遵守规则,形成了基本的公民素养。中小学同在一个校园,同学之间的交流都带着真诚和友善。通过课堂打造,学法指导,学生的学习兴趣显著提高,教学质量稳步提升,较强的责任感已成为仙葫学子的共同烙印。"我的孩子就读仙葫学校五年,最大的变化是生活上能自理,学习上变自觉,行为上更自律,责任感明显增强,这样的学校我们家长放心。"这是一名五年级家长对我们学校的评价。能让老百姓的孩子能在家门前上好学,办人民满意的教育是我们办学的初心和使命。学校是"全国青少年校园篮球特色学校""全国青少年校园足球特色学校""全国啦啦操实验学校",机器人、啦啦操、合唱、舞蹈社团参加各类比赛活动,获得全国级一等奖6次,获得自治区级奖11次,获得市级奖28次。近三年来,学生获得市级以上奖励多达2860人次。2015年11月,全国第三届责任教育研讨会在我校召开,"责任教育"的成果得到与会专家、同行的肯定。南宁市教育科学"十二五"规划课题"'责任教育'学校特色建设的实践研究"荣获南宁市教育科学研究优秀成果一等奖。《基于"责任教育"学校特色的责任课程体系建设》荣获2018年育教学成果二等奖。《中国教育报》2020年11月23日以《全新育人初心不改 勇于担当不负使命——聚焦广西南宁市仙葫学校"责任教育"实践》为题对我校的"责任教育"实践进行报道,近三年来,市级以上媒体对我校的办学实践和成果报道达200多次,学校共接待区内外各种培训班的学习考察21批次,校长跟岗学习3批。"责任教育"已为学校闪亮的办学名片。

"责任教育"的曙光已现,我们一直向着明亮那方!

小学篇

　　小学阶段重在启蒙道德情感，引导学生形成热爱中国共产党、热爱祖国、热爱人民、热爱集体的情感，具有做社会主义建设者和接班人的美好愿望。

增强小学生社会责任教育"6-6-6"实践模式研究

天津市红桥区清源道小学 刘晶①

习近平总书记在全国教育大会指出:"培养什么人,是教育的首要问题。""要在坚定理想信念上下功夫,教育引导学生树立共产主义远大理想和中国特色社会主义共同理想……立志肩负起民族复兴的时代重任。"贯彻党的教育方针,努力培养担当民族复兴大任的时代新人,这就要求我们把下一代教育好、培养好,从学校抓起、从娃娃抓起,在大中小学循序渐进地进行责任教育,是培养一代又一代社会主义建设者和接班人的重要保障。

我长期在小学工作,深知这一阶段的青少年处于人生的"拔节孕穗期",最需要精心引导和栽培。在多年实践基础上,在对不同层面、不同角度的责任教育规律进行总结概括的基础上,我针对学生身心年龄特点,将小学生社会责任教育归纳为"6-6-6"实践模式:

6个层级:指6个年级。

6个维度:指目标、内容、途径、方法、管理、评价。

6个运转系统:指目标引动系统、活动运作系统、情感深化系统、评价反馈系统、途径媒介系统、管理保障系统。

该模式以小学生社会责任教育的目标、内容、途径、方法、管理、评价六个维度为纬,以小学一、二、三、四、五、六共六个年级为经,通过"目标引动系统、活动运作系统、情感深化系统、评价反馈系统、途径媒介系统、管理保障系统"六个运转系统

---

① 作者简介:项目带头人刘晶原为天津市红桥区清源道小学校长,现为天津市红桥区河北工业大学附属红桥小学校长。

纵横贯穿,循序衔接,内外联系,促进学生社会责任感的形成与发展,整体构建小学社会责任教育的完整体系。

一、小学生社会责任教育"6-6-6"实践模式构建的机理

小学生作为一个社会人,其社会责任教育具有时代性、层次性、生活性、经验性、强制性、自律性、实践性等特征。依据这些特征,实践模式构建的机理,主要包括以下五个方面:

(一)人格差异

在进行小学生社会责任教育时,要针对个体先天的差异来因材施教。

(二)"行为训练—行为无意识—行为自觉"

通过行为训练,积极的责任行为方法会潜移默化地影响个体的思维结构,形成行为无意识。当再面对责任事件时,个体的行为无意识会自动地发生作用,形成行为自觉。

(三)"参与起点—集体体验—强化意识"

参与为起点,通过切身体验活动,理解活动的本质内容,然后自我感受活动带来的启发,形成认知,达到事后责任的自我强化。

(四)"责任认知—责任判断—责任意识"

个体通过接受责任教育和对责任行为的观察形成对责任的认识,产生对责任事件的判断,形成自身的责任意识。

(五)"情感体验—自我强化—责任评价"

学生把外在情感通过体验内化为自身情感,通过事后责任的自我强化,对责任行为的评价,使个体的责任意识得到激发并稳固下来。

二、小学生社会责任教育"6-6-6"实践模式的组成要素

(一)小学生社会责任教育的目标

小学生社会责任教育的目标是指党和国家、社会对少年儿童在社会责任等方

面提出的应达到的要求。要通过具体教育目标去支配、调节、指导、控制整个责任教育的过程,避免随意性、形式主义和走过场。如进行"自我责任"教育,小学低段目标为"热爱生命,自理、自尊、诚信、惜时";小学高段目标为"自立、自尊、自爱、学会学习"。目标之间既有联系又有上升。

(二)小学生社会责任教育的内容

小学生社会责任教育的内容是为了实现责任教育目标而确立和安排的特定的教育内容。其内涵是指开展教育时,用什么样的思想政治、道德准则及思想体系去教育、培养学生。如在2020年新冠肺炎疫情期间,我校以"停课不停学,线上也精彩"为主题开展了系列教育活动,组织学生用自己生动的笔触书写抗"疫"期间的英雄人物、感人事迹和心得感悟,赞美时代楷模,传颂榜样精神;组织家长学生一起制作手抄报,通过书法、绘画、录制视频等多种方式为武汉加油。学校以劳育德、以劳促能、以劳益智,传承家庭美德,厚植家国情怀。

(三)小学生社会责任教育的途径

小学生社会责任教育的途径是对学生实施责任教育影响的渠道,是实现学校责任教育目标,落实责任教育内容的组织形式,是责任教育内容、责任教育方法、责任教育过程的承载体。小学生社会责任教育可分为课程类、实践类、组织类、环境类、管理类、咨询类、传媒类等。学校依据"一项内容,多条途径;有主有辅,协调配合;分工合作,形成合力"的原则,因地制宜地运用教育途径,达到教育效果。如,学校开展"厉行节约,拒绝浪费"主题活动,学校组织社会各界人士共同制定了《社会节约公约》,学生们积极参与建立《班级节约公约》,绘制了图文并茂的《家庭节约公约》,并以录制微视频的方式介绍"节约小妙招",以多种途径参与活动,体现出强烈的社会责任意识。

(四)学生社会责任教育的方法

小学生社会责任教育包括教师与学生互相作用的各种教育方式,各年龄段的责任教育的方法互相衔接,形成整体。小学生社会责任教育方法多样,如主题班会、演讲会、时事教育报告会、法制报告、辩论比赛、"评选责任典型",还有参加社会调查、公益劳动、军事训练、家庭训练、家庭服务等,这都能使责任教育成为活生生的生活教育。

(五)小学生社会责任教育的管理

小学生社会责任教育的管理是责任教育过程的保证体系,具有组织、协调和评价的功能。詹万生教授在《整体构建学校德育体系总论》中指出:"责任教育管理体系的核心是学校的领导体制,只有科学地构建责任教育的管理体系,才能从学校领导体制、教师队伍建设、教育思想端正等方面从根本上贯彻责任教育方针,发挥学校责任教育工作对学生健康成长和对学校工作的导向、动力、保证作用。"我总结出"五要"的要求:要特色鲜明,防止一般化;要简单明确,易于理解执行;要鼓励进步,防止消极限制;要说服与教育相结合,调动执行规章制度的积极性;要搭设载体,因地制宜建立责任教育的资源。

(六)小学生社会责任教育的评价

小学生社会责任教育评价是学校、责任教育工作者等主体根据党的教育方针、责任教育的法规和责任教育的目标,依据学生身心发展规律,有计划、有组织地运用科学的手段、形式和方法,对有关评价对象中的人员范围、事物范围、时间范围的责任教育实施状况和成效所进行的,为责任教育决策提供依据和保证责任教育目标实现的价值判断活动过程。针对小学生特点,我们的评价方式是多样的,比如每年均评选"责任小军人",历经个人申报、班级评比、全校汇报、网络投票、表彰奖励等环节,在评比表彰中提出了标准,树立了榜样,责任教育和自我教育、集体教育有机相结合。

三、案例之"班级管理中小组项目负责制"

班集体是学生学习生活的重要场所,在班级管理中实施小组项目负责制是进行社会责任教育的良好方式。小组项目负责制能够激发学生的集体荣誉感,将不同层次的学生组合,6人为一个小组。小组内设一名组长,对小组整体工作负责,其他小组成员分别负责学习、纪律、卫生、两操及路队的项目,制定出小组目标。一周一小结,一月一总结,并根据各小组的得分评出当月优秀小组,各项目最优小组;管理责任意识突出的为最优小组长,成为班委候选人。一个月后,组内重新分工。这样,班内做到事事有人管,人人有职责,权利不集中。这培养了学生对自己的行为负责、对集体负责的意识。

四、小学生社会责任教育"6-6-6"实践模式的运转机制

事物的发展都有其规律,我将小学生社会责任教育的形成规律归纳为"6步"的运转机制,由六个系统组成,即目标引动系统、活动运作系统、情感深化系统、评价反馈系统、途径媒介系统、管理保障系统。具体操作流程解释为:在目标的引导下,通过各种活动将责任教育内容进行实践体验,再经情感内化,转化为自身行为,通过评价的引导、反馈达成目标,在这一系列的流程中以多种途径为媒介,以各种管理制度做保障,促进小学生社会责任的形成与发展。在这里,目标引动系统是进行责任教育的基石;活动运作系统是进行责任教育的载体;情感深化系统是促进责任教育体验认知与情感发展的过程;评价反馈系统是发挥实施责任教育的调控作用;途径媒介系统是构建具体的责任教育的途径体系;管理保障系统是进行责任教育完成教育目标和任务的有效手段。六个子系统的功能及其连接作用的发挥能够形成长效的小学生社会责任教育的生成规律。

五、小学生社会责任教育"6-6-6"实践模式实施的成效与反思

多年的实践,形成了"小学生社会责任教育各年级教育体系",六个年级,层次鲜明,逐步递进,螺旋上升,易于操作。

进行小学生社会责任教育"6-6-6"实践模式研究的目的就是提升小学生的道德品质。责任是看不见、摸不着的,是一种意志品质,只有在行为中通过学"知"、感"情"、练"意"、践"行",才能变为显性。如今,孩子们把内在责任意识和对集体的热爱显现出来,把班级、学校真正当成了自己的家园,时时处处体现着一种主人翁的责任意识。四年级的瑶瑶被同学们称为"校园小小美容师",每天中午午饭时,她主动做好饭前和饭后的保洁工作;见到小妹妹把饭撒在楼梯上,主动帮忙打扫;冬季看到操场上的垃圾袋和树叶,她带领同学们将操场上的垃圾和树叶一扫而光。新冠肺炎疫情期间,涵涵同学将1000元压岁钱捐赠给区红十字会,小胡同学

捐献消毒液和额温枪等物资。复课开学后,学生们严格遵守防疫要求,勤洗手、戴口罩、保持一幕距离,学会"七步洗手法"等,逐步将小我融入社会,体现出少年儿童的责任与担当。

　　小学生社会责任教育是一项长期的、深层次的、高品位的基础性工作,探索将校内的经验引申至家庭、社区,通过学校、家庭、社会的共同协助,做到"全员—全过程—全方位"育人,构建出小学生社会责任教育的整体教育网络。

小学高年级责任教育

天津市滨海新区汉沽中心小学　韩娜[①]

一、案例实施时间

2019 年 12 月。

二、实施过程及分析

(一) 实施过程

在我们六(二)班,小宇是个让人头疼的孩子,自从我接手这个班以来,经常有人告他的状。他时而在楼道里大声喊叫,吓唬其他同学,时而动手伤及其他同学,很多次都是因为他先挑起事端,无故说些别人不爱听的话,造成他成为班上被告状率极高的人。有时上课时,他会发出一些怪声,激动兴奋时,还会大叫起来。班上的同学们几乎都不喜欢他,他总是在打扰别人,让别人反感。记得在一次跟他的谈话中,他说自己也渴望交到好朋友,同学们嫌弃他,不愿意理他。说话的时候,小宇眼圈红了。

一天早上,班上的小智同学在做值日时,小宇凑近他,主动挑衅,一来二去,两人争执起来,随后小宇做出了很极端的行为,他竟然把班上的扫把给踹弯了。当我走进班里的时候,有的同学就把这件事告诉我了。小宇一副满不在乎的样子,他似

---

①　作者简介:项目带头人,中小学一级教师。

乎不懂，一个扫把也是学校的公共财产，如果谁损坏了它，是要赔偿的。

我把小宇和小智都叫了过来，了解了事情的经过，俩人打逗都有过错，我对他们进行了批评教育。同学们都在看我如何处理，因为还涉及一把被踹弯的扫把。一开始，小宇还不承认那是他弄的，我就跟他说："诚实是第一位的，你是一名小学生，更是一名男子汉，我觉得男子汉得诚实守信，敢于担当，我就等你一句实话。"最后小宇绷不住了，承认扫把是自己踹的。同时，他也向我承认了错误。但是他没有想到，我会让他赔偿。

我对他说："爱护学校的公共财产，是作为一个小学生最基本的责任，我们就是要从小事做起，肩负起自己身上的责任，我们应该保护公共财产不受损失，你既然都损坏了公物，哪有不赔偿的道理？只有这样，你长大后才能成为敢担当的男子汉。负责任，讲信用，遇事不推脱，这种负责任的态度，也是你该学习的。作为新时代的好少年，要热爱自己的学校，热爱班集体，更要热爱班里的公物，所以你要对咱们班的公共环境负责。"这时，小宇才深深低下了头，懊悔地说："老师，我错了，我不该打逗，更不该把扫把踹弯，我周一一定赔一把。"

晚上，我就接到了小宇爸爸的电话，他说大概了解事情，首先就这件事道歉，并诚挚表示一定赔偿。我说："事情已经发生了，我们该利用这件事，对小宇进行一次责任教育。你们夫妻非常忙，几乎很少陪伴孩子，他时常的发怪声和尖叫也是在唤起你们的注意，想得到你们的关注。包括在学校的调皮打逗，同样是想让同学、老师去关注他。小宇的内心多半是自卑的，他无法通过学业得到别人的夸赞，只能通过捣乱、发怪声，甚至是破坏东西的方式，来博得别人的眼球。我们应该多走进孩子的内心，去读懂孩子的心理和这件事深层次的原因。在家里时，爸爸妈妈应多陪伴孩子，多些沟通和关爱，孩子内心就会感到安全，无须再用其他方式来引起注意。在学校，我也会经常和他沟通，帮他在同学面前树立崭新的形象，将来孩子到了社会上，不能遇事就临阵脱逃，应该勇于负责，敢于担当。"家长非常同意我的做法，连忙说感谢。

周一的班会课，我便利用这件事，对同学们进行责任教育。这节班会的题目是"做一个有责任心的小学生"，我让大家阅读了有关责任的绘本故事，大家纷纷谈了谈自己的感受和对责任的认识。联系到实际，想到小宇的那件事情，大家也纷纷发表了自己的观点。有的同学说："当小宇和小智打逗时，身边的同学也有责任，应该去劝说他俩,不要打架。"有的同学说:"小宇应该赔偿,因为爱护公共财产是我们的责任。"还有的同学说:"我们也有责任让小宇变得更好。"大家说得都很棒,我表扬了他们。当情境再现时,我让小宇、小智情景表演,如果出现了那天的情境,大家应该如何处理。小智在打扫卫生,而小宇走近他,并没打逗,而是问:"需要帮忙吗?"说着小宇也拿起扫把,一起打扫了起来。此时,教室里响起了雷鸣般的掌声,因为大家看到了一个有责任心的小宇。

小宇赔偿了一个新的扫把,我对小宇说:"今后就由你负责班上的扫把、墩布等,负责保证它们的安全。"他非常开心,因为自己也是一个责任人了,负责保管班上的公共财产,他很自豪。

(二)案例分析

1.学生视角

从小宇自身分析,他解释说自己就是想帮助小智一起打扫卫生,但是并没有好好沟通,而是抢扫把,然后两人打逗起来,把扫把弄坏了。他的初衷可以理解。结合他一直以来在班上的调皮捣蛋的表现,还有与人交往时不当的肢体语言,说明他本身还是渴望得到别人关注的。小宇缺乏责任感,没有认识到扫把虽小,也是学校的公共财产,不能破坏。造成损失,必须要赔偿。

2.教育视角

作为教师,我们不仅要关注学生学习能力的培养,同样不能忽视对孩子责任感的培养。我们深入学习习近平总书记有关加强青少年思想政治教育的讲话内容,明白青少年是国家的未来、民族的希望,历史和现实都告诉我们,青年一代有理想、有担当,国家就有前途,民族就有希望。我们作为未来接班人的培育者,一定要重视学生的责任教育,之后才能培育出有担当的人。小宇的事情,让他从一件小事中培养责任感,这对于他今后整个人生的发展是非常有益的。立德树人是教育的根本任务,作为教师,我们有必要把学生的思政教育落到实处,不断提高孩子们的思想水平、政治觉悟、道德品质、文化素养,让他们成为德才兼备、全面发展的人。

3.社会视角

立德才能树人,习近平总书记指出:"一个人只有明大德、守公德、严私德,其才方能用得其所。"修得,既要立意高远,又要立足平实。要立志报效祖国、服务人民,这是大德。同时还要从做好小事、管好小节开始起步。在小学阶段,我们就要培养学生们服务国家、服务人民的社会责任感。学生们从身边小事开始，严于律己，讲公德、讲责任，一点一滴积累，才能形成好思想、好品质。

4.未来视角

我们培养的是全面发展的人，不仅要关注孩子每一阶段的发展，还要把眼光放得长远，放眼未来。德智体美劳全面发展，身体健康、心理健康，思想政治觉悟高，这才是我们需要培养出来的人才。我们要关注学生每一次经历的事情，从中找到孩子的成长点，教育引导他们热爱党、热爱祖国、热爱人民，把社会主义核心价值观教育落到实处。

三、具体措施

与孩子本人沟通：事情发生后，我积极与小宇谈心，了解了他真实的想法。我首先肯定了他想帮同学做值日的想法："你有一颗善良、乐于助人的心，同时也想为班集体服务，这一点值得鼓励。你是诚实的，最终你信任老师，把实话说了出来，老师很欣慰。但是你在后面解决问题的方式不好，更不能把学校的公物损坏，作为一个新时代好少年，自己做错的事，要敢于承担。知错能改，善莫大焉。老师相信你，今后不会做出这样的事了。因为老师相信你，你今天勇敢地承担了自己的责任，今后会是个有担当、讲公德的好少年。"这时，小宇的眼睛有些湿润，我知道他的眼神里，有懊悔、有责任、更有希望！

与孩子的家长沟通：事情发生当晚，小宇的爸爸主动打来电话，沟通这件事。他上来就为小宇的行为道歉。这证明，我跟小宇的谈话起了作用。我跟小宇爸爸说说："父母是孩子的第一任老师，你们要多陪伴孩子，关注孩子的成长，你们的示范和引导，对于孩子优秀品质、健康人格和良好习惯的养成都起着至关重要的作用。责任感的培养，在家也能进行，比如让孩子做做家务，当当小主人，家里有事的时候，也倾听一下孩子意见。"家长表示赞同。

上一节有关责任教育的主题班会课：本次班会课的目的主要是让同学们懂得什么是责任，如何做个有责任心的人，如何对自己、对集体、对家庭和社会负责。其中的一个亮点环节，就是角色扮演。

给该生在班级安排一个差事，培养责任感：我当着全班宣布："今天我要安排一个责任委员,那就是小宇,他负责班上的扫把、拖把和黑板等公物的安全保护工作。"小宇非常开心,因为他对班集体负起了责任。

四、创新点

立足生命成长:我们在处理学生出现的各种问题时,着眼点不应仅仅局限于小学阶段,而且放眼长远,关乎孩子的整个生命成长。这件小事的处理,我不仅要关注小宇的整体生命成长点,也给班上其他同学成长的搭桥铺路。责任感,是他们成长必需的,每个人都要对自己的家庭负责,要对自己的班集体负责,更要对自己的生命负责,对自己的祖国负责!

立足社会责任:社会的发展,国家的强盛,需要有责任、讲担当的新时代好少年。我们要不断加强小学生思想政治教育,把责任教育落到实处,帮助他们养成好思想、好品德、好习惯,为实现我们的伟大中国梦做出自己的贡献!

"主动拒绝烟酒与毒品"责任教育案例

天津市蓟州区同乐小学 曹金凤、朱镇

一、案例实施时间

2019 年 12 月 3 日。

二、实施过程

(一)设计目的

"主动拒绝烟酒与毒品"责任教育与教材紧密结合,以《道德与法治课程标准》为指导,使道德存在于儿童的内心,使法治原则为更多儿童所了解和遵守,引导儿童热爱生活、学习做人、懂法守法,自觉遵守各项规章制度和社会规则,培养具有良好品德和行为习惯、乐于探究、热爱生活的儿童,从小教育孩子要有责任意识,拥有对自己、对家人、对社会负责的人生态度。

社会生活千姿百态,充满着许多的诱惑和陷阱,如:毒品、赌博、烟酒、网络游戏等。我国广大少年儿童正在茁壮成长,怎样才能拒绝生活中的各种不良诱惑呢?通过资料中的数据显示,我国青少年吸烟、饮酒乃至吸毒的人数在逐年上升,而且越来越年轻化。这就表现出他们中间有些人对烟酒毒品的危害认识还不够深刻,认识不足,再加上青少年意志力薄弱,容易被烟酒毒品侵蚀。我所教学的五年级学生正处在少年期,这种现象目前很少,但是它们马上就步入到青少年阶段。因此,小学生需要提高防范意识,主动远离危害,对其进行教育至关重要,这项工作也是一项关系祖国和民族未来的长期性工作。我们要使学生了解烟酒、毒品的危害,了解其对社会发展产生的不利影响,要对自己的生命负责,使学生从内心深处主动远离烟酒,坚决抵制毒品,这是我们学校教育义不容辞的责任。

学情分析:五年级学生的自主意识明显增强,他们对事物有自己的观点和认识,可能有些认识有一定的偏差,老师在这过程中要肯定学生的表现(满足学生自尊感的需求),同时要有意识地进行正面引导。另外,他们的行动具有一定的盲目性和冲动性。对于身边的诱惑,需要教师、社会、家庭的关注与引导。五年级学生有较强的可塑性,他们需要提高自我管理能力,拒绝不良诱惑。

我们需要让学生体会到可持续发展教育中的"四个尊重","四个尊重"中就有珍爱生命的教育、对自己负责的教育。除此之外,我们应有效地利用学校、家庭和社会的作用,努力为实现全社会可持续发展做贡献。

(二)具体措施

1.深挖教材,服务生活

"道德与法治"这门课程是以儿童的生活为基础,以培养品德良好、乐于探究、热爱生活的儿童为目标的生活型综合课程。其具有以下几个特征:生活性、开放性、活动性。

我校对学生进行"绿色无毒　健康人生"系列教育活动,加强责任教育,我紧紧抓住这个契机开展了本次教学活动,这样既符合新课标的要求,让知识不脱离生活,学生不脱离课程的规定,很好地利用了课堂上的时间对学生进行引导。教育就这样潜移默化地开展了。

2.课堂教学部分

预设达到的目的:教师对学生已有的知识经验进行提炼、提升,辅以图文实例,使学生更加具体地知道烟酒毒品的危害,从而达到使学生远离烟、酒、毒品的目的,并能把接受到的教育再向社会宣传,达到教育的辐射作用,走出课堂、走向家庭和社会。

(三)创新点

1.激发兴趣,提升育人技巧

兴趣是最好的兴奋剂。在课程开始前,学生在教师的组织下观看了相关的教育宣传片,学生在课余时间利用各种渠道搜集了烟酒毒品的文字图片和相关知识。在整个活动中,教师和同学们都显示出了极大的热情。通过对这些资料的整理,学生们对烟、酒、毒品对人类造成的重大伤害有了了解,同时深深地感受到这种伤害就在身边。与此同时,学校在开学初还请了片区民警,对孩子进行烟酒毒品的专题讲座,全校学生在国旗下进行了"远离烟酒毒品"的签字活动等,这两项活动都对孩子的认知起到了警示的作用。

2. 活动引领教学,提升责任意识

在课堂中,我以梯度活动贯穿始终,利用责任意识浸润学生的心田,各组同学根据活动以情景进行角色扮演,他们在表演中进一步理解了所学内容,学习了一些拒绝烟酒毒品的方法。活动以梯度效果呈现出知识掌握的最佳状态,学生在体验、感悟中懂得了要对烟酒和毒品说"不",珍爱生命,远离毒品,关爱他人。教育收到了事半功倍的效果。

3. 多媒体课件辅助教学

4. 有关案例、宣传图片

(四)课堂实施

1. 学习目标

情感态度与价值观目标:树立抵制不良习惯是珍爱自己和他人生命的一种负责任的态度,能既坚决抵制和远离烟酒与毒品。

能力目标:能采取各种形式的宣传吸烟、饮酒的危害,学会果断地拒绝烟酒和毒品,懂得求助的方法。

知识目标:提高对烟酒和毒品的防范意识,远离可能产生危害的地方。

教学重点:提高对烟酒和毒品的防范意识。

教学难点:拒绝烟酒和毒品的有效方法。

教学方法:调查、访问、合作交流。

2. 教学流程:

(1)复习导入,感受新知

师:同学们,我们课前搜集整理了烟酒和毒品的危害,谁来说说,它们会产生哪些危害?

生1:吸烟可引起心血管损伤,严重者会得肺癌。

生2:饮酒可造成胃出血、胃癌、大脑萎缩。

生3:醉酒可能会犯罪,饮酒驾车会被刑拘。

生4:吸食毒品可以摧毁身体,感染疾病,造成倾家荡产的结果。

生5:吸食毒品会诱发不良行为,导致违法犯罪。

【设计意图】回顾导入,加深印象,只有学生看清楚、想明白这些不良后果的危害,才能让孩子更好地明白烟酒和毒品为什么不能碰,一旦沾染会产生什么样的后果。这样就为更好地导入本课做好铺垫。

师:烟酒毒品危害这么大,一旦沾染上就很难戒掉。请大家说说身边的例子。

(学生亲自动手搜集资料后,了解毒品对人的危害,感同身受,交流起来就显得激昂澎湃。)

师:老师也搜集了一些烟酒毒品危害的资料,请大家看大屏幕,看过以后说说感受。

(教师展示饮酒、吸烟、吸毒的一张张图片。)

【设计意图】通过教师展示的图片,几个回合的思想碰撞,学生深刻认识到吸烟、饮酒,吸毒危害人身体健康,这是对自己的生命不负责任的表现。

(2)揭示主题,探讨"拒绝危害有方法"

①目标解读

首先,通过学习研讨,知道生活中存在的各种各样的危害。

其次,懂得远离烟酒、拒绝毒品关键在于我们自己,要对自己的生命负责。

最后,提高防范意识,远离青少年不适宜进入的场所。

②讲授新课

活动一:身边的危害。

师:你们看到过这样的少年吗?面对这样的情景,你会怎么做?

师:当朋友说"尝一次吧,挺好玩儿的,就一次,没事的"时,我们常常觉得很难拒绝。可见,拒绝既是一种态度,也是一种艺术。在生活中,如果我们也遇到这样的情况,应该如何拒绝呢?

(学生讨论拒绝的方法。)

教师提示:首先,直接而坚定地表明立场和想法;其次,寻找借口,拒绝他人要求;再次,转移话题,引出新话题,摆脱引诱;最后,离开现场,摆脱纠缠。

师小结:珍爱生命,远离第一支烟,第一口酒,第一次毒。

【设计意图】情景表演和宣传发言,激励学生积极,投入拒烟、拒酒、拒毒行动中,形成对自己生命高度负责的态度。

活动二:直面危害。

师:当你遇到下列情景,你会怎么做?(小组合作准备,即兴表演。)

学生表演:

生1:我不喜欢这种东西。

生2:吸烟这种东西对我们的身体有害,我们一定不能吸,要远离它。

生3:烟草对我们的成长有害,吸这种东西会上瘾的,有了第一次,就会有第二次。

生4:我爸妈不让饮酒,我觉得他们不让喝有不让喝的理由,家长说的话还是要听的。

生5:自己要对自己的生命负责。

生6:对,人的生命只有一次,应该看重些,不该尝试的东西不轻易尝试。

师小结:生活处中处有危险,意识不到危险,才是最大的危险。

活动三:你知道哪些地方隐藏危险,容易让青少年沾染烟、酒、甚至毒品吗?

生1:网吧。

生2:酒吧。

生3:歌舞厅。

生4:娱乐休闲会所。

活动四:教师播放吸食毒品产生危害的视频。

师:体育健将尚且如此,我们更难抵制毒品的危害,如果他们不去这些地方,就不会将自己置身于深渊。那这些地方能去吗? 不能!

教师带领学生共同宣誓:主动拒绝烟酒,坚决抵制毒品,坚决不去不适宜未成年人出入的场所,不去酒吧,网吧,歌厅。对自己、家庭和社会负责!

三、精讲点拨

《小学生日常行为规范》第二十条规定：

不吸烟、不喝酒、不赌博，远离毒品，不参加封建迷信活动，不进入网吧等未成年人不宜入内的场所。

《中华人民共和国未成年人保护法》第三十六条规定：

中小学校园周边不得设置营业性歌舞娱乐场所、互联网上网服务营业场所等不适宜未成年人活动的场所。

营业性歌舞娱乐场所、互联网上网服务营业场所等不适宜未成年人活动的场所，不得允许未成年人进入，经营者应当在显著位置设置未成年人禁入标志；对难以判明是否已成年的，应当要求其出示身份证件。

师：我们身边还有哪些场所设置了"未成年人禁止入内"的标志？请大家想一想，上述法律规定对我们有什么作用？

生：给我们的人生安全多加了一份保障！

师小结：我们要学会拒绝和求助。如果有人劝我们吸烟、喝酒、吸毒，我们要勇敢、坚决地说"不"；如果我们对事情的危险性判断不清，就要及时寻求家长或老师的帮助。

活动五：学会说"不"。

师：拒绝诱惑，远离危险行为，请大家来完善《学会说"不"》操作手册。

学生活动：小组交流填表。

生1：勇敢坚定不退缩。

生2：不安全、不合法、不喜欢。

生3：说到做到，快速远离，寻求帮助。

实践活动：

师:同学们,你们已经深深懂得了毒品的危害,你们有决心、有信心拒绝吗?

生(齐声):有!

(声音洪亮,表现学生拒毒的信心和决心。)

师:同学们,为了表示大家的决心,我们来举行一个签字仪式,请大家在"拒绝毒品,珍爱生命"的纸上签上自己的名字。

(签好字的纸张粘贴在黑板上。)

师小结:远离烟酒,拒绝毒品,关键在我们自己。要增强防范意识,养成良好的学习和生活习惯,养成遵纪守法的习惯。主动拒绝烟酒,坚决抵制毒品,是我们健康生活与成长的保障,也是对自己、家庭和社会负责的表现。

四、推荐作业

师:根据我们生活中的实际情况,制定一个你认为可行的戒烟、戒酒、拒毒的宣传活动方案,如写一写戒烟、戒酒、拒毒的宣传标语,画一画戒烟、戒酒、拒毒的宣传画等。

五、归纳总结、拓展提升

师小结:通过这节课的学习,大家有哪些收获?

(教师播放禁毒公益歌曲《生命》。)

六、教学反思

这节课是《主动拒绝烟酒与毒品》的第二课时,本节课有效达成了预定的教学目标。学生了解了烟酒、毒品的危害,讨论、交流了如何果断拒绝烟酒和毒品,懂得简单的求助方法,提高了对烟酒和毒品的防范意识,远离可能产生危害的地方。

导入阶段,以回顾上节课内容、叙说烟酒毒品的危害的方式引入,引发学生的思考,充分调动学生学习的积极性;教学过程中采用大量的媒体资料(吸食烟酒毒品照片、危害对比照片等），直观形象，易于学生自主思考，自主归纳，自主建构出"毒品对个人、家庭、社会的危害"；教学方法采取头脑风暴、讨论交流、角色扮演、视频刺激、同学评价、宣誓签名等方式组织活动，形式多样。课堂较充实。

但是，由于一节课的时间很有限，我们不能把所有有关烟酒毒品预防的内容探讨完，还应在让学生进一步了解戒毒为什么这么难、复吸率为什么这么高，推导出我们绝不能因好奇而尝试吸毒。

本节课资料、图片较多，黑板上粘贴了有关"绿色人生 健康无毒"的手抄报，奈何教学时忽略了此环节，是个失误。课堂上不可能教学面面俱到，以后那些重复的、不能增加学生体验、感悟的资料要舍得删去，把时间留给学生。另外，对于道法课教学的整体把握、如何评价学生五花八门的答案、如何使学生的问题变成课堂的生成资源、如何引导学生利用这些生成资源、如何在师生的互相启发、思维碰撞下实现师生的共同发展等这些生成性问题，以后在备课时要多加考虑，并在教学实践中不断努力探索。

责任教育：于生、于师、于国

天津市蓟州区下仓镇东太河中心小学　乔美方

一、案例介绍

根据小学英语人教精通版(三年级起点)三年级上册第 25 课，及以此为契机开展的"古诗词大赛""班级成语大会"和"中华传统美德故事"分享会活动，对学生进行责任教育。

《现代汉语词典》指出："责任，是指分内应做的事。"相应地，责任感就是指一种自觉地把分内的事情做好，并愿意承担相应责任的情感。责任感分为历史责任感、社会责任感、集体责任感、家庭责任感、主人翁责任感等。

责任教育不仅指让学生成为一个有责任感的人，成为一个对自己、他人和国家负责的人；也让教师在责任教育的过程中变得更加有责任感、使命感。这是一个互相成长的过程，是一个不断完善自我的过程，更是一个追求幸福的过程。每个人都有自己的家庭角色、社会角色，都有着自己要承担的责任，学会在承担责任中成长，才会营造属于我们的幸福。学生如此，教师亦如此。用责任感为成长做个标签，用责任教育给年轮加个封面。心向往之，行必能至，追梦未来，我们要做到无愧于心，无愧于祖国。

二、实施时间

2019 年 11 月至 12 月。

三、实施过程及具体措施

小学英语三年级上册的人教精通版(三年级起点)第 25 课是学习颜色(红色和蓝色)的英文表达。在教授这节课的时候,我有意识地进行了责任教育。责任教育不是单一某个方面的,是让学生在思想上、行为上、语言上等各方面都体现出责任感,让学生体会到"知识"外的东西。

(一)教学内容与分析

1. Just talk

本部分从所学知识入手,引出新知,让学生在自然的情景中初步感知、理解"What colour is it?"及其答语,并能初步达到交流的目的。

2. Just learn

学习有关表示颜色的词(red,blue),能听懂、会说、会读,能在实际生活中运用。

3. Let's play

通过猜颜色的活动,让学生进一步巩固和运用所学内容。

通过学习和引导,培养学生的语言表达能力、思维能力等核心素养,同时进行思想教育,让学生在德育中成长为德智体美劳全面发展的人。

(二)课前准备

1. 准备若干面小国旗,奖励课上表现出色的学生

2. 让学生准备相关的文具,教师提前录制好要用的相关视频

3. 准备好课文的音频、动画

（三）教学步骤

1.热身/复习

T：Good morning，boys and girls！

Ss：Good morning，teacher！

T：Sit down，please！

（教师展示用 vlog 的视频形式展示自己课下收拾文具和课本的过程，并且运用"I have a/an/some"的句型，帮助学生回忆上节课的知识内容，活跃课堂气氛。）

2.新课导入（Presentation）

（1）T：Look！ I have a new pencil. What colour is it?

（这支笔是一半红色，一半蓝色。教师先握住蓝色一方。）

Ss：Red（红色）.

（有的学生在课前已经知道了红色的英文表达，但有学生还不知道，所以会说出中文。）

T：Yes！ You are great！ It's red. Follow me，please. Red，red，red，"e"，"e" red.

Ss：Red，red，red，"e"，"e" red.

T：Well done！

（教师以同样的方式教授另一个单词"蓝色"的英文表达。）

（2）T：I have a new pencil. Look！ What colour is it? It's red. Which group can make up a dialogue like this?

Students practise making dialogues. And showtime.

T：Brilliant！ You're very clever.

（教师要求学生展示对话时可将全班分成两队，一是红队，一是蓝队，进行对抗赛。红蓝队交替上前展示对话，对于做得好的小组奖励。让学生体会重点句，同时说出答语，并通过操练，巩固所学知识。）

（3）T：Look at this pencil. It's red and blue. It's nice. Right?

Ss：Right！

（4）T：Now，please open your book. Lesson 25. Listen and repeat，please.

（听录音，观看课文动画，同时展示 Just talk 和 Just learn 的教学内容，要求学生反复跟读并指读。)

3. 趣味操练(Practice)

(1) T:Let's play a guessing game. Are you ready?

Ss:Yes!

T:OK! Go!

(让一位学生拿着文具,藏在身后,到前面让全班猜或指定某人猜,练习"I have a……What colour is it? It's……"句型。遇到学生提出没有学过的词汇,教师适当补充。对表现好的同学要奖励。)

eg. S1:I have a pen. What colour is it? Guess!

S2:It's red.

S1:Right.

S2:Oh,how nice!

S3:I have a new ruler. What colour is it? Guess!

S4:It's red.

S3:No.

S4:It's blue.

S3:Yes. Blue.

S4:Wow, how nice!

……

T:Good job!

(2)头脑风暴

(联想日常生活中有红色或蓝色的常见物品,并一一记录下来。学过的用英语,不会说的可以用汉语。然后全班分成几个小组,展示各小组的联想结果,可根据需要,介绍一些未学词语的英文表达。)

T:Which group would like to show? Any volunteers?

G1:红色有国旗、红灯、花朵……蓝色有海洋、笔芯……

T:Excellent!

(教师在学生想到国旗时,可以对学生进行思想教育,可用中文表达。)

T:想到国旗(National Flag),你们有什么感受?

S1：我们要热爱国旗，热爱祖国。

S2：要好好学习，长大为祖国做贡献。

……

T：大家都说得非常好！国旗的这种红，是鲜血红，是人们为之付出生命、爱、热情和青春染出的颜色，是我们永远的激励，是我们奋斗的源泉，是我们守护的对象。大家要懂得幸福生活的来之不易，知道有很多人在为我们的美好生活负重前行，同学们要自豪于我们伟大的祖国，致敬那些建设祖国的奋斗者们。用团结奋进、不怕辛苦、坚持不懈的精神，努力学习，更好地成长。祖国的强大是我们成长的后盾，我们也要一起为建设更加强大的祖国添砖加瓦，不负年少时光，不忘初心，不负韶华。I am Chinese(我是中国人)！I love China(我爱中国)！

Ss：I am Chinese. I love China.

T：Excellent！

（每名同学都奖励一面小国旗。）

G2：Red：国旗、衣服、血液、火龙果……

Blue：蓝天、ruler、eraser、大海……

……

T：想到蓝天(blue sky)了，你们有什么想法呢?

S1：蓝天代表天气好。

S2：蓝天代表空气好，就是环境好。

……

T：Amazing！你们说得太好了！那么，我们要怎样保护环境呢?

S1：不乱扔垃圾。

S2：不践踏花草树木。

S3：不随地吐痰。

……

T：Great！大家要注意，扔垃圾时要垃圾分类哟！我们说到要保护环境，就要说到做到，从自身做起，从小事做起。要记得诚信是一个人的立身之本，"失信不立"是亘古不变的人生哲理。

（教师要对表现好的同学发小国旗奖励。）

4. 课外活动(Additional activities)

(1)课下继续练习句型 What colour is it? It's……

(2)有兴趣和能力的同学可以用红色和蓝色等颜色的绘画笔、颜料或其他物品自制美术作品。

学生在这节课下课后,围在我身边问:"我们的国旗是谁设计的? 国旗上的五颗星代表什么意思? 什么是爱国? 爱国的表现是什么? 老师,您猜我长大后想从事什么职业? 怎样才能为祖国做贡献? 还可以怎样做来保护环境? 有没有方法能减少垃圾的产生? 老师,垃圾分类用英语怎么说?"这些问题证明孩子们的求知欲得到了激发。知识和道理就在潜移默化中达到"润物细无声"的效果。

以此为契机,我们以班级为单位举办了一场"古诗词大赛",围绕责任意识、爱国情怀、理想抱负等方面,让同学们去收集古诗词,并且背诵下来。这同时也是为能让同学们领略古诗词的魅力,感受汉字的意境,被中华民族传统文化熏陶。在比赛中,同学们各展风采,面对关键词限定、飞花令等环节,同学们毫不畏惧,勇往直前。教师在同学们的优秀表现中,深深感受到了孩子们的努力、热情、认真、快速的反应能力,等等,也会被孩子们震撼到。这些成长是可见的,是孩子们需要的,是教师所希望看到的,学生们有很大的潜力和可能性,教师要善于去发掘,去塑造、去提供机会,让孩子们真正地实现德智体美劳全面发展。

"班级成语大会"的开展,让同学们对我们的文化有了更为深刻的理解,并且学习了对应的英文表达,是"一举两得"的活动。

最后,我们以班级为单位,举行了"中华传统美德故事"分享会,同学们分小组用英文来讲述或编排中华传统美德故事,并说说自己对这些美德的理解和今后要如何实践。同学们在分享的过程中体会到了中华民族的文化底蕴和精神传承。

四、创新点

在日常的课堂教学中,通过红色、蓝色英文表达的学习,渗透爱国主义教育、理想信念教育、环保理念教育,不仅能让学生掌握教材要求的目标,还可以拓展思维,让学生思考,同时进行德育,让一堂课不再只是简单意义上的传授知识,而成为培养学生良好品行、促进人格修养、提升学生道德素质、传承民族精神、激励学生奋斗向前的思想教育"阵地"。

泱泱华夏,璀璨中华。"古诗词大赛""班级成语大会"和"中华传统美德故事"分享会这些后续活动,激发了同学们对中华文化的学习激情,并且更加热爱中华文化。同时,鼓励学生自主去学习、去阅读、去运用知识,使学生的知识储备得以增加,体会到不同语言的表达魅力,也让他们的思想得以升华,心灵得到洗礼。

五、责任教育案例思考

五千年的文明使我们的历史变得厚重,璀璨的文化使我们的思想变得绚烂,也使德育扎下了根。其凝聚了中国上下五千年来中华民族的精神,集聚了中华民族的优秀灵魂。小学阶段作为人一生思想形成的最初时期,在小学阶段对学生进行德育的启蒙教育,可以达到事半功倍的效果。启蒙阶段,小学生的心智还发育得很不完全,对世界的认识还是一种模糊的状态,任何因素都可能改变他们的道德观念,改变他们以后的人生。在塑造小学生人格的关键时刻,德育千万不可忽视。教师要弘扬优秀的道德传统,抓好文明礼仪教育、爱国主义教育、社会主义教育,不断强化学生的社会责任意识,只要学生树立了正确的道德观,他们将会受用一生。"人是生活在一个社会环境里的,最幸福的奋斗一定是和这个国家的国运联系在一起。"作为一名教师,以教书育人为职责,以培养德智体美劳全面发展的社会主义建设者和接班人为己任。这种责任教育既是自身的职业要求,也是为让学生理解好、牢固树立好社会主义核心价值观,更具责任感和使命感。学生在这种精神的激励下,会更加知道成人、成才的意义及今后自己的努力方向。

对学生的教育应该是全方位的,不仅仅应教会学生知识,更要教会学生做人、做事,让学生有责任感,对自己、家人、朋友、社会和国家负责。责任教育要渗透到每一节课、每个课间、每次交谈,让学生在充满责任感的氛围中学习与成长。一个有责任心的人,必定是敬业、热忱、主动、忠诚的人,是把细节做到完美的人。有责任心,才能更好地做好自己的工作。对于教师来讲,就是要立德树人、教书育人,把自己的学生当作自己的孩子,对他们有爱、有期待、有付出、有感动、有激励、有教育、有祝福……当然还有收获,这不只是指他们学习到了许多的知识,能力得到提高,更重要的是看到他们逐渐学会担当、学会热爱,并且愿意为自己热爱的祖国不断地去努力奋斗！看到学生们健康地成长是一件特别幸福和值得骄傲的事情。

春天和煦的清风,盛夏炽热的阳光,秋天飞舞的落叶,冬天银装的大地,四季风景流过,时光匆匆,转眼之间,学生长大,教师要做的是及时进行责任教育,做好责任教育,让他们更好地成长。月白与风清,山黛与川行,用爱和德填满的心灵更美好。对学生进行责任教育的意义是重大的,让学生和自己都最终成为想成为的人,才不辜负这一场生命之旅。

初心不因征途遥遥而改变,使命不因风雨坎坷而淡忘。我会始终坚定教育理想信念,用奋斗照亮明天,踔厉向前,落实立德树人根本任务,培养德智体美劳全面发展的社会主义建设者和接班人,为发展具有中国特色、世界水平的现代教育做出更大贡献,迎接祖国更加美好的未来。

立足责任,放眼未来

吉林省长春市南关区西五小学　丁国君、荆慧、程丽云、王岩、米莉①

责任心、责任感和责任意识是一个人能够立足社会、获得事业成功与家庭幸福至关重要的人格品质,也是衡量一个人是否优秀的重要标准。在当前构建和谐社会的大背景下,责任感和责任行为是建设和谐社会的基础。只有强化责任意识,学会对他人、对集体、对社会、对自然负责,才能实现社会和谐发展。同时,和谐社会又可以提升责任情感,二者起到相辅相成的作用。

《中华人民共和国教师法》第三条规定:"教师是履行教育教学职责的专业人员,承担着教书育人,培养社会主义事业建设者和接班人,提高民族素质的使命。"从这里我们看出,教师是一种特殊的职业。

学校德育历来都居于一切教育的首位,未成年人的德育必须面向市场经济,要贴近学生、贴近生活、贴近实际,探索新时期德育工作的新规律,使学校德育由零碎性转向系统性,由随意性转向科学性,提高思想教育的实效性。责任教育是素质教育的核心和支撑,因此我们更应努力培养和提高未成年人的责任意识,唤起学生的责任情感。

近年来,我校积极开展的"小学生责任教育"研究,旨在运用教师群体的力量,通过各种方式对学生进行责任教育,努力营造"责任教育"校园文化,在理论、实践和教育文化上寻找到一条切合学校实际的、能有效提升德育成效的途径。学校坚持"让每一个学生学会负责,让每一个学生得到发展"的办学理念,扎扎实实进行课题研究,从责任认识、责任情感、责任意志、责任行为四个部分进行责任德行训

---

① 作者简介:项目负责人丁国君为长春市南关区西五小学校长。

练,让学生从小学会"对自己、家庭、他人、集体、社会、国家、人类、自然负责"。让学生在认知、思想品德、情感以及实践能力等多方面得到全面发展。"让每一个学生都得到发展",使每一个学生不求一样的发展,但都要发展;每一个学生不是同步提高,但都要得到提高;每一个学生不必拥有相同的发展轨迹,但都要合格。将学生培养为一个有责任心、责任感的人。

一、加强管理,建章立制,完善责任教育规范评比机制

建立一套完整的责任教育工作制度和相应的监督机构是持之以恒抓好责任意识形成的重要保证。

我校将《小学生守则》和《小学生日常行为规范》作为学生行为习惯养成教育的行动准绳,并在校园文化墙、班级文化墙上体现,努力营造学习规范的浓厚氛围。学校还给每名学生发放了《小学生守则》文本材料,要求全体学生熟读成诵并据此导行。除此之外,学校还根据《小学生守则》和《小学生日常行为规范》的基本精神,从实际出发,制订并实施责任教育方面的一系列合理、可行的规章制度,如《西五小学生责任教育一日行为规范》《西五小学生责任心基本要求 20 条》《西五小学阳光道德银行评比细则》等,并把它们作为学生责任教育的具体要求,以行为规范的训练为抓手,塑造"责任意识较强、人文素养较厚、身体素质较高"的学生人格特征,让学生从小树立"对自己、家庭、他人、集体、社会、国家、人类、自然负责"的意识,做诚信、文明、负责的现代人。

值周值日制度:值周值日人员由领导、教师、学生干部组成,负责检查每天学生在校的表现,发现问题,及时教育、矫正,并将情况及时记录。把学生表现与期末"星级文明班级"的评比结合起来,让学生平时的行为表现时时处于集体的舆论监督之下,使学生能懂得对自己行为负责从而比较自觉地遵守规范。该制度的实施从细小处入手,把责任教育真正落到实处。

红领巾责任岗"千分赛"检查考核制度:由红领巾监督岗、执勤岗从纪律、文明、锻炼、卫生、安全等方面对所有班级进行全方位考核,各项考核总分 1000 分,按 15‰计入班主任月考核常规管理,大、中队干值岗表现也与班级考核挂钩,考核结果每周一公布,每月一小结。

校园环境卫生管理制度:由执勤教师与红领巾监督岗、执勤岗负责检查考核,考评结果与班主任月考核挂钩,每周评选一次"卫生纪律红旗班级",并在班主任月考核中给予相应数额的奖金。

"学会负责我能行"班级检查考核制度:以责任教育为突破口,从"对自己负责""对他人负责""对集体负责"三方面根据考核细则,结合班务日志,由各班组织班干部进行考核,学生责任行为的考核与班主任月考核挂钩,考核情况占千分制的10%,考核结果每周一公布,每月一小结。

"责任之星"评比制度:根据"学会负责我能行"班级检查考核结果,通过自评、小组评、班主任推荐、学校确定等方式,每个月每班评选出一名"责任之星",由学校大队部进行表彰,同时,照片与先进事迹及时通过橱窗展示出来,为其他学生树立生活中的榜样。学生在评价过程中进行自我教育,即由"他律"逐步转向"自律"。

阳光道德银行财富榜评比制度:学校制定以"四爱四争做"为主题的道德银行实施细则,道德分行组织学生学习,每日由学校文明礼仪小督查对各班分行的每日表现进行记录和评比,每周一总结,将评比结果张贴公示。在实施的过程中,积极鼓励道德主体参与到"积德"的活动当中,让孩子们体验到助人为乐的情感,培养孩子们从小树立责任意识、关心他人、奉献爱心的良好品质。

二、注重细节,创新载体,扎实抓好育人全程

(一)健全责任教育网络,组建三个机构,培养三支队伍,建立三大体系

我们通过校内领导组织机构的创建、校外教育基地的建设以及社区实践活动的开展,着力组建三个机构,培养三支队伍,建立三大体系,构筑起校内外结合的立体德育工作网络,形成了全方位育人的生动格局,把规范养成教育的触角延伸到学生生活的各个方面,打破了传统德育封闭的局限,建立起了学生自立、自治、自理的机制。

1.三个机构

以党组织和行政部门组成的德育管理的决策机构——领导小组,负责德育工作的决策和指挥。其具体任务是:明确目标,制订计划,使德育的内容生活化;组织

队伍,统一思想,使德育途径整体化;完善各项制度,形成优良校风,重视德育质量考证的科学化。

由政教处、大队部共同组成的中层执行机构——德育工作检查小组。其任务是负责布置并检查每项德育工作的落实情况。

由年级组、教研组、班集体、家长委员会成员等组成的德育工作落实小组,他们是德育工作管理系统中的重要组成部分,虽然他们不是一级行政机构,但他们担负着德育管理的具体任务实施,是德育管理中不可缺少的基层组织。

2. 三支队伍

主管德育工作的校长、党支部、政教处、大队部;全体教职员工;学生干部和全体学生。

3. 三大体系

学校教育体系。学校党、政、工、团、队、年级组、教研组、全体教职员工齐抓共管,全员育人,构成学校德育工作教育系统。

家庭教育体系。家长委员会、家长学校、全体学生家长,共同关心学生成长,构建与学校教育和谐统一的家庭教育系统。

社会教育体系。由政府部门、教育职能部门以及社区居委会等联合构成,努力为学生的健康成长营造一个校内外一体化的"空气清新"的大环境。

以上三个机构、三支队伍和三大体系共同构成了一个合作育人的网络,它们既能发挥各自的独特作用,又可以相互配合,形成合力。

(二)落实责权,确保实施,做到"四定""四抓"和"四查"

"四定":"定人员"——根据教师的志愿和个人申报,确定科研人员;"定课题"——在学校总课题的基础上,教师自己选择子课题;"定时间"——科研人员在学校教导处的总体安排下,自己确定科研时间;"定目标"——根据自己的课题制定完成目标。

"四抓":"抓骨干"——抓好骨干,以点带面,逐步推进,全面开花;"抓过程"——抓过程实施,抓过程管理,抓过程调控,走好每一步;"抓成果"——积极创造条件,抓教师科研成果的形成,要求每学期有一至两项科研成果;"抓量化"——以学校教师素质评价为考核依据,对教师的科研进行量化考核。

"四查":"查实施"——每学期对教师实施科研情况检查两次,看实施情况是否正常;"查小结"——每学期中进行中期小结一次,每学期末对科研情况总结一次;"查进展"——不定期对教师的科研进行督导、抽查,看进展是否顺利,是否有困难需要解决;"查记载"——看科研记载是否翔实,是否需要循环跟进开展课题实验。

(三)多措并举,营造氛围,形成全员育人格局

为了确保育人的效果,在校内,我们将责任教育校本课程纳入课表,由教导处根据教研室提供的任课教师名单统一排课。教研室对校本课程开发实施的具体过程如教学内容、教学常规、教学评价、课程评价等进行全程指导和监控,以促进校本课程体系的逐步完善。同时,我们对广大教师提出"贴近学生,开展对象研究"。利用网站、橱窗、红领巾广播站、板报、国旗下讲话、班队会、家长会、家长委员会等平台对学生进行全方位宣传教育,并把了解教育对象的所思、所感、所需作为德育工作的前提和出发点,将德育与学生的生活实际紧密结合在一起,从儿童的日常生活中选取一些真实且能触动他们心灵的小事对学生进行教育,以引起他们道德的共鸣,从而使责任教育真正落到实处,收到实效。此外,我们还要求全校教师都要以学生为对象进行个案跟踪和现状分析,并在此基础上,设计学校德育工作的方案,力求使德育最大限度地走近学生。

在校外,我们转变家长一切包办代替的观念。创造适宜的家庭环境是对学生进行责任教育的基础。因此,我们努力开发家庭教育资源:一是利用家长会,对家长进行家庭责任教育讲座;二是利用家长学校对家长进行系统的家教培训;三是积极实施家长开放日制度,让家长走进校园参与孩子在校活动;让家长走进教室,了解教学;走近孩子,关注教育;走进学校,参与管理。

(四)主题实践,能力驱动,展示学生自主教育潜能

学校本着一切从学生发展的需求出发,让学生深入社会、了解社会,在社会实践中体验锻炼自己的意志,激发自己的情感,提高自身的素质。

我们每学期组织学生到社会实践活动基地开展责任教育专题实践活动。多年来,无论是跟社区合作组织开展的"社区环保小卫士"社区实践活动、到大自然当中体验生活、还是到劳动基地开展的劳动实践活动,都为学生提供了自主教育、自我能力提高的广阔平台。此外,我们还以各种节日为契机,培养学生对他人负责的意识。如每年妇女节开展感恩教育,让学生为母亲做一件事(洗头、洗脚)让母亲

开心;教师节向老师道一声祝福,亲手绘制师生情的手绘作品;国庆节载歌载舞,向祖国母亲献礼;元旦向亲人表达新年祝福,感谢家人一年的辛勤养育之恩。此外,学校每年与贫困孩子开展"手拉手"爱心互助活动,一是开展对本校贫困学生的帮扶活动;二是为贫困学生进行爱心图书捐赠活动。

除此之外,我们还积极协助家长围绕责任教育内容开展家庭责任教育活动。如我们组织开展了"我当'鸡妈妈'"主题实践活动,活动之后,组织学生写心得,参加由大队部举办的责任教育专题征文、演讲活动,学生参与面广,兴趣浓。此次活动既增强了学生的责任观念,同时对学生进行孝亲敬长等教育,让他们在此活动中体验当家长的不易,从小学会关心父母。积极引导学生参与校园环境建设,每班学生在班主任的带领下认领校内卫生区,指导学生亲手布置学校的校报、橱窗;开展"以纸换树"环保活动,让学生明晰热爱地球、保护环境是每个地球人的责任。变原来的被动接受宣传为主动投入宣传,使校园处处洋溢着浓郁的文化氛围……学校要通过这些实践活动的开展,有效地增强了学生们的爱心、孝心、诚心、自信心和责任心,培养他们良好的行为习惯,提高学生自我教育的能力。

(五)责任教育课程化,提高德育针对性、实效性

从"教书匠"到科研型教师的角色转变,学校必须高度重视科学研究对学校发展和教师发展的重要意义。建立以促进学生、教师和学校共同发展为根本目的的、体现素质教育思想、符合新课程培养目标要求的学校评价体系,是新课程的又一项重要任务,同时也是促进课程实施和发展的重要基础,更是西五小学教师参与此课题研究的标尺。我们做到每位教师都有机会参与教学改革,部分教师积极参与编写"小学生责任教育"校本教材,本套教材主要是结合我们学校学生的实际情况,从细微之处入手,从学生容易忽略的地方入手,通过各种教育形式,让学生学会对自己负责,对他人负责,对社会负责,以形成学生的责任意识和责任品格,为学生今后的发展打下基础,使学生的主观思想和实践行动符合社会要求和社会规范,具有责任感、义务感、公民感、道德感、法制意识、社会公德及科学的态度等。

立足责任,放眼未来。"小学生责任教育研究"的建构是一个动态的过程,需要在理论与实践的结合上不断完善和发展,我们要以课改为契机,在现有基础上不懈努力,不断创新,为培养 21 世纪具有创新精神、实践能力的创新人才和品德高尚的有用人才而努力奋斗。

以"责任文化"引领学校发展

吉林省白山市浑江区新民小学

邱玉杰、宋家菊、谭丽娜、陈玉香、倪乐鸿、吕琨①

一、问题的提出

2019年,新民小学从原来九年一贯制管理的白山市第十六中学中正式分离出来。十三年统一管理,让教师养成了长期依赖中学部的心理,责任心不强,社会声誉不佳。提起白山市第十六中,大多人只知道有中学部,不知道还有新民小学。学校班子不和谐,教师人员少,学生们行为习惯较差,不爱动脑,如何改变这种现状,成为学校面临的重要课题。

二、解决问题的策略

(一)文化建设熔铸责任校魂

学校现状要改变,就必须确立一个客观科学的办学理念,为师生树立一个共同追寻的目标,这样学校才会有目标、有灵魂、有根基。为此,学校针对新民小学现状,多次反复推敲,在传承以"责任"为核心的学校文化指导思想下,2019年,学校重新从文化视角的高起点审视谋划发展,以"责任"文化建设统领学校的各项工作,做到以简驭繁,纲举目张。学校同时提出将"责任厚植于新,担当不负于民"作为新民校训。学校将环境建设与责任文化建设相融合,整体环境建设以绿色为底

---

① 作者简介:项目负责人邱玉杰为吉林省白山市浑江区新民小学校长。

蕴,从楼道文化布置、班级特色文化建设等方面精心构思,整体谋划,力求使校园的一景一画、一花一草、一角一室都充满责任文化气息,成为责任教育的育人场所,触及师生的心灵,彰显责任教育的文化气息。

一楼责任之星长廊,左侧为校训"责任厚植于新,担当不负于民",右侧为教师责任与学生责任目标,时刻提醒教师与学生每天都要承担起自己的责任,做到"苟日新,日日新,做新民"。学校"责任星空"栏目里,"学生责任之星"和"教师责任之星"熠熠生辉,颁奖词里讲述着他们的事迹,赞扬着他们的精神。楼梯两侧,分别悬挂着共和国勋章获得者和感动中国十大人物的照片,并书写着他们的伟大功绩。"兴国利民,责任担当"几个大字,时刻提醒着师生们既要仰望星空,走进伟人,又要脚踏实地,履职尽责。墙角的责任植物园、责任蘑菇园,在孩子们的精心栽培下,花儿竞相开放,蘑菇色泽鲜润,茁壮生长。学生们尽情地欣赏着自己亲手种植的花草,采摘着自己亲自培育的各种蘑菇,高高兴兴地将蘑菇带回家中,或是煎炒,或是烹炸,美美地将自己劳动果实摆上餐桌,尽情地体验着履行责任的快乐,品享着责任劳动收获的甘甜。

(二)德育工作彰显责任目标

学校在"责任教师"队伍建设中,利用"扁平化"管理方式,将责任落实落地,精致管理,精简校部机构,由"战略高层,中层管理者,教育教学一线,支持人员,研发平台"这五个部分组成学校治理结构。限制学校职能部门的权限,扩大年级组的责任权利,把年级组作为全面负责本年级教育教学工作的管理机构,校长直接管理年级组,学校职能部门只能起参谋服务作用,并制定了以教研组为单位的"捆绑式"量化考核制度。"扁平化"的管理方式,使教师的精神面貌有了巨大转变,年级组教师人尽其才,各尽所能,充分发挥了教师的积极性与创造性,教师间实现了最大化的合作与发展,学校集体产生了空前强大的凝聚力和向心力,为打造品牌过硬教师队伍奠定了坚实基础。

学校德育工作以"责任之星"评选统领全局,以制度促管理。根据年段责任目标各班确立相应班级责任管理一日常规细则。根据细则,每班每周对学生一小评,每月一大评,每学期一总评,分别评出班级责任之星、学校责任之星,针对评选出的责任之星,学校摒弃单纯发奖品模式,而是采取奖励绿植认领与蘑菇种植责任,让孩子们学会承担起一份责任,关爱一个生命。良好的制度规范了学生的行为,形成了自我约束、自我管理的习惯,从而养成良好的责任意识与自律意识。

为使责任教育落到实处,学校开展了系列责任主题教育活动。一年级强调为自己负责。学校每年的新生入学仪式、主题入队仪式等让学生有了仪式感和归属感。劳动技能大比拼、新生第一周常规训练等让学生自我负责意识不断提升。二年级强调为他人负责。每年学习雷锋主题系列活动、"说说我和小伙伴"、有趣的故事会、"如何与伙伴相处"主题班会等都让学生懂得了与人相处要有规矩、乐助人、知感恩、懂尊重、守信用的好品质。三年级强调为家庭负责。每年妇女节、父亲节、母亲节为他们送上一份精致的自制小礼物,定期参加家务活动小竞赛,金秋时节和爸爸妈妈一起精心制作一幅美丽的树叶剪贴画,等等,让学生在活动中提升家庭服务意识,培养学生尊长辈、孝父母、做家务、有规矩、明事理、善节约的好品德。四年级强调为学校负责。各班要求人人有事做,事事有人管,学校卫生打扫要全部由学生自己完成,每年通过读书跳蚤市场、读书推介会、拔河比赛、艺术节展演等培养学生愿进取、尊老师、守纪律、爱劳动、喜读书、能互助的好品行;五年级强调为社会负责。每年学校组织学生开展田园农耕,走进孤儿院、养老院、社区公益之旅,并撰写实践报告培养学生做公益、辨是非、能自救、护环境、勇担当的社会使命感。六年级强调为祖国负责。每年通过清明祭扫、红色研学、主题演讲、红歌大合唱等培养学生知历史、爱和平、敬英雄、爱祖国、有气节、有理想的好品格。

(三)立足课改打造责任课堂

教学工作永远是学校的中心工作,学校牢记责任,始终以学生的发展为根本目的,不断推进学生主体参与课堂教学改革。教师从课程建设的高度,重新审视自己的课堂教学,把课堂教学作为培养学生责任感和健全人格的主阵地。校长亲临教学一线,问诊课堂,把脉教学,指导教学,本着"有什么样的责任文化就有什么样的责任课堂"的理念,指导教师努力打造负责任的课堂。教师要对知识的准确性负责,对思维的严密性负责,对方法的科学性负责,对学生的可持续发展负责,要求学生对知识的掌握负责,对能力的提高负责,对自我正确的世界观、人生观、价值观的形成负责。全面推进"语文主题学习"及"四环节"课程改革,学校率先创立了以教研组为基地的"研培一体"主题研修模式,将教师成长与研修组责任挂钩,打造责任课堂,以研促教,以教带研,研培结合。教师通过"确立主题—培训提升—研课磨课—打造精品—成果展示"这样一个活动过程,及时解决了相关学科中的教学疑惑,提升了教师整体教学水平。"研培一体"主题研修活动,让课前每一位教师都"动"了起来,钻研教材,研究学生,集体备课,共享资源,形成共同的教学目标后,再根据各班级具体情况进行个性化备课。课堂上,教师把课堂时间还给学生,让每一个学生都"动"起来,积极参加自主性的学习活动,进行实践、探究、体验和合作。在这样的责任课堂中,学生的角色发生了巨大的变化,学生开始认真倾听,深入思考,尝试合作,努力表达。

(四)多元课程深化责任意识

学校在 2019 年前开设的课程较为封闭,活动单一。自从学校确立"责任育校"以来,学校立足课改新理念,结合学校实际情况,提出"开放式"责任课程新理念,全力开发多元课程,逐步形成了新民小学以"责任"为核心的多元化魅力好课程。在课程实施中,学校采取"定人,定时,定点,定内容"的"四定"原则,充分利用"校园特色、教师特长、学生特点",最大限度地优化学校资源,侧重学生责任意识,整体提升学生素养。目前,学校开放式多元课程已达到三十余种,内容极为丰富多彩,涵盖综艺、社科环创、体育及课内拓展四大类。文艺类有软(硬)笔书法、舞蹈、乐器、合唱、线描、魔术、衍纸、环创、针织、儿童画、彩泥、快板等十余种,从不同角度培养了学生的审美情趣;科技类有机器人、3D 打印、航模等,学生在这些活动中迸射出创造的火花;体育类有篮球、足球、动感节拍等项目,充分锻炼了学生的体能与魄力;课内拓展类有唱唐诗、英语、趣味数学、文史、美文欣赏、礼仪、跳棋、口才、爱国古诗词、手抄报等活动。学校总投资超过 30 万元,实现了开放式的班班有特色、人人有特长的校园多元化课程。其中,我校的责任教育之"劳动教育"课程,现已申报吉林省白山市优质教学资源评选项目。

面对如此之多的开放式课程,对于一所只拥有五层教学楼的新民小学,如何去解决场所问题,实在是一个巨大难题,也是一种挑战。此时,学校每一位领导及教师都深深铭记"责任厚植于新,担当不负于民"的教育使命,本着为学生终身发展负责的情怀,将五楼的教师办公区、活动区都分配给了各开放课程班。孩子们将生活的废旧物品,一枯枝,一黄叶,变成多姿多彩的风景,几根麻绳,几片纸屑,栩栩如生的人物便出现在眼前;业余时间,书香长廊里热闹但不吵闹,同学们或站或坐,井然有序,共读经典名著;孩子们在科技长廊中,张开思维的翅膀,制作出各种简易太阳能、发电箱……办公走廊里到处是风格迥异的画作,奇思妙想的小制作,让孩子们沉浸在艺术的世界。

每每看到孩子们洋溢着灿烂的笑容,奔向属于自己的欢乐殿堂,欣赏着小小舞蹈家们轻歌曼舞、姿态优美;水粉小画家一描一画,绽放精彩;环创纸艺"百花齐放春满园,一枝独秀更耀春"……教师们即使是18人挤在同一间办公室都不觉得委屈,因为他们看到学校多姿多彩的多元责任课程,既陶冶了孩子们的高尚情操,丰富了孩子们的精彩人生,又让孩子们随时随地体验美的愉悦。孩子们的张张笑脸如同和煦的阳光,让每一个生命都绽放出光彩,让教师们更加坚定:践行新民人责任,责无旁贷!

三、总结反思

学校自全面落实责任教育以来,各方面均发生了实质性转变。2021年学校被确立为全市主题研修试点学校、全区唯一一所艺术工作坊基地校、全省绿色创建校,学校书法课程与环创课程被评为省优秀课程,各级骨干教师、教学名师相继在我校产生,学生精神面貌焕然一新,成绩得到显著提升,特长得到全面发展。

(一)学校的转变

学校在责任教育引领下,各方面都发生了巨大转化,学校各项工作有条不紊,得到了上级有关部门、社会及家长的一致认可,有很多家庭提前购置学区房,以便孩子能顺利进入新民小学。这些可喜的变化,无疑均来自学校责任教育的落实。

(二)教师的转变

学校责任教育让课前每一位教师都"动"起来了,他们自觉钻研教材,研究学生,集体备课,共享资源,形成共同的教学目标,再根据各班级具体情况进行个性化备课,全力打造自己的责任课堂,形成了教师巨大的团队凝聚力。部分教师逐步从"经验型"教师向"科研型"教师发展,名师精英相继产生。目前,学校共有省级骨干教师2人,市区级骨干教师14人。2020年9月,李成君老师获白山市教学精英、吉林省数学学科教学新秀等荣誉称号。同年,我校邵阳老师代表浑江区参加了全国语文主题阅读汇报课活动,于娜老师担任浑江区道德与法制学科名师工作坊坊主。2021年4月,我校王儒和姜丽娜老师获浑江区"语文主题"赛课活动一等奖……

(三) 学生的转变

学校把课堂时间充分还给学生,学生的角色发生了巨大的变化。学生开始学会认真倾听,深入思考,尝试合作,努力表达。课堂上,学生们的眼里有光了,他们阳光自信,更能侃侃而谈。一堂堂精彩的课堂展示着学生能力的全面发展。2020年,在全国语文主题阅读作文竞赛中,我校 1 名同学获特等奖,这也是全市唯一一位特等奖获得者。2021 年,我校 1 名同学获第十四届白山市青少年航模竞赛小学组电动自航船组装赛冠军,2 位同学获白山市"明美杯"作文竞赛一等奖……

责任教育是育校之魂,是全面实施素质教育的具体体现。学校将沿着责任教育之路继续履职尽责,追求卓越,一路高歌向未来!

用雷锋精神培养学生责任意识

吉林省白山市雷锋小学　周长峰、李树胜①

习近平总书记强调,全社会要担负起青少年成长成才的责任,学校是青少年成长的主阵地。经济在发展,社会在转型,在当前环境下,如何加强学生的责任意识,是整个社会关注的焦点。我们雷锋小学利用自身独特的资源优势,把学生培养成为一个像雷锋那样有高度责任感的人。

案例一:让学生学会对自己负责。

学校的雷锋展室有"三件宝":雷锋生前留给少先队员的针线包、储蓄盒和节约箱。学校对学生进行"学雷锋艰苦朴素教育",同学们在家里设立了储蓄罐,班级放立了节约箱,少先大队组织成立了维修小组。同学们用积攒下来的钱购买课外读物及学习用品,在学校同学们用卖废品的钱购买班级备品,资助班级的贫困学生。

案例二:让学生学会对他人负责。

学校坚持"四个一"活动,即,新生入学第一天,到雷锋塑像前认识雷锋叔叔,教师讲校名来历;入学第一周,学生参观雷锋展室,了解雷锋生平;开学第一个月,学雷锋叔叔,做一件好事;第一学年,"雷锋小标兵"参观雷锋纪念馆。通过这一系列活动,学雷锋的典型事迹越来越多。

学校有个女孩叫小莹,由于患有疾病,走路一瘸一拐,很是吃力,从她到学校那一刻起,同班的小萌就一直早早地来到学校,在校门口接她,不管刮风下雨,从没有间断过。交作业、取盒饭,打开水,课间扶着他去厕所、陪着她散步,上楼上多媒体

---

① 作者简介:项目负责人周长峰为吉林省白山市雷锋小学教导主任。

课……只要有小莹的身影,就能找到小萌。在班里,像小萌一样帮助小莹的同学很多,小萌是付出最多的那个,也正是因此,小萌年年被学校评为"学雷锋小标兵",被老师和家长称为"雷锋式的好少年"。

在我校传统教育室,有20套从1949年建校到现在一直仍保存完好的桌椅,这些桌椅已成为我校传统教育的"活教材",是我校最珍贵的德育"教科书",每一届新生入学,都会安排学生在这里上课。从传统教育室建立那天起,"小管家"就一届又一届地交接,一年又一年地传递,这既是结束,也是全新的开始。现任"小管家"小媛,在校六年如一日,认真管理传统教育室,虽然桌椅经常使用,却无一损坏。每次上完课,就能看到小媛走进教室,俯下身子,挨个查看桌椅,正是这些小管家的精心、负责,才能让这些桌椅保存到现在。

案例三:让学生学会对社会负责。

雷锋说过:"一滴水只有放进大海里才能永远不干,一个人只有当他把自己和集体融全一起的时候才能有力量。力量从团结来,智慧从劳动来,行动从思想来,荣誉从集体来。"

大队干部小翔每天在操场上执勤,清理校园内垃圾。每天下课,在操场上都能看到他的身影,他的举动深深激起了全班同学的共鸣,大家也纷纷加入到了争做"学雷锋环保小卫士"的队伍中,每逢节假日,街边、小区里便出现了孩子们忙碌的身影。他们还经常到浑江铁路车站、铁路沿线做清扫,捡白色垃圾,参加社区环保活动,清除小广告。这使学生陶冶了情操,升华了思想,净化了心灵。

责任意识的培育是小学生思想道德教育的重要内容,雷锋具有坚定的理想信念和全心全意为人民服务的崇高精神,具有坚持拼搏的钉子精神和无私忘我的奉献精神,这种精神与道德情操,实际上就是社会责任感。学习雷锋精神是社会进步与发展的需要。社会的进步与发展离不开每一个人的贡献。每个人只有对自己负责,对他人负责,对社会负责,社会才会进步,人们才会生活得更好。

时代与精神的种种变革,导致人们价值观发生冲突。但无论物质条件如何改变,人生的价值观如何体现,我们的社会责任、民族责任都需要传承下去。雷锋精神是一面永不褪色的旗帜,是一座永放光芒的灯塔,在小学阶段知雷锋、学雷锋、做雷锋,将雷锋精神的种子埋在孩子心中,长大后他们将踏着雷锋的足迹,勇担社会、民族责任重任,继往开来,创造辉煌。

生命、生活与生存教育
——青岛永宁路小学"做远足小勇士"活动①

山东省青岛市永宁路小学 尹贝之

一、活动背景

对于每个孩子来说,生命、生活与生存教育是必须学习的成长课程,因为除了学会各种知识,学会生存更是至关重要。当今社会,每家每户的小宝贝都多多少少会存在着一些"公主病""少爷病",家人的过度关爱甚至是溺爱,再加之对孩子本身的自我娇惯,都会让孩子们变得异常"软弱""脆弱""虚弱"。作为教师,我们发现有些孩子经常因为一点小小的困难而却步,会因为一点点小小的擦伤而哭闹,会因为一点点小小的负重而喊累,有时候更会因为多跑了几步、多走了一段路而委屈……于是,从2015年9月以来,山东省青岛市永宁路小学实施以"健康成长,幸福生活"为主题的生存教育课程,课程分为"生存目标"与"生活目标"两大部分,每个年级确立不同的要求。我们二年级的生存教育课程之"成长事"——"参加一次徒步远足"每个学期都会举行一次。我们级部在2016年的3月份进行了此项活动,孩子们在活动中可谓受益匪浅。

二、活动目标

首先,让孩子们走出校园,在亲近大自然、感受大自然的同时,释放心理的压

---

① 本案例获李沧区责任教育案例一等奖。

力、燃烧体内的激情、培养吃苦耐劳的精神。

其次,在活动准备阶段,学会自己料理所需物品,提前做好各项活动准备,让孩子们在准备过程中学会自理、自立。

再次,在远足活动过程中,培养学生的顽强意志和吃苦精神、勇于战胜自我和顽强拼搏的品质、团结友爱的良好风尚,进一步强化学生的集体观念、纪律观念和合作意识。

最后,在参观飞机场的过程中,锻炼学生的社交能力,丰富科普知识,积累学习生活、生存技能。

三、活动过程

(一)准备阶段

首先,组织班会,让孩子们知道此次远足活动的意义,发出远足倡议。

其次,及时与家长沟通,了解此次活动的意义,安排家长志愿者参与活动,保障孩子的安全工作。班主任须特别注意沿途安全问题的指导和处理,随队处理突发事件。校领导负责协调联络路线安全护导、参观等事宜。

再次,合理安排活动的时间、地点,布置远足安全常识、参观注意事项等各项问题。

最后,及时了解孩子身体状况,提前做好身体不适、特殊情况不适合参加远足活动孩的安抚工作,确保身体健康的孩子全员参与。

(二)开展活动

此次远足活动是在 2016 年的 3 月进行,那天天气很冷,但是,阴冷的天气没有降低孩子们参加远足活动的热情。我们二年级全体师生于上午 10 点钟准时在操场集合,准备出发。孩子们穿着整齐的校服,佩戴鲜艳的红领巾,统一佩戴安全小黄帽,人手一瓶温水,在寒风中有序等待,轻装上阵。有的同学自发做好了宣传标语,有的孩子手里拿着两瓶水。我问他:"这么远的路,你带两瓶水,不累吗?"他的回答令我欣慰:"老师,我力气大,多带一瓶,必要时给没水喝的同学……"我想,这次生存教育活动,必要、及时、实效。

一路上,同学们热情高涨,没有一个孩子喊苦、喊累,原本体力较弱的孩子表现极好,在同伴的鼓励下,坚持参加完远足活动。有一个班的孩子在行走中磕倒,小伙伴们相互帮助,及时搀扶,处理轻伤,那种场面真的是在书本中感受不到的,我想孩子们也能够真正体会到这次远足活动的教育意义。本次远足从学校出发,到达海军航空工程学院青岛分院并参观飞机场,再返回学校,全程6公里左右。活动结束,大家回到学校,我们班主任老师又组织学生交流自己的收获,并在评价卡上进行星级评价,为远足活动画上了圆满的句号。

四、活动效果

活动结束了,我们班的小凯说:"我喜欢远足活动,我感觉自己体力比以前好多了。"原本体弱的小凯,在活动中找到了自信,也为自己今后坚持锻炼身体迈出了坚实的一大步。

"我喜欢这次活动。以前我从没有自己走过这么长的路,我发现自己真的太有耐力了。"一个孩子开心地说,这位同学家离学校很近,每天都是爸爸车接车送,我想,在这次活动之后,他步行上下学不再是梦。一位志愿者家长感慨颇深地说:"以前孩子走一站路都喊着要坐车,今天走了这么长的路都坚持了下来,真是太棒了!"

我们在和家长们交流时,家长满心欢喜地说:"这样的活动特别好!在步行过程中,孩子们学会了关心别人,学会了尽自己的力量去帮助别人,是一次很好的爱的教育。孩子们那些自私自利的小毛病也都没有了,真好!"

通过这次远足活动,孩子们变得越来越自信,越来越懂得为人处事,越来越明白生存教育的意义。永宁路小学的"争做远足小勇士"活动还将继续下去,实践活动永远是孩子们最好的老师,相信同学们已经学到了最珍贵的知识。让我们共同期待,在我们生存教育的引导下,每一个孩子都能健康、快乐、自信地成长。

小学生梯级参与式责任教育的探索与实践

山东省潍坊歌尔学校　　杜纪涛

对小学生实施责任教育是非常紧迫的需求,历史上对责任教育已有很多的探讨,本文基于责任教育的理论视野和现实背景,确定责任教育目标与内容,继而提出了责任教育的五个基本梯级,并进行了一些探索性的创新实践,具有比较强的操作性与借鉴性。

一、小学生梯级参与式责任教育探索与实践的理论视野和现实背景

责任是道德的核心。中国历来重视对年轻一代进行责任教育。孔子的"当仁不让",孟子的"舍我其谁",顾炎武的"天下兴亡,匹夫有责",李大钊的"铁肩担道义",无不显示着对国家民族的崇高责任感。

早在 1972 年,联合国教科文组织在《学会生存》这一报告中,就确定教育发展的方向之一,是使每个人承担起包括道德责任在内的一切责任。1989 年,联合国教科文组织将"面向 21 世纪的教育"国际研讨会的主题确定为"学会关心",呼吁一种道德关怀与道德责任。1993 年,联合国在中国召开了主题为"21 世纪挑战及教育改革"的会议。来自 24 个国家的专家提出一个共同的看法:新世纪摆在我们面前的第一个挑战,既不是新技术革命,也不是经济发展,而是青少年一代的道德问题。一个道德情感贫乏、缺乏责任感的人是不会真正关心他人的,他无法与人真诚合作,也无法适应未来社会。《联邦德国教育总法》中规定,"培养学生在一个自由、民主和福利的法律社会中……对自己的行为有责任感"。在巴伐利亚州法中,

规定得更详细,18岁以后的学生,在道德方面的要求是培养"尊重人的尊严、自我克制、责任感、乐于负责与助人,能接受一切真、善、美的胸怀,以及对自然和环境的责任心"。

新一轮的课程改革将"责任教育"作为教育改革的一个重要内容。《基础教育课程改革纲要(试行)》在谈到新课程的培养目标时指出:要使学生"逐步形成正确的世界观、人生观、价值观;具有社会责任感,努力为人民服务……"其中的"责任感"就是通过各种教育形式,让学生学会对自己负责,对他人负责,对社会负责,以形成学生的责任意识和责任品格,为学生今后的发展打下基础,使学生的主观思想和实践行动符合社会要求和社会规范,具体有责任感、义务感、公民感、道德感、法制意识、社会公德、科学的态度。2004年2月,为全面提高未成年人的思想道德素质,中共中央国务院颁发了《中共中央国务院关于进一步加强和改进未成年人思想道德建设的若干意见》,从社会发展、国家建设、民族振兴及国内外形势等多方面对当前未成年人的思想道德状况进行了分析,并提出了要求。鲜明地阐述了加强和改进未成年人思想道德建设是一项重大而紧迫的战略任务。培养学生责任意识,使学生具有良好的行为习惯,是基础教育的首要任务。

1994年,胡卫在《教育研究》上发表了他主持的"中国基础教育中的人道、伦理、道德、文化价值教育"课题研究总报告,题目为《学会负责》。他的调查表明,我国教育发展中的主要问题之一,就是教育与社会实际相脱离,突出表现学生缺乏社会责任感,片面强调自我价值,缺乏热爱家乡、建设家乡的感情。文章通过对历史的回顾和对现状的考察,认为学会负责是中西文化的融合点,是传统社会和现代化社会文明的连接点,因此提出了以"学会负责"作为21世纪中国基础教育中的人道、伦理、道德、文化价值教育的目的的主张。著名学者叶澜教授在分析研究我国当代道德教育内容的基础性构成时,把"诚实守信"列为核心内容,第二个层面就是"责任心"。叶澜教授认为,责任感能催生出智慧和能力,任何高超的技术和深奥的知识都不能代替责任感。

在当今的现实社会中,责任教育刻不容缓。在教育教学实践中,我们发现,责任教育是素质教育的重要抓手。责任是人类永恒的主题。责任教育是一个长期的任务。当前,大多数孩子们生活在独生子女家庭中,在优越的生活环境中,他们普遍以自我为中心,缺乏对他人、集体、对家庭、社会的责任意识;不同程度地存在着孤独、不合群、依赖、任性、娇惯、自理能力差、自信心不强、冒险精神差、好表现、责任感不强等缺点。因此从小就培养孩子们的责任感,这不仅是学校德育教育的重要内容,也是国家、社会发展的需要,更是人自身发展的迫切需要。为此,我们提出了以责任教育为主要依托的德育行动的研究,以此不断丰富、完善小学生的责任教育及良好习惯的培养。进行责任教育的研究与探索,既是对以往的回顾和总结,又是面向现实和未来,试图通过实践探索,积累资料,在借鉴别人研究成果的基础上,力争有所深入,有所发展,有所创新,获得一些规律性的东西,总结出具有较高水平的研究成果。

二、小学生梯级参与式责任教育谈说与实践的 核心概念界定、主要研究目标与内容

(一)责任教育的核心概念界定

1. 责任教育的内涵

所谓责任,是指分内应做的事,是个人或群体组织根据自身社会角色属性所应承担的职责、任务和使命。责任教育是指通过一定的教育内容、途径、方法,培养责任主体的责任素质,以使其对承担的职责、任务和使命加以确认、承诺并履行的教育。

2. 责任教育的外延

责任教育主要包括责任意识教育、责任情感教育、责任能力教育和责任行为教育四部分内容。四者之间既有联系又有区别,不可分割,是相辅相成的辩证统一的关系。他们集中而又统一地反映了责任教育的深刻内涵。一是责任意识教育:即针对责任意识内涵所实施的责任教育,其具体目的在于丰富责任认识,加深责任理解,激发责任动机,增强责任动力,促成对责任的识别、选择与履行。二是责任情感教育:即浓厚责任情感的教育,是促成责任主体有效提高责任觉悟程度、激发主动责任态度、优化责任行为倾向、形成良好责任情绪体验的教育。三是责任能力教育:即培养履行责任、完成职责、任务、使命所必需的各种能力的教育。四是责任行为教育:即启动、训练、磨砺、形成习惯责任行为的教育。

责任教育,不是一种孤立的行为,它融于学校教育、家庭教育、社会生活的方方

面面。责任教育最终目标是培养学生自尊、自爱、自强、自重、自立的品行,让学生学会对自我负责、对他人负责、对家庭负责、对集体负责、对社会负责、对国家负责、对民族负责、对人类负责、对自然负责、对时代负责、对未来负责。

(二)小学生梯级参与式责任教育探索与实践的总体目标

我们希望通过课题的研究与实践,使孩子们达到以下几个目标:

认知目标:懂得什么是责任,知道责任的重要性、责任的来源、承担责任的好处和不承担责任的代价,明确责任对个体和社会的重要性等。

技能目标:能够比较清楚地分辨不同事件的责任分担,遇到不同责任、价值观和利益之间的冲突时,能够基本合理地解决,能够就自己应当履行哪些责任做出合理的选择。

情感目标:对自己、他人(同学、老师、家人等)和集体负责,对自然、环境以及社会负责,尽职尽责,主动担当责任。

(三)责任教育研究的主要内容

研究开发实用性强的责任教育校本课程,以校本教材为依托开展责任教育;研究责任教育的有效途径和方法;研究责任教育效能的评价方式;研究结果的推广和运用。

三、小学生梯级参与式责任教育探索与实践的基本梯级

为了保证这项研究的顺利开展,学校成立了专门的项目组,包括管理领导小组、研究小组、推进小组,各小组明确分工,系统研究、管理和指导责任教育的正常开展。研究确定了责任教育的总体规划,即责任认知、责任感悟、责任担当、责任教育成果展示、责任教育课题研究的评价、责任教育反思改进等。

(一)责任认知的基本梯级

1.研发并使用责任教育校本课程

加强责任教育校本课程的研发和使用。我们根据责任教育内容,广泛听取专家、领导和教师的意见和要求,整理了《小学生梯级参与式责任教育指导手册》,编写了活页教材,以此为依托构建适合学校实际和学生特点的校本教材,例如《实施

传统文化教育培养初中生责任意识的研究》《国学读本——责任篇》《热爱家乡(民俗、古迹、方言、童趣等)》《学会学习》《学会做人》等。通过这些具有针对性的校本教材的运用,让学生对责任认知有了理性的认识。

2. 开设责任教育专题课

利用校本课程时间开设责任教育专题课。特别规定小学"道德与法治",每周开设一节,对学生进行系统责任知识教育。通过课堂学习,让学生们明确了责任的有关内容,如:什么是责任,责任的重要性是什么,责任的来源,承担责任的好处和不承担责任的代价等等。深化了对"责任"的认识之后,培养对行为的负责精神。

3. 学科渗透教育

借助相关学科,渗透责任教育。举办相关学科教师责任教育论坛,研究探索学科渗透责任教育的途径和方法。要求教师在备课时就挖掘课本内的责任教育资源,以课堂教学为主渠道,在教学过程中渗透责任教育。每学期都向教师们都征集学科渗透责任教育成功案例、金点子等。

在课堂上让学生在教师创设的情境中多感悟,多体验。课后将原先的知识性作业改为学生主动参与、乐于探究的活动性作业。切实让学生在活动中体验,在体验中感悟,在感悟中成长,实践结果是学生的责任意识逐步提高。

(二)责任感悟的基本梯级

责任感悟就是对"隐蔽课程"的借鉴和运用。隐蔽课程也叫潜在课程(Hidden Curriculum),美国教育学家杰克逊 1968 年在《班级生活》中首次提出这一概念。隐蔽课程是学生本位(中心)课程(the student centered curriculum)的变体之一。隐蔽德育课程是指,教育者为了实现德育目标,有组织、有计划地在教学范围内以各种方式通过受教育者无意识的和非特定的心理反应,使他们获得道德情感方面的经验的教育,是所有隐蔽课程的主要构成因素。柯尔柏格认为,德育如果不关心隐蔽课程,无论如何也达不到预想的效果,隐蔽课程是实现德育教育的桥梁。借鉴这一理论,我们研究并实施了一系列责任教育感悟活动。

1. 主题月活动

每个责任教育子项目,根据各自研究的方向开展小学责任教育主题月活动。每个主题月都精心计划和设置具有本校特色、符合学生特点的专题责任教育活动,通过生动活泼、新颖、多样的责任教育活动,让学生把感性认识和行为内化融合,从而促进学生责任意识的提升。例如有的学校把三月确定为"播种绿色、播种希望"活动月,有的确定为"学雷锋,奉献他人活动"活动月,有的确立为"关爱母亲活动"活动月等。有的学校把四月确立为学习"听先烈故事,承担社会责任""志愿者在行动"活动月,等等。

2. 自主参与的活动

感悟责任的一条重要途径是学生的自主参与,不同学校、不同班级都制定了责任教育配档表,配档表中有一个项目是必有的,就是学生自主设计责任教育感悟活动,活动项目由小组成员推荐,从多个项目中由小组讨论、决定实践项目,共同研究制定方案,由指导教师把关,教师提供活动保障。例如有的学校学生们设计了体验"团队协作"责任的活动,有的学校设计了"齐心协力"的活动。通过这些活动设计、参与过程,学生们真正地体会和感悟到责任,而且因为活动是自己设计参与的,体会和感悟是非常深刻的。

3. 自主反思活动

孩子们参加各类活动以后,都要写出感悟报告,或者完成责任教育智力量表,把学生们感悟到的对自己、对他人、对集体、对社会、对国家、对人类等方面的责任收获写出来,这样会更深刻,更有价值。学生们写出的感悟材料要择优进行展示,展示的过程成了孩子们再感悟、在内化的过程,孩子们在参观的同时达到了资源共享,合作共赢。

(三)责任担当教育的基本梯级

责任担当是责任教育的一个重要组成部分,美国政府和学校非常重视大学生的社会服务工作。一些学校甚至把从事社区服务作为学生的一门必修课,一些企业也把它作为招聘员工的一个重要标准。据不完全统计,1999 年,美国 56%的 18 岁以上成年人参加过志愿工作;2000 年,44%的 26 岁以上的成年人参加过志愿工作,工作量远远超过了九百万全日制雇员[4]。我们借鉴这一做法开展了一系列的活动。

1. 奉献他人活动

号召学生向家庭困难学生捐款、捐物,向学习有困难的学生提供学习上的帮助,以此培养孩子对他人负责的担当精神。

2. 奉献集体活动

组织学生参加集体劳动,开展"校园清洁我负责""我是社区小卫士"等活动,培养孩子们对集体、对环境负责的担当精神。

3. 社会公益活动

组织学生们参加社会公益活动,例如取得环保局的支持,组织孩子们走上街头进行"发放布质购物袋"活动,唤起人们减少使用塑料袋的意识。取得交通部门的支持,制作宣传卡,向司机师傅们宣传酒驾的危害。取得卫生局的支持,向人们宣传预防艾滋病的活动,等等。除此之外,我们结合各种节日,组织和鼓励孩子们参与社会公益活动,通过这些活动培养孩子们担负社会责任的意识。

4. 爱与感恩活动

爱是责任教育最高的追求,开展这一系列活动的目的就是让孩子懂得爱、懂得感恩。我们组织开展"爱惜粮食"的主题活动,让孩子们真切感受农民的辛苦,以此唤起孩子们尊重农民伯伯的情感。组织"亲子联谊"活动,活动现场建议孩子们向自己的爸爸妈妈表达爱,对爸爸妈妈的爱大声说出来,活动的现场,很多孩子的爸爸妈妈都感动得流下热泪。在家庭教育中,组织孩子为爸爸妈妈制作一份表达爱的贺卡,把对爸爸妈妈的爱写出来。号召学生们为自己的爸爸妈妈洗一次脚、做一次饭、整理一次床铺等活动,把对爸爸妈妈的爱表达出来。教师节时,教育孩子们为自己的老师献上最美好的祝福。

5. 社会责任调查活动

责任教育,很重要的一个任务就是培养大国公民,让孩子从小树立对社会负责的态度。责任教育过程中,结合孩子们的社会实践活动,对一些现实发生的事件,让学生自己去做调查。为了活动正常开展,寒亭区各责任教育课题组制订了学生参与社会实践责任书,成立了家长委员会,协助学生进行社会调查。学生们走访人大代表、市民、税务干部等。通过社会责任调查,让孩子们更清晰地了解社会,懂得不同部门所应该承担的不同责任,清楚不同事件的责任人,提高了分辨责任的能力。

(四) 责任教育成果展示梯级

进行责任教育成果展示的目的在于研究成果的相互交流和借鉴,展示过程中及时发现和总结先进的做法和经验,及时找出各子课题研究过程中存在的问题和不足,集思广益,并进行整改。

1. 教师研究成果的展示交流

为责任教育教师和责任教育研究人员提供展示交流成果的机会。每学期组织一次责任教育课题研究成果的展示交流活动,采用的方式是,首先进行展示交流申报,同时提交研究报告,然后由责任教育项目管理办公室组织专业人员进行评选,一般选出 12 至 16 项优秀成果,最后组织展示交流。交流时既要做课件汇报,也要展示研究过程的支撑性材料,还要进行现场的答辩,最后进行现场点评指导。通过这种交流活动,提高了教师们责任教育的能力和进行研究的能力。在研究过程中,定期征集优秀责任教育研究成果。

2. 学生展示交流

为学生们的责任教育成果提供展示平台。开展主题鲜明责任教育演讲活动、责任教育的情景剧表演活动、开展责任"两难"辩论会活动、进行模拟听证会活动、进行优秀责任教育小故事征集活动等。学生的展示活动地点主要放在学校,展示的形式不限,第一阶段是由学校具体组织展示,选出优秀成果在街道或社区进行展示,最后全校组织展示交流。此外,还组织学生制作责任收获展板。另外还征集责任教育案例,以孩子们的视角将他们的所见、所思、所得记录下来,形成优秀的责任教育案例。

(五)责任教育评价梯级

1. 完善了责任教育档案

由各责任教育子项目建立学生责任育人档案,各子项目组建立了完整的班级和学生责任教育档案数据库。在测评量表进一步科学和成熟的前提下,再将测评范围扩大到全体学生,建成全校性的完备的责任教育情况数据库和学生责任及责任育人档案。

2. 明确评价体系

确定了"责任教育"课题研究的三级评价体系,即学校、年级、班级,各级评价都制定了专门的评价办法。采取了自评和互评相结合的评价方式进行。将结果纳入综合考核。

3. 围绕责任教育开展,制订了操作性比较强的评价量表

制订了责任教育课题研究创新性评价表、实践性评价表、过程性材料评价表、

学生变化情况评价表等。结合各项的评价等级进行量化结合最终形成终极评价。

4. 制定了各类学生自评互评表格

用孩子们喜欢的方式进行评价,评价结果记入学生综合实践档案,小学生按照累计小积分获得银星、金星、红星,获得红星的小学生进入初中后优先发展为团员,初中生按积分可获星星、月亮、太阳奖励,获得 6 个太阳的中考综合等级评价中可以提高一个项目的级别。

四、小学生梯级参与式责任教育的探索与实践的创新点

(一)责任教育成长彩色阶梯以及配套教材的开发

按照不同的指标设计不同的彩色阶梯,第一级为基础级,是最基本的责任指标。

例如,小学一年级上学期的第一级阶梯的指标为:

1. 上课铃响后快速回教室坐好,放好学习用品,安静地等待老师上课。

2. 衣着整洁,保持书本干净。不随地吐痰,不乱扔垃圾,不在桌面或墙上乱涂乱刻,保持座位的环境整洁。

3. 上下课进出教室不推不挤。放学站队快。

4. 初步了解学校生活,喜欢老师和同学。正确的读书、写字姿势。

第二阶梯的指标为:

1. 上课专心听讲,不做小动作。不随便讲话,积极举手发言。

2. 见到老师能主动问好;不讲脏话、土话和粗话,同学间经常使用礼貌用语。

3. 自己收拾书包,自己背书包。自己穿衣服。

4. 校园内见到垃圾主动捡起。爱护校园内的花草树木。

第三阶梯的指标为：

1.同学之间互相帮助。

2.自己洗手、洗脸、洗脚。

3.按值日生表做好值日。

第四级阶梯指标为：

1.上课积极思考,能提出有价值的问题。

2.做好两操。

3.走路靠右侧,不在大路上乱跑。

4.劳动积极主动。

第五级阶梯的指标为：

1.按时完成作业,养成认真检查的习惯。

2.做错事主动承认错误,真诚道歉。

3.自己洗手绢、袜子等小衣物。

第六级阶梯的指标为：

1.利用好假日学习的机会。参与实践。

2.参与家务劳动,做力所能及的家务活。

3.见人有礼貌,不随便打断别人的话。

4.节约意识和初步理财观念。

　　六个阶梯有六种不同的色彩。每个年级、每个学期都有不同的指标设计。如果学生在一定时期内达到目标并内化成了习惯,由家长、老师、同学共同组织考核小组,认定通过可以获得一级色彩,进入下一级的训练。以此类推。为了活动开展有效、可操作，除了设计阶梯外，还设计了专门的配套教材，教材有更详细、更具体的要求和指导。这一阶梯状的责任教育成长彩色阶梯的设计实现了纵向责任教育衔接内容的序列性和层次性，兼顾了责任认知与能力的培养和巩固。

(二)学生责任培养接力制

根据责任教育的有关目标要求，设计非常具体的责任要求，制成责任接力牌。

例如一个班级中设计了"阳光60分"责任接力。明确的职责是：组织和管理快乐大课间活动。组织活动内容、安排活动、活动安全、纪律、秩序。

"书香流韵"责任接力。职责：经典诵读、主题阅读、图书管理。

"正午时光"责任接力。职责：班级纪律、活动安全。

"今日盘点"责任接力。职责：盘点当日学习情况、作业检查、评价和记录。

"班务主管"责任接力。职责：安全、卫生、劳动、纪律。

同学们按照划分的小组，轮流执行不同的责任，先在组内交流，一个轮次以后再进行组间交流，每个责任项目每个孩子都能参加。学生责任培养接力制的开展实现责任教育内容的具体化和可操作性，接力的过程让每个孩子都能够感受责任，承担责任，达到了教育对象的全员化。

(三)责任教育"三个一"的有机衔接

"三个一"是指：家长和学生在校一天，让家长看到孩子校内责任的形成；每周教师跟家长交流一次，让家长了解下一步的责任教育目标；每月教师送孩子回家一次，让教师了解孩子在家中的责任表现。责任教育"三个一"的开展实现责任教育的延续性，吸引了广大家长的积极参与，解决了责任教育在某一些时间与空间上存在盲区的问题。

责任教育取得了很大的成绩。通过问卷调查我们发现，学生们的责任意识达到95%以上，主动的责任行动达到85%以上，学生参与社区服务率100%，走进各类机关事业单位的学生为100%……最重要的是，责任教育吸引了学生、教师们的关注，集中了更多人的教育智慧，责任教育研究与实施的力度增强了，责任教育效能得到了真正发挥，有效拓展了责任教育渠道。

附 录

✾✾✾✾✾✾✾✾✾✾✾
✾相关新闻报道✾
✾✾✾✾✾✾✾✾✾✾✾

让理论在思想碰撞中迸出火花
——记天津市马克思主义意识形态建设实验室新探索[①]

　　深秋的天气日渐寒凉,在天津师范大学马克思主义学院的一间会议室内,气氛异常火热。天津市社科实验室——马克思主义意识形态建设实验室第一期"本硕博一体化热点问题面对面"活动正在进行中,师生们讨论的主题是"大力弘扬伟大的抗'疫'精神"。

　　"此次抗'疫'斗争中,很多人给我留下了深刻印象,比如'把胆留在武汉'的张伯礼院士,比如被誉为'全网最美姑娘'的年轻护士朱海秀,我在他们身上看到了中国人民不屈不挠的抗'疫'精神,忍不住肃然起敬。"天津师范大学二年级本科生肖晨阳说。

　　三年级本科生曹乘玮讲述了自己亲人的故事:"今年春节期间,我姑姑作为医护人员,也参与到武汉一线的抗'疫'斗争中。前线的亲人牵动着我们全家的心,我们既担心又自豪,我父亲也带领我参与到社区的防控工作中。"

　　"新冠肺炎疫情期间,我们班也出现了很多志愿者,参加到社区的防疫工作中。正是这种抗'疫'精神,成为我们人民经历了疫情大考,取得重大抗'疫'成果的澎湃动力。"四年级本科生汪君仪说。

　　理论在思想的碰撞中愈发清晰明朗。在提问环节,有学生问:"我们应当如何将伟大的抗'疫'精神融入我们的生活中?"

---

　　① 本文于 2020 年 10 月 14 日发布于中国教育新闻网,作者为陈欣然。

曾当过五年兵的博士生罗兴伟表达了自己的看法："马克思指出,理论一经掌握群众,也会变成巨大的物质力量。我认为,应该在实践中丰富我们的抗'疫'精神。我经历过汶川地震,那时我是被保护者。后来我经历了2015年尼泊尔地震,作为一名边防军人,我成为保护别人的人。这些经历让我感受到,只要始终站在人民的立场,始终为了正义的事业而奋斗,再大的困难也难不倒英雄的中国人民。"

"每个尽责担当的人,都是英雄,都是功臣。"马克思主义学院教师孙旭认为,抗'疫'斗争中孕育的精神不仅丰富了中国的精神谱系,而且标志了中国精神的新高度、新境界,"伟大抗'疫'精神已转化为带领全国各族人民勇往直前、披荆斩棘的强大力量,必将为实现中华民族伟大复兴、构建人类命运共同体提供源源不竭的动力。"

"只有深刻理解抗'疫'精神的深刻内涵,才能更好地把它运用于实践。辩证唯物主义强调物质第一性,但不反对意识的反作用。抗'疫'精神作为中国人民鲜明的意识标识,也是可以转化为物质力量的。"教师魏进平总结道,"只要我们人人负责,个个担当,就能在平凡的岗位上产生不平凡的力量。"

天津市马克思主义意识形态建设实验室是天津市2019年设立的首批社科实验室中唯一一个马克思主义理论学科社科实验室,承载着各方面的期冀。该实验室由天津师范大学马克思主义学院具体负责运营建设,马克思主义学院教师魏进平担任实验室主任。

魏进平介绍,"本硕博一体化热点问题面对面"是该实验室建设过程中聚焦"受教育者"的一个探索项目,旨在促进广大师生理论联系实际,学以致用、以用促学、以用促行,知行合一。第二期的主题是"弘扬斗争精神,提高斗争本领"。实验室后续将推出聚焦"教育者"的"大中小幼思政课教师一体化难点问题面对面",为"循序渐进、螺旋上升"推进本硕博思政课一体化建设、大中小学思政课教师一体化建设进行"实验"探索。

河北有个大学生喜爱的"冀青妈"①

　　"北京有'西城大妈''朝阳群众'维护社会治安,河北有'冀青妈'在网上弘扬正能量。"这条微博一经发出,便在网络上广泛传播,短短几个小时就达到近一万次的阅读量,其中阅读、留言者多是在校大学生。

　　这里所说的"冀青妈",是河北工业大学以教师为主导、以学生为主体、基于网络新媒体创新创业项目的"互联网+思想引领"网络评论宣讲平台。该平台通过管理"人人负责""个个担当""责任行动在身边"等微博、微信、微话题,用"网言网语"构筑起一个旨在培养大学生社会责任感的"思想粉享圈"。

　　2015年6月,在河北工业大学探索大学生"互联网+思想引领"创新创业项目过程中,"冀青妈"应运而生。除数位指导教师外,该校124名马克思主义理论学科研究生、163名思想政治教育专业本科生及理学院、能源与环境工程学院、经济管理学院等部分学生代表成为"冀青妈"的核心成员。

　　"'冀青妈'就是一群与时俱进、符合时代特点、服务大学生日常学习生活的'河北青年马克思主义者'的代名词。"指导教师之一、该校马克思主义学院研究员魏进平说。

　　"在这里,我们弘扬主旋律、传播正能量、引领社会新风尚,服务大学生学习生活,服务大学生探索'互联网+思想引领'创新创业。""冀青妈"学生负责人、该校马克思主义学院2014级研究生张金丽表示。

　　网络空间不缺少信息,缺少的是有思想的信息。"冀青妈"主要围绕高校立德

---

　　①　本文于2016年4月15日发表于中国教育报第3版,作者为周洪松。

树人这一根本任务,以培养大学生社会责任感为着力点,重点关注人民网、新华网、教育部等主流媒体官网、官微,以及学习中国、微言教育等优质客户端、微信公众号,从中遴选对大学生思想有启迪意义、对学习生活有帮助的信息,作为转发、转载的宣传素材。

魏进平说:"我们坚信,只要大家多关注、多推广、多参与,'人人负责、个个担当'就会成为全社会的精神追求和自觉行动。"

关于征集"新时代大中小幼责任教育典型案例"的
邀请函

各位专家、各位同仁：

为深入学习贯彻习近平新时代中国特色社会主义思想，全面贯彻党的十九大和十九届二中、三中、四中全会精神，结合全国教育大会、高校思想政治工作会议、学校思想政治理论课教师座谈会精神，为适应学校思想政治教育的新形势，推动构建以社会主义核心价值观为引领全国大中小幼一体化责任教育体系，展现新时代各级各类学校责任教育取得的丰硕成果，我们计划开展征集"新时代大中小幼责任教育案例"活动。现将有关事宜通知如下：

一、评选范围

全国各级各类学校在责任教育理念、内容、形式、方法、手段、载体和机制等方面的特色教育实例。

二、相关要求

（一）申报案例要坚持高举习近平新时代中国特色社会主义思想伟大旗帜，与党的创新理论和大政方针保持高度一致。

（二）申报案例要贴近实际、贴近生活、贴近学生，继承和发扬我党思想政治工作优良传统，紧密联系新时代学校思想政治工作实际，特别是青年师生思想实际、学校思想政治工作实际，开拓进取、大胆创新，有较强的时代感。

(三)案例具有一定的前瞻性、理论性和推广价值,在教书育人、管理育人、服务育人等方面有明显成效,在校内外产生较大影响。

三、申报与出版

(一)每个学校原则上最多申报 2 个案例,每个教师作为第一作者最多参与 1 个案例(作为非第一作者可再参加 1 个案例),每个案例填写 1 份《新时代大中小幼责任教育案例征集表》(见附件)。申报表和相关支撑材料于 2019 年 12 月 15 日前发联系人邮箱,邮件主题栏注明"××学校 2019 年'新时代大中小幼责任教育案例征集'申报材料"。

(二)我们将邀请专家对征集到的案例进行评审,择优纳入拟 2020 年公开出版的《新时代大中小幼责任教育一体化案例》,同时择优向有关部门推荐。

附件:新时代大中小幼责任教育案例征集表

"新时代大中小幼一体化责任教育理论与实践"课题组
2019 年 11 月 2 日

新时代大中小幼责任教育案例
征 集 表

(2019 年度)

申 报 单 位＿＿＿＿＿＿＿＿

项 目 名 称＿＿＿＿＿＿＿＿

项目参与人＿＿＿＿＿＿＿＿

2019 年 11 月

填表说明：

1.请详细填写表中所列各项内容,案例项目带头人为 1 人,主要贡献者最多不能超过 5 人。

2.案例项目介绍要真实准确,写明案例项目实施时间、实施过程、具体措施、创新点等内容,要求观点鲜明、概括准确、论述清楚、有理有据,做到理论与实践相结合,不超过 5000 字。

3.内容填写一级标题为二号黑体,二级标题为三号黑体,内文为三号仿宋体。

新时代大中小幼责任教育案例征集表

申 报 单 位			
项 目 名 称			
项目带头人		职　　务	
主要贡献者			
联 系 电 话			
主 要 内 容	(案例项目介绍要真实准确,写明案例项目实施时间、实施过程、具体措施、创新点等内容,要求观点鲜明、概括准确、论述清楚、有理有据,做到理论与实践相结合,可以增加附页,不超过 5000 字;内容填写一级标题为二号黑体,二级标题为三号黑体,内文为三号仿宋体。)		

后　记

2019 年 11 月初,我们发出了《关于征集"新时代大中小幼责任教育典型案例"的邀请函》,经编委会及多方面的支持和帮助,历时近两年,《新时代大中小幼责任教育案例(第一辑)》(以下简称《案例(第一辑)》)就要出版了。在此,作为主要倡导者和组织者,我向组织、参与案例征集的各位领导、老师表示热烈祝贺和衷心感谢!

2021 年是中国共产党诞辰 100 周年。在党的百年奋斗史中,责任教育始终作为党的思想政治教育的重要内容贯穿其中。1939 年 5 月 4 日,毛泽东在延安青年群众举行的五四运动二十周年纪念会上发表了《青年运动的方向》的讲演。他指出:"中国的知识青年们和学生青年们,一定要到工农群众中去,把占全国人口百分之九十的工农大众,动员起来,组织起来……现在的抗日战争,是中国革命的一个新阶段,而且是最伟大、最活跃、最生动的一个新阶段。青年们在这个阶段里,是负担了重大的责任的。"①1949 年 1 月 1 日,《中国共产党中央委员会关于建立中国新民主主义青年团的决议》指出:"一切青年团员应该把宣传马列主义思想和新民主主义的各种政策作为自己的光荣责任。"②1949 年 9 月,中国人民政治协商会议第一届全体会议通过的《中国人民政治协商会议共同纲领》从根本上规定了我国教育的性质,强调"人民政府的文化教育工作,应以提高人民文化水平,培养国家建设人才,肃清封建的、买办的、法西斯主义的思想,发展为人民服务的思想为主要

---

① 《毛泽东选集》第二卷,人民出版社 1991 年版,第 565 页.
② 《建党以来重要文献选编(1921~1949)》第二十六册,中央文献出版社 2011 年版,第 4 页.

任务"①,使教育在全国范围内走上了为人民服务的道路②。随后同年 12 月举行的第一次全国教育工作会议明确"主要任务是提高人民文化水平,培养国家建设人才,方法是理论与实际一致,目的是为人民服务""教育必须为国家建设服务,学校必须向工农开门"③"为人民服务,首先为工农服务,为当前的革命斗争与建设服务"④。1951 年 3 月,教育部在北京召开第一次全国中等教育会议将普通中学的宗旨和教育目标确定为,"使青年一代在智育、德育、体育、美育各方面获得全面发展,成为新民主主义社会自觉的、积极的成员"⑤。

改革开放以来,党和国家越来越重视培养学生的"责任""社会责任",越来越强调增强学生的"社会责任感""社会责任意识"。1985 年 8 月,中共中央《关于改革学校思想品德和政治理论课程教学的通知》指出,要引导学生认清和履行我国青年一代的崇高责任。1996 年,中共中央《关于加强社会主义精神文明建设若干重要问题的决议》强调,通过思想道德教育,帮助青少年认识社会、了解国情,增强建设祖国、振兴中华的责任感。2001 年,教育部印发的《基础教育课程改革纲要(试行)》将培养学生"具有社会责任感,努力为人民服务"确定为新课程的培养目标之一。2004 年,中共中央国务院《关于进一步加强和改进大学生思想政治教育的意见》强调,要使大学生"认识自己的社会责任","在社会实践活动中增强社会责任感"。

特别是 2010 年《国家中长期教育改革和发展规划纲要(2010—2020 年)》将"着力提高学生服务国家服务人民的社会责任感"列入教育战略主题后,这方面的顶层设计、政策措施越来越密集、越来越明确。例如,2012 年"培养学生社会责任感"写入党的十八大报告,2013 年"增强学生社会责任感"列入了《中共中央关于全面深化改革若干重大问题的决定》确定的教育领域综合改革的重要目标和任务,2014 年十三五年规划建议和规划纲要强调把增强学生社会责任感作为重点任

① 毛礼锐,沈灌群.中国教育通史(第 6 卷).山东教育出版社 1989 版,第 7 页.

② 中国网.新中国这样走来——《中国人民政治协商会议共同纲领(草案)》[EB/OL].http://guoqing.china.com.cn/2019-11/14/content_75424249.htm.[2010-8-16]

③ 顾明远.教育大辞典,上海教育出版社 1998 版.

④ 翟博.新中国教育方针的形成与演变.中国教育报 2009 年 9 月 22 日第 4 版.

⑤ 教育部网.1951 年教育大事记[EB/OL].http://www.jyb.cn/china/jydsj/200602/t20060219_10723.html.(2006-02-19).

务贯彻到国民教育全过程。此后,"增强受教育者的社会责任感"及相关内容纳入了从 2016 年 6 月 1 日实施的新修订的《教育法》和《高等教育法》,"社会责任意识教育"作为培育和践行社会主义核心价值观的重要内容写入 2016 年 12 月中共中央、国务院印发的《关于加强和改进新形势下高校思想政治工作的意见》,"引导广大青年增强使命意识和责任意识,自觉把人生追求融入党和国家事业"写入 2017 年 4 月 13 日中共中央、国务院印发的《中长期青年发展规划(2016-2025 年)》,"深入开展社会责任教育"作为教育体制机制改革的重要任务写入 2017 年 9 月 24 日中共中央办公厅国务院办公厅印发的《关于深化教育体制机制改革的意见》,"强化社会责任意识"作为"加强思想道德建设"的重要内容写入党的十九大报告……

2019 年 8 月,中共中央办公厅、国务院办公厅印发的《关于深化新时代学校思想政治理论课改革创新的若干意见》指出,要完善思政课课程教材体系,整体规划思政课课程目标。在大中小学循序渐进、螺旋上升地开设思政课,引导学生立德成人、立志成才,树立正确世界观、人生观、价值观,坚定对马克思主义的信仰,坚定对社会主义和共产主义的信念,增强中国特色社会主义道路自信、理论自信、制度自信、文化自信,厚植爱国主义情怀,把爱国情、强国志、报国行自觉融入坚持和发展中国特色社会主义事业、建设社会主义现代化强国、实现中华民族伟大复兴的奋斗之中。大学阶段重在增强使命担当,引导学生矢志不渝听党话跟党走,争做社会主义合格建设者和可靠接班人。高中阶段重在提升政治素养,引导学生衷心拥护党的领导和我国社会主义制度,形成做社会主义建设者和接班人的政治认同。初中阶段重在打牢思想基础,引导学生把党、祖国、人民装在心中,强化做社会主义建设者和接班人的思想意识。小学阶段重在启蒙道德情感,引导学生形成爱党、爱国、爱社会主义、爱人民、爱集体的情感,具有做社会主义建设者和接班人的美好愿望。2021 年 3 月《中华人民共和国国民经济和社会发展第十四个五年规划和 2035 年远景目标纲要》强调"增强学生文明素养、社会责任意识、实践本领,培养德智体美劳全面发展的社会主义建设者和接班人",等等。

可以看出,责任教育是我们党始终高度重视并积极推进的一项重要教育工作和活动,是各级各类学校思想政治教育的重要内容。从其主要功能的角度看,责任教育是学校有目的、有计划地通过提高学生责任认知、深化责任认同、强化责任行动,从而培养学生服务国家服务人民社会责任感的教育活动。一百年来,党和国家对各学段责任教育的一贯重视、顶层设计和政策推动,特别是对新时代思政课课程目标进行的整体规划,将"增强大学生使命担当"确定为大学阶段思想政治理论课的重要目标,必然在积极推动大学阶段责任教育的同时,积极推动高中阶段、初中阶段、小学阶段乃至学前阶段的责任教育向纵深发展。我理解,当前,各级各类学校应聚焦培养或着力提高学生的政治责任感、生命责任感、学习(创新)责任感、学校责任感、网络责任感和家庭责任感。

从研究的角度来探讨责任教育大体是 20 世纪八九十年代开始的。目前,我检索到的最早专题论文是皖西学院程东峰教授撰写的《论责任教育》,文章认为应该在全社会普遍进行责任教育,建立完备的岗位责任制,让责任从简单的契约关系中挣脱出来变成人们的自觉行动、成为人们的一种内在信念;我国的责任教育应从明确角色意识、角色责任内容、明确角色责任赏罚、加强责任心教育等方面入手,为保障责任教育的实现还可借助政策导向在各行各业建立健全全方位责任制、大力弘扬以履行责任为天职的人生价值观、坚决兑现包括签订文字合同的、口头许诺的或舆论导向的各类责任契约等。①

进入 20 世纪,责任教育的著作开始出现。我接触最早的著作是由程东峰教授的《责任伦理导论》(人民出版社 2010 年版),该书是他承担的国家社科基金项目——"责任伦理研究"的最终成果,是一部系统阐释责任伦理理论体系的专著。该书以"角色"作为"责任伦理"的逻辑起点,以"责任"为核心内容,将角色与责任紧密相联,将角色贯穿责任伦理研究始终,从我国社会伦理道德现状与全球伦理的视域出发,在吸纳中国传统道德和西方责任伦理理论资源的基础上,运用综合的研究方法,不仅提出了责任伦理的原则、范畴、主客体与类型,而且立足于当代中国的社会存在与现实,展开个人责任、组织责任、契约责任、职业责任、未来责任、神圣责任与天下精神的多维探讨,勾勒出责任伦理体系的基本内涵和框架体系,对"责任伦理"作了颇具特色而富有体系性的阐发。我接触到的第二本著作是北京青年政治学院刘世保教授编著的《责任教育研究与指导》(北京理工大学出版社 2011 年版),该书是作者全国教育科学"十一五"规划教育部重点课题"增强学生社会责任

① 程东峰. 论责任教育. 社会科学,1990 年第 10 期,第 35-39 页.

感的公民教育模式研究"的研究成果,包括理论研究篇、方案指导篇、实践指导篇;系统地论述了责任教育理论、模式、要素,分析了不同教育机构、不同学段、不同教育载体进行责任教育的方案,对已有的责任教育实践案例进行了分析和指导,是集理论性、指导性、实践性于一体的责任教育成果。南京理工大学况志华教授等合著的《责任心理学》(上海教育出版社 2008 年版)等著作也给予我很大的启发和帮助。

　　我在基础教育领域接触最早的著作是吉林省长春市南关教育局徐彤等主编《责任教育研究》(第二辑),该书选编了吉林省全省各个学段校长和教师的论文、研究报告、教育案例、经验文章等 192 篇、约 65 万字,集中反映了吉林省及长春市南关区责任教育研究 18 年来的科研成果。通过这部著作,我进一步了解到:吉林省长春市南关教育局原局长张少华先生早在上世纪 90 年代初就开始组织人员开展责任教育研究及实践,并汇编了《责任托起民族复兴的明天——责任教育研究资料选编》。该书还显示:1994 年 12 月吉林省长春市南关教育局以教师队伍存在的主要问题"责任缺失"为突破口积极开展以加强责任意识为主题党员干部和教师的系列活动,1995 年开始进行"南关区中小学实施责任教育行动研究"(省级教育科研重点课题)、2001 年开始进行吉林教育科学"十五"重点科研课题"青少年责任教育理论与实践研究"和中国教育学会"十一五"重点课题"责任教育操作实验研究",2010 年加盟由刘世保教授主持的教育部"十二五"重点课题"增强学生社会责任感公民教育实践模式研究"。①

　　我是 1997 年到高校工作的,起初主要是行政工作,后开始从事教育、科研等工作,因为日常行政工作与高校宣传思想工作、学生工作工作接触比较多,对大学生的思想政治教育、素质教育及大学生创新精神培养等也就关注比较多。2009 年,我开始以"学生的社会责任感"为切入点开始集中思考、研究、探索大学生社会责任教育问题(主要是大学生社会责任感的形成机理、测度评价和提高策略),通过关注和拜读程东峰教授、刘世保教授、况志华教授等专家学者的研究成果,深入思考和初步实践探索,不仅在 2012 年获得教育部人文社科规划基金、2015 年获得国家社科基金,而且非常有幸地在单位支持下邀请到程东峰教授、刘世保教授、况志

①　徐彤等主编. 责任教育研究. 吉林人民出版社 2012 年版,第 1 页..

华教授等专家学者在 2013 年 9 月首届"全国大学生社会责任教育论坛"上作学术报告,张少华先生等一批来自基础教育的研究者和老师也出席了此次会议。自此我便直接得到了我国责任教育领域和马克思主义理论学科的许许多多专家学者、领导、老师的热情指导、无私帮助和鼎力支持,包括《案例》(第一辑)能得以公开出版也是如此。

2019 年 10 月 30 日,"第七届全国大学生社会责任教育论坛"在天津师范大学举办,来自北京师范大学、天津大学、兰州大学等 30 多个高等教育、职业教育、基础教育的教学单位或研究机构的百余位专家学者、校长代表、研究生代表,围绕"'不忘初心、牢记使命'与青少年责任教育"进行深入研讨和广泛交流。此次会议闭幕后,为深入学习贯彻习近平新时代中国特色社会主义思想,全面贯彻党的十九大和十九届历次全会精神,结合全国教育大会、高校思想政治工作会议、学校思想政治理论课教师座谈会精神,适应学校思想政治教育的新形势,推动构建以社会主义核心价值观为引领的全国大中小幼责任教育一体化工作和研究体系,展现新时代不同学段责任教育取得的丰硕成果,我牵头成立了"新时代大中小幼一体化责任教育理论与实践"课题组,尝试联络组织对该选题有兴趣的高等教育、职业教育、基础教育同仁,共同为培养大中小幼不同学段学生责任感,使其成长为能够担当民族复兴大任时代新人贡献智慧、方案和力量。具体思路是:

以习近平新时代中国特色社会主义思想为指导,以社会主义核心价值观为引领,以兴趣与能力兼顾、责权利统一为前提,以挖掘阐释应用古今中外责任思想理论方法为基础,以天津师范大学马克思主义学院(全国重点马克思主义学院)为主要依托,以"全国大学生社会责任教育研究高校联盟"为主要支撑,以"全国大学生社会责任教育论坛"为主要平台,以巩固和扩大我国已有各学段责任教育成果、开展"新时代大中小幼一体化责任教育理论与实践研究"为主要特色(主要载体),以理论研究、社会调查、大数据技术和科学实验为主要方法,以建立大型数据库、促进网络化资源融合与加强团队协同攻关为主要手段,多方筹措、合法合规使用经费,在全国范围大中小幼不同学段专题开展责任教学研究、宣讲、培训和社会服务等活动,联合申报省部级及以上各类课题,团队协同攻关冲击国家级重点(重大)项目,推动我国大中小学思政课教师专业发展一体化团队建设,努力建成国家级示范(创新)团队,不断取得丰硕育人成果、理论成果、实践成果、制度成果、国外译介成果等,为构建我国大中小幼一体化责任教育体系贡献独特的智慧、方案与力量。

此次组织开展的"新时代大中小幼责任教育案例征集"活动是"新时代大中小幼一体化责任教育理论与实践"课题组首先开展的一项重要活动。此次征集收到了来自北京、天津、河北、山东、河南等全国各级各类学校在新时代责任教育理念、内容、形式、方法、手段、载体和机制等方面的特色教育案例近百篇,体现了各级各类学校和广大师生在推动"新时代大中小幼责任教育一体化理论与实践"方面所付出的辛勤劳动,从中遴选部分特色案例形成《案例》(第一辑)。为体现责任教育实践的丰富性、多样性和案例的学段特色和学校特点,在编辑过程中对遴选后的案例只做了格式上的调整,未做大的修改,内容上充分体现项目组原意和案例实际。为推动伟大抗疫精神融入学校教育教学,我们还搜集整理大量公开刊发的与大学生"抗疫"有关事迹材料计划纳入其中,但最后没有实现,算是一点点遗憾。幸运的是,我为《北京教育》(德育版)组稿的 3 篇文章得以在 2021 年上半年公开发表,并选择 2 篇作为"代序"呈现给读者,从整体上有助于体现责任教育理论与实践的有机结合,在此对程东峰教授和方琼教授(昆明理工大学津桥学院思政部主任)的鼎力相助表示衷心感谢。

《案例》(第一辑)是一份集体成果,是继 2019 年我们公开出版旨在为学界提供理论研究素材的《古今中外名家论责任》(知识产权出版社 2019 年版)后的又一次协同研究尝试。我主要负责《案例》(第一辑)总体策划、组织协调、案例遴选等工作,魏娜(天津师范大学)、李曼(天津市委党校)、申雯(首钢技师学院)在案例征集活动实施、案例遴选编辑、具体文字审校等方面做了大量工作,张少华、于明侠、呼秀艳、李培东、丁宝利、白迎和、戴晓、白晨、武梦晨、王正作为编委会成员,积极主动、认真负责地配合完成了《案例》(第一辑)出版前各阶段诸多工作任务,体现了很强的凝聚力和战斗力。作为"新时代大中小幼一体化责任教育理论与实践研究"的一项新成果,《案例》(第一辑)同样是各个入选案例项目组及其成员的重要成果。在这里,我还要感谢为《案例》(第一辑)出版提供充足物质和精神支持的天津师范大学马克思学院的各位领导、老师,没有他们的倾力支持和鼎力相助,《案例》(第一辑)也不会如此顺利出版;还要感谢天津市社科出版社以时刻替作者着想、精益求精的柳晔编辑为代表的诸多幕后英雄。责任教育靠大家,正是有方方面面人员的尽责担当,《案例》(第一辑)才得以正式出版。

鉴于我们的能力和水平,《案例》(第一辑)还可能存在这样那样的问题,敬请来自各方面的批评指正。欢迎我国大中小幼各学段的专家学者、领导老师继续为我们提供相关案例,择时我们再行结集出版。

魏进平

2021 年 6 月